应用型学前教育专业系列教材 | 丛书主编 蔡迎旗

第二版

国家卓越幼儿园教师培养计划改革项目“中澳合作办学——国际性卓越幼儿园教师培养模式探索”研究成果

幼儿游戏与指导

主 编 张 娜
副主编 谢 娜 郭 琦
参编者 付晶艳 李园洁 张 明

WUHAN UNIVERSITY PRESS
武汉大学出版社

图书在版编目(CIP)数据

幼儿游戏与指导/张娜主编．—2版.—武汉:武汉大学出版社,2022.4
应用型学前教育专业系列教材/蔡迎旗主编
ISBN 978-7-307-22922-8

Ⅰ.幼…　Ⅱ.张…　Ⅲ.学前教育—游戏课—高等职业教育—教材
Ⅳ.G613.7

中国版本图书馆CIP数据核字(2022)第033762号

责任编辑:郭　静　　责任校对:汪欣怡　　版式设计:韩闻锦

出版发行:**武汉大学出版社**　(430072　武昌　珞珈山)
(电子邮箱:cbs22@whu.edu.cn 网址:www.wdp.com.cn)
印刷:湖北金海印务有限公司
开本:787×1092　1/16　印张:17.25　字数:385千字　插页:1
版次:2015年9月第1版　2022年4月第2版
2022年4月第2版第1次印刷
ISBN 978-7-307-22922-8　定价:46.00元

编写委员会名单

（按姓名音序排列）

丛书主编

蔡迎旗

编委会成员

蔡　艳　江汉艺术职业学院
陈　虹　开明出版社教育与心理分社
陈　思　黄冈师范学院
邓霁岚　江汉艺术职业学院
杜燕红　洛阳师范学院
段晓娅　郧阳师范高等专科学校
黄胜梅　淮南师范学院
姜　华　荆州教育学院
姜　勇　华东师范大学
金晓梅　湖北省幼儿师范高等专科学校
刘晓红　河南师范大学
龙明慧　长沙师范学院
莫源秋　广西幼儿师范高等专科学校
秦振飙　湖北师范学院
王　雯　华中师范大学
王　莹　华中师范大学
汪媛媛　信阳师范学院
邢莉莉　沧州师范学院
夏　征　好欣家长学校
杨　进　武汉城市职业学院
杨　宁　华南师范大学
张玉娥　江汉艺术职业学院
郑晓边　华中师范大学
赵红霞　荆楚理工学院
周立峰　仙桃职业技术学院
周端云　湖南民族职业学院
朱　楠　华中师范大学教育学院
卓　萍　武汉城市职业学院

总　序

幼儿教师是幼儿学习与发展的支持者、促进者与引导者。幼儿教师的素质直接决定着我国幼教机构的办学水平，也是保障我国适龄儿童接受基本而有质量的学前教育的关键性因素。而高质量的幼教师资来源于高水平的学前教师教育。为顺应我国学前教育事业发展的迫切需求，2011 年至 2012 年，我国先后颁布了《教师教育课程标准（试行）》和《幼儿园教师专业标准（试行）》，幼儿园教师资格制度和聘任制度也随之进行了系列急剧变革与转型。

我国教师职前教育倡导育人为本，要求准教师们树立正确的儿童观、学生观、教师观与教育观；奉行实践取向，引导未来教师主动建构教育知识，掌握必备的专业知识与技能，发展实践能力，学会发现和解决实际问题，形成个人的教学风格和实践智慧；要求他们终身学习，树立正确的专业理想，养成独立思考和自主学习的习惯，加深专业理解，形成终身学习和应对挑战的能力。

我国学前教师教育课程改革既具有一般教师教育所具有的共性，也具有鲜明的学前教育特色，这彰显了学前儿童的年龄特征和我国独树一帜的学前教师教育的传统与积淀。当前，我国学前教师教育课程已呈现如下五种趋势。

第一，生动多样的师德与理念教育。除必要的公共政治课程以外，国家要求各级各类幼师院校突出师德修养教育，采取多种生动活泼的教育教学方式，提升准幼儿教师的师德修养。如开设幼儿园教师专业特点与道德规范、中国名师风采录、幼儿教师生涯讲座、学前教育政策法规、现代幼儿园教师职业风范与专长成长等课程。

第二，保教相融的课程体系。依据幼儿园教师专业标准，遵循教师培养和发展规律，以加强专业理想、专业基础、实践能力、反思与研究能力为核心，构建保育与教育相融合、幼儿园与家庭和社区教育相结合、幼儿生活与游戏和学习于一体的课程体系，用以培养准幼儿教师的保教一体化的能力。

第三，全面平衡的课程结构。我国正通过幼儿园教师资格制度、聘任制度、评优评先制度等的改革，倒逼各级各类幼师院校与专业，促使其纠正以往过分偏重艺术技能而相对忽视人文科学类课程、教育素养类课程的倾向，注意课程结构中的师德理念、人文素养、科学素养、信息素养、教育素养、艺体素养、科研素养等的协调与平衡。

第四，实践取向的课程内容。为培养准幼儿教师的教育教学能力，许多幼师院校与专业开设了大量务实的实践取向课程。如幼儿园五大领域的活动设计和案例分析类课程、幼儿园环境布置与玩教具制作、动漫画设计技术、音乐、美术、戏剧等方面的课程。

第五，模块式的课程设计。我国各类幼师院校与专业正竭力打破学前教育学、学前心理学、幼儿园各科教学法“老三门”的课程结构体系，开设模块化的、开放的、专题性的学前教育课程。基于学前教育专业各类人才培养目标，合理配置各课程模块，如音乐教育模块、美术教育模块、健康教育模块、特殊教育模块等。通过开设先行课，将学生导入不同模块课程，引导学生多样化、有个性地发展。

以上学前教师教育课程改革已对我国原有的传统意义上的大中专学校的教材和教辅资料提出了严峻挑战，要求学前教育同仁务必更新教学资源观、教师教育观和学前教师观，依据我国幼儿园教师专业标准和教师教育课程标准，遴选课程并合理设计教材。

本套基于《教师教育课程标准（试行）》的应用型学前教育专业系列教材，正是应我国学前教师教育改革的时势而生，充分体现了以上提及的学前教师教育课程改革的五种发展趋势。适用于大中专学校的课程与教学，也可作为学前教育爱好者、相关工作人员的专业拓展学习。本丛书涵盖了学前教育大中专学校绝大多数专业课程；内容具有一定的理论性，更具有实践应用的特征；编写规范与设计务实活泼，知识点和案例穿插其中；丛书的编委遍及全国；作者主要来自华中和华南地区的本、专科院校，他们均具有丰富的教学经验和较好的研究基础。

在丛书的编写过程中，我们参阅、借鉴和引用了国内外许多同行的观点与成果。各位同仁的研究奠定了本丛书的学术基础，在此一并感谢。另外，受水平和时间所限，书中难免有疏漏和不当之处，敬请读者批评指正。

最后，我谨代表丛书的所有编委和作者，衷心感谢本丛书的策划者谢群英编辑和武汉大学出版社有关领导。他们对学前教育满腔热情，对丛书的未来充满信心，极度地敬业与审慎。出版丛书虽是一项浩大而艰苦的工作，但有谢群英编辑和武汉大学出版社相伴而行，相信梦想终会成真。

蔡迎旗

2015 年 5 月

武汉桂子山 · 华中师范大学教育学院

第二版前言

游戏是幼儿的基本活动，是幼儿最喜欢、最适宜、最需要的活动。因此，我们可以说，游戏是幼儿的生活，游戏是幼儿的生命。幼教政策法规中明确提出并不断重申：幼儿园应该“以游戏为基本活动”。当前这一理念已经被人们普遍接受，不仅在幼儿园得以践行，而且推动着幼儿园课程与教学改革。但深入调查发现，实践中虽然打破了重上课轻游戏的传统桎梏，但开始转变为重教学游戏轻创造性游戏，重建构游戏轻社会性游戏的现实问题。深度解剖这种现象，其背后所蕴藏的仍然是注重幼儿认知发展、注重幼儿知识掌握的价值理念。

游戏不仅是一种工具或手段，游戏更是一种精神；游戏的种类是丰富的，社会性游戏作为3—6岁幼儿的典型游戏不应该被忽略；游戏不仅能促进幼儿认知发展，更重要的是能够支持幼儿综合素养的提升。作为未来即将从事幼教工作的学生，有必要完整地理解游戏，树立正确的教育观，还游戏在幼儿教育中应有的价值和地位。同时，还要深入学习游戏的相关理论知识，洞悉游戏与幼儿发展之间的关系，掌握支持、开展、观察和指导各类游戏的必要技能，从而不断地提高自身素质，成为幼儿幸福成长的陪伴者和促进者。

本书是“应用型学前教育专业系列教材”中的一本，以《教师教育课程标准》和《幼儿园教师专业标准》为指导，主要针对3—5年制学前教育专业来编写。本书在编写时，从学习者的特点出发，力求做到理论与实践结合，不仅要求内容丰富、结构完整，而且追求操作性好、实用性强。因此，本书不仅适合学前教育专业的本、专科生作为教材使用，而且也可以作为继续教育以及在职教师的参考资料。

本书共九章，可分为两个部分。第一章至第三章旨在澄清游戏的基本理论问题。第一章试图回答游戏是什么？幼儿游戏具有哪些特质？幼儿游戏有哪些类型？第二章对学术界关于游戏的研究理论进行了梳理并做了简要评介；第三章系统阐述了游戏对幼儿发展的作用。第四章至第九章着力探讨了幼儿游戏在实践中的应用问题。第四章分析了游戏与幼儿园课程以及教学的关系；第五章探讨了影响幼儿游戏的各种因素；第六七章讨论了幼儿园游戏环境的创设和游戏材料的提供问题；第八章总体上论述了幼儿园游戏的观察与指导策略；第九章在前面游戏指导策略的基础上，对各类游戏的指导提出了具体方法，并对其中的常见问题进行了分析。

本书每一章的编写体例由本章导读、案例导入、正文、本章小结、拓展阅读和思考题等部分组成。本章导读从理论的角度提出一些发人深思的问题，案例导入从实践的角度描述分析一些典型的现象，两者结合共同激发学生的学习兴趣。正文在尽量保持基础理论完整性的同时，穿插了丰富的案例分析和知识链接，可以增强教材的实用性和可操作性。本章小结不仅仅是传统的章节核心内容的概括，而且包含了诸多评价的成分，可以培养学生的辩证思维。拓展阅读是对一些相关书籍的介绍，可以拓展学生的视野。思考题以应用型问题为主，有助于培养学生观察、思考以及创新的能力。

为了使本书的内容实现理论和实践的更好融合，本书的撰写是高校老师与一线幼儿园老师共同合作完成的，并在修订过程中加入了新生力量。本书由张娜担任主编，负责拟定编写思路和章节大纲，组织书稿修订和讨论，并进行统稿和审定工作。各章编写分工如下：第一章张娜，第二章谢娜，第三章谢娜，第四章张娜，第五章郭琦，第六章张明，第七章张娜，第八章付晶艳，第九章李园洁。在此，由衷地感谢参与编写的老师们。

本书在编写过程中，参阅和借鉴了学前教育领域前辈和同行的诸多观点和成果，在此一并致谢！我还要忠心感谢促成书稿修订版完成的谢群英编审和郭静副编审，感谢武汉大学出版社所给予的再版机会。

由于编者的学识水平和能力有限，本书难免存在疏漏和不当之处，在此诚挚恳请各位专家、同行和广大读者批评指正。

张　娜

2022 年 1 月

目　录

第一章　幼儿游戏概述

本章导读

游戏是一种广泛存在的社会现象，它横跨时间、地域、年龄等的限制，可以说在人们的生活中无处不在。那么游戏作为如此常见却又如此神秘的活动，它到底是什么呢？它为什么会有如此强大的魅力？在传统观念中，游戏与学习和工作是相悖的，游戏常常被认为是一种消磨时光甚至浪费生命的活动。事实真的如此吗？那么我们为什么还要说游戏是幼儿的生命？幼儿园应该以游戏为基本活动已经达成共识，但是在幼儿园中，我们如何判断幼儿是在游戏，如何判断幼儿的游戏水平，等等。通过本章内容的学习，我们试图对这些问题做出一些回应。

案例开启

一名幼儿教师带着一个由8个孩子组成的小组。经过短暂的集合讨论之后，教师宣布，该是玩游戏的时间了。她对孩子们说：“琪琪、嘉琳，你们俩去积木区。悦悦、子涵，你们俩上娃娃家。林林、贝贝，你们去科学区。洋洋、乐乐，你们俩去艺术区。”嘉琳转身对琪琪说：“我讨厌那些愚蠢的积木，我想画画。”其他的孩子各自去了自己的活动区并开始拿出玩具材料。琪琪和嘉琳垒起了一个塔；林林和贝贝拿出放大镜观察玻璃罐中的蜜蜂窝；洋洋和乐乐在给练习册中的几页涂色；悦悦和子涵准备为娃娃过生日。几分钟后，子涵晃晃悠悠地来到艺术区，然后，拿出一张纸，宣布她需要制作她的聚会请柬。教师走到她面前轻声地对她说：“子涵，你现在应该在娃娃家，把纸放下，回到你的活动区去。”子涵嘟嘟囔囔地回到了娃娃家。

案例分析

活动区游戏时，教师强制为孩子们分配活动区，导致有些孩子因为没有分到自己想玩的活动区而心生抱怨。如嘉琳本来是想去艺术区画画，却被教师分配到积木区，这势必会影响到嘉琳游戏时的状态。而当孩子在游戏中有创意性的想法时，教师又为了维持她的分配秩序，不问缘由地武断制止。如子涵想制作聚会请柬，本来是为娃娃过生日游戏的延伸和提升，非常有利于孩子游戏经验的拓展和游戏水平的提升。而教师不但不支持孩子，还“温柔地”制止，挫伤了孩子游戏的积极性。由此可见，此案例中教师把游戏的权力牢牢地掌控在自己的手中，完全忽视幼儿的感受和想法。孩子在游戏中像木偶一样被老师牵制，这样的游戏已不是真正的游戏，孩子也不可能感受到真正的愉悦和快乐。

案例建议

1. 教师要给予孩子自由、自主选择游戏的权利。如果担心秩序混乱，教师可事先和孩子一起为每个活动区制定相应的规则，内容包括每次进入的人数、游戏时需注意的事项等。一旦规则确定，就可以让孩子们自由决定去哪个活动区。

2. 教师要观察孩子游戏的进展，在此基础上指导孩子。当孩子在游戏中有新的想法和创意时，教师应该积极地创造条件，鼓励和支持孩子的游戏。

第一节　游戏及其特征

19 世纪以来，游戏受到人们的广泛关注和研究。迄今为止，人们对游戏的原因形成了很多各不相同的观点，但是，对于“什么是游戏”一直没有一致的结论。游戏定义问题的困难性，不仅在于学术背景不同的研究者观察问题的角度不同，因此造成了游戏解释的多样性，而且还在于游戏本身呈现出的复杂而矛盾的多面特性。游戏就“像一个巧于规避的精灵和我们玩着捉迷藏游戏，躲避着精确的定义”。①

① 刘焱. 儿童游戏通论［M］. 北京：北京师范大学出版社，2004：141.

一、游戏的基本内涵

（一）理论研究者的多维解释

不同学科的研究者从不同的视野和角度出发研究游戏，对游戏的定义有着不同的解释。下面我们就从相关领域的研究与论述中，来看看什么是游戏。

生物学家认为，游戏是一种运动。虽然生物学家对于游戏的原因具有不同的论述，甚至互相矛盾，但他们都认为儿童的游戏同动物的游戏一样，都是源自生物本能。动物的游戏是一种维系“生存”的活动，同样，儿童的游戏也具有“生命功能”。

心理学家特别关注的是游戏行为的解释、儿童游戏的发展阶段以及游戏与儿童发展关系等方面的论述。他们对游戏意义的研究可归纳为：1. 游戏是儿童主动的、自愿的活动；2. 游戏是在假象的情境中反映周围社会生活的；3. 游戏没有社会实用价值，没有强制的社会义务，不直接创造社会财富；4. 游戏不受外在规则的限制，但游戏本身常有正式或非正式的内在规则；5. 游戏伴随儿童的愉快情绪。

社会学家认为，游戏是社会结构和价值观的一种表现。美国社会学家米德认为，游戏是儿童学习社会生活的关键步骤。游戏的各个组成要素形成了儿童自己的“社会”，在这个“社会”中，儿童学习如何与人交往、如何解决问题，形成社会规则意识、社会道德感等，帮助儿童不断社会化。

文化学家认为，游戏是一种特殊的文化现象。游戏优于文化、超越于文化，游戏数量的多少，标志着文化繁荣的程度。游戏先于文化存在，文化反过来又制约着游戏的行为。游戏中潜伏着一种结构及文化的向心力，它制约着孩子们哪些可以做，哪些不可以做。

人类学家认为，游戏是了解人类发展的途径。游戏是人类从生存需要发展到追求享受的需要，是人类从儿童成长为大人的过程中的一种自然现象，任何一个国家、一个民族的儿童，都是在游戏的欢乐中获得发展而长大成人的。因此，从人类生活的本质上来说，儿童在游戏中学习面对真实的生活，同时，又在游戏中超越真实生活的限制，寻求个人的自由。游戏是一种自发的创造性的教育活动。

语言学家认为，世界上有多少种语言，就有多少种对游戏的表达。有研究者对其梳理之后发现，虽然不同的语言对游戏的表达存在一定的差别，但也有相似之处。它们都认同游戏与运动、动作有关，游戏的“游”都表示随风飘逸、飘荡之意；游戏是一种轻松、松散、休闲、自在的娱乐活动，没有沉重的任务和负担之意；游戏是无价值、不认真、不严肃的，这可能是游戏受到轻视的原因所在。

（二）实践主体的游戏理解

理论研究者的解释都是从成人的角度去看游戏，然而游戏的主体是儿童，要了解“什么是游戏”，最好的理解莫过于请游戏的主体——儿童来回答。在现实中，老师组织的“游戏”与儿童心目中的“游戏”并不完全一致。在儿童眼中，只有那些拥有主动权，“可以随便做什么”的才是游戏，而“老师要求做什么”的则是上课。

知识链接

我们曾就游戏讲评这种形式是“游戏”还是“上课”的问题对中班儿童做过调查，结果表明儿童区别游戏与上课的标准有三条。一是内容：教师哪怕是以“填鸭式”的方式告诉他们一个现成的答案，而且内容是儿童在游戏中刚刚玩过的，他们会认为是“游戏”；二是活动的形式：儿童往往以自己在活动中的主动操作成分来判断是“游戏”还是“上课”，他们认为上课是“老师讲”、“儿童听”；“小手放好、小嘴闭好、眼睛看老师”，游戏是“我们玩，老师等着我们”、“我们可以随便玩”；三是名称：他们认为上课是“语言”、“健康”、“科学”、“艺术”和“社会”，而游戏就是自己玩。①

二、游戏的基本特征

虽然游戏无法进行精确的定义，但可以描述其特征。在关于游戏特征的概括上，不同的研究者分析解决问题的思维方法是相同的，他们都采用了把游戏与非游戏活动相对照、分析、比较的方法。综合国内外研究者关于游戏特征的描述，可以得出以下共识：

（一）主动性

荷兰学者胡伊青加（Huizinga）曾深刻地指出：“一切游戏都是一种自愿的活动，遵照命令的游戏已不再是游戏，它最多是对游戏的强制性模仿。”游戏者是游戏的主人，对游戏活动具有支配和控制的权利和能力。他们有权决定游戏的发起、内容、玩法、玩伴、进程、时间等，都按照他们自己的意愿和能力来进行。此外，

① 邱学青. 学前儿童游戏（第4版）[M]. 南京：江苏教育出版社，2008：1-2.

游戏者在游戏中是自由的，他们可以完全摆脱现实世界的约束和限制。很多在现实世界中不能接受的行为与表现，在游戏世界里可以得到理解和认可。

（二）非功利性

游戏是由内部动机驱动的行为，其内在动机源于主体内在的需要和愿望，虽然这种愿望会受到外部刺激、生理因素、社会条件等制约，但其动力却主要来自人们对活动本身的意愿、情感和兴趣。① 换句话说，游戏本身就是人们参与游戏的目的，而并不是为了现实生活中的实际利益。当然非功利性并不意味着游戏没有任何效益，只不过这种效益更多地体现在心理上的需求与满足，如获得愉悦、肯定、尊重等。对幼儿来说，还可以获得身心各方面的发展。

（三）虚构性

游戏并不是日常的、真实的生活，游戏中充满了虚拟和想象，如以人代人，以物代物，游戏情节的虚构等。但游戏者在玩游戏时，能够清楚地区分游戏和现实生活，并且能够在两者之间灵活地转换。虽然如此，游戏者在游戏中是非常严肃而认真的，绝不会因为其是虚构的，不需要承担责任，而敷衍了事。当然，游戏虽然具有虚构性，但它并不脱离现实生活，游戏的主题、内容、规则等都是对现实生活的反映。而且可能正是这种“虚拟性”和“真实性”的混合使游戏充满了无穷的魅力，深深吸引着游戏者参与其中。

（四）有序性

游戏是自由的，在游戏中人们可以尽情摆脱现实世界的限制，但这并不意味着游戏中没有规则，相反，一切游戏都有规则，只不过有些是外显的规则，有些是内隐的规则。而且这些规则具有绝对的权威性，每个游戏者只有遵循规则，游戏才能和谐、有序地开展。一旦规则被违背或破坏，整个游戏世界也会坍塌。当然，强调规则并不意味着游戏者就没有自由，因为规则是游戏者共同认同的规则，而且恰恰是这种自由和规则之间的适当张力给了游戏者参与的乐趣。

（五）愉悦性

游戏是令人愉快的、有趣的活动，即使有时并不一定表示出快乐，但游戏者仍然做出积极的评价。游戏中常常会有许多不确定因素的发生，这种不可预计的偶然性，让游戏者体验到意想不到的最大的乐趣。游戏是游戏者自发的行为，自发的行

---

① 吴航. 游戏与教育——兼论教育的游戏性［D］. 武汉：华中师范大学，2001：29.

为往往是趋乐的，游戏者在游戏中因为需要得到满足而获得快乐。在游戏中游戏者没有任何心理负担，不担心游戏之外的奖惩，不受日常生活的约束，游戏者是轻松、自由、快乐的。

以上所列举的游戏特征分开来看，每一个都不是游戏活动所独有的。由此可见，游戏活动与非游戏活动之间的区别并非是泾渭分明的，一些非游戏活动中也可以包含某些游戏因素。因此，把游戏活动与非游戏活动之间的关系看作是一个渐变的连续体更符合实际。一种活动如果能够满足游戏的全部特征，则这种活动可被看作是“纯游戏”。只具有部分特征则可以被看作是游戏性差或弱的活动。

知识链接

几种有代表性的关于游戏行为的倾向性特征的提法①

1. 纽曼的游戏特征“三内说”

纽曼（Neumann，1971）提出用控制（control）、真实性（reality）和动机（motivation）这三种指标来确定一种活动是不是游戏，游戏的特征是内部控制、内部真实、内部动机。

2. 克拉斯诺和佩培拉的游戏四因素说

克拉斯诺（Krasnor）和佩培拉（Pepler）认为游戏行为具有四个主要特征：灵活性（flexibility）、肯定的情感（positive affect）、虚构性（nonliterality）、内部动机（intrinsic motivation）。如果一种活动同时具有以上四种因素，就是“游戏”。

3. 加维的游戏行为五特征说

加维（Catherine Garvey，1982）认为游戏活动具有以下五个基本特征：（1）游戏是令人愉快的、有趣的活动，即使有时并不一定表示出快乐，但游戏者仍然做出积极的评价。（2）游戏没有外在的目标。（3）游戏是自发自愿的。（4）游戏包括对游戏者的积极约束。（5）游戏与非游戏活动之间有着某种系统性的联系。

4. 克罗伊斯的游戏行为六特征说

克罗伊斯（Roger Cailois）认为游戏行为具有以下六个特征：自由、松散、易变、非生产性、由某种规则和玩法所支配、虚构的。

① 刘焱. 儿童游戏通论［M］. 北京：北京师范大学出版社，2004：144-146.

5. 鲁宾等的游戏行为的六倾向说

鲁宾等（Rubin et al.，1983）认为游戏活动具有以下六种倾向：内部动机、对手段的注意、我能拿它来做什么、想象和虚构、规则来自游戏的需要、游戏者积极参与。

第二节　幼儿游戏的特质

长期以来，在幼儿园实践中，存在着重上课、轻游戏的传统，很多家长甚至部分教师都认可这种观念。究其原因，在于人们轻率地将幼儿游戏等同于成人游戏、将幼儿园游戏等同于家庭或社区游戏。由此形成的看法就是，游戏就是玩耍、娱乐、消磨时间，幼儿园应该重视幼儿的学习而非游戏。要纠正这种错误认识，我们需要认清作为童年期主要的活动形式，幼儿游戏具有不同于其他游戏的特有性质。

一、幼儿游戏与成人游戏的区别

无论对于幼儿还是成人，游戏都是生活中不可缺少的一部分。在任何年龄阶段，游戏都蕴含着纯粹的娱乐和享受成分以及对生活和学习的愉悦态度。成人如果没有游戏，生活将变得枯燥乏味。幼儿如果没有游戏，将失去生活本身。如果要用一句话来概括儿童游戏与成人游戏最大的区别，那就是：儿童游戏是为了面对现实世界，而成人游戏则是为了逃避现实世界！① 它们之间的具体区别如下，详见表 1-1。

表 1-1　幼儿游戏与成人游戏的区别

属性类别	幼儿游戏	成人游戏
游戏时间	任何时间	工作之余、闲暇时间
游戏地位	第一位	第二位
游戏目的	促进身心发展	娱乐放松
游戏类型	种类丰富，象征性成分多	规则性游戏为主，真实自我参与游戏
游戏结果	参与性强	竞争性强

① ［英］珍妮特·莫伊蕾斯. 仅仅是游戏吗——游戏在早期儿童教育中的作用与地位［M］. 刘焱，等，译. 北京：北京师范大学出版社，2010：188.

在成人的生活中，游戏与工作是相互对立的，详见表 1-2。工作是最主要的活动，游戏只是一种陪衬和调剂。成人通过工作满足基本的生存需要之后，才有可能去游戏。通过游戏得到休息和放松，从而更好地投入下一次工作。对他们来说，工作第一，游戏第二。同时，成人的游戏虽以娱乐为目的，但群体性和竞争性更为明显，假想、虚构的成分却很少，往往以真实的自我参加游戏，游戏的规则意识强，获胜的目的性强。即使有时有些游戏没有特别突出的功利性，但至少，成人的游戏是成人对工作和生活的一种有意识的主动调剂——这也便是一种外在的目的。

在幼儿的生活中，游戏和工作（学习）是可以相互转换的，游戏就是工作。因为对于幼儿来说，无论是游戏还是工作，都没有外在强制的目的，都只是幼儿为了寻求满足、得到快乐的途径。如果说有目的，也是一种内在的目的，幼儿通过游戏积累经验，获得身心的发展。游戏是幼儿最主要的活动，幼儿除了睡眠和饮食以外，几乎所有的活动都是游戏。对幼儿来说，游戏就是生命，就是生活本身。因而，幼儿的游戏可以随时随地进行，不受时间、空间的约束。幼儿的游戏多为带有想象色彩的象征性游戏，较少功利性。即使是有规则游戏，也更强调参与性，弱化竞争性。

表 1-2　游戏与工作的区别

属性类别	游戏的对应属性	工作的对应属性
活动目的	活动过程即目的	外加的目的
活动来源	自愿的活动	计划性的任务
活动意愿	自由的、闲暇的	身体需要而强制的
活动性质	娱乐性	功利性
活动结构	自由的组织结构	有序性
活动内容	充满想象和虚构	真实的生活
活动关系	自由的发生冲突	竞争性

二、幼儿园内外游戏的区别①

幼儿游戏根据游戏地点的不同，又可区分为幼儿园内的游戏和幼儿园外的游戏（如家庭、社区游戏）。幼儿园内的游戏作为一种教育内容和手段，它必然具有一定

① 邱学青. 学前儿童游戏（第 4 版）［M］. 南京：江苏教育出版社，2008：290-292.

的目的性和计划性。与幼儿园外的游戏相比，它具有自身的特点。

（一）游戏时间的固定性

幼儿园外的幼儿游戏，没有固定的游戏时间，随意性大，有时可能会玩很长的时间，而没有时间则可能不游戏，游戏还可能随时被强制中断。游戏时间很多时候受到成人的支配，取决于成人的时间表，缺乏固定的游戏时间，游戏变成可有可无的活动。而幼儿园的游戏作为教育内容的一部分，被有目的、有计划地安排在一定的时间段内，体现了游戏活动开展的计划性和时间的稳定性，这样有利于儿童形成习惯，知道什么时候该做什么，养成良好有序的生活规律。这是幼儿园外的幼儿游戏无法比拟的，尽管有时园外游戏时间会比幼儿园内的要长，但却缺乏稳定性和持续性。

（二）游戏环境的教育性

幼儿园外的幼儿游戏，可以随时随地展开，儿童可以在家庭、游乐场、居住小区等户外场地玩游戏。游戏的内容随儿童拥有的玩具材料而定，随时会受外界的干扰而使内容发生变化。家长提供的玩具缺乏一定的教育意图，随儿童兴趣、家长的期望或兴趣而定，不能充分发挥玩具材料在儿童游戏中的作用。儿童对自然界的沙、石头、泥土等感兴趣，但家长往往因为安全卫生等问题而加以制止。幼儿园内的游戏环境都是经过教育者按教育目的和要求精心设计的，有符合儿童年龄特点的、丰富多样的玩具和游戏材料，有根据儿童游戏特点创设、布置的游戏场地。游戏场地的布置和游戏材料的提供都符合安全、卫生的要求，有利于儿童健康成长，避免或减少了意外伤害事故和不安全因素的发生。教师通过游戏环境的创设，将教育意图客体化、物质化，让儿童在与环境的相互作用中获得发展。

（三）伙伴关系的稳定性

现代社会的独生子女最大的缺憾就是缺少兄弟姐妹，在家里交往的对象全是成人，与成人玩的时间多，与儿童玩的时间少，造成儿童早熟，缺乏童趣。在户外儿童交往的对象带有极大的偶然性，碰到谁跟谁玩，这样就使儿童缺乏形成稳固的伙伴关系的条件，伙伴往往以小型的、分散的为主，无明显的群体特征。这些不利于儿童社会性的发展。而幼儿园是以年龄分班的，每个班的儿童在人员、数量、性别等方面都是相对稳定的。因此，幼儿园游戏中，儿童结成的伙伴关系是相对稳定的，而且伙伴多，年龄相当，兴趣相同，相互交往的机会多，弥补了独生子女缺乏伙伴的缺陷，使儿童在相互交往中逐渐学会与人交往、学会协商解决问题，逐渐掌握社会规则，促进同伴关系的发展。但由于幼儿园年龄跨度小，不利于儿童与异龄儿童的交往，现在有些幼儿园开展的混龄教育对此是一种补充。

（四）教育者的指导性

幼儿园外的儿童游戏，成人也时常关注、指导儿童的游戏，但这种指导往往带有很大的随机性和片面性，受成人教育观、儿童观的影响较大，可能在很大程度上会干扰和阻碍儿童游戏的发展。在不少家长的心目中，游戏只是让孩子玩玩而已。而在幼儿园中，教师是经过专业培训的，懂得儿童的身心发展特点，并具有指导游戏的专业知识和技能技巧。教师对游戏的参与、指导，能促进儿童游戏水平的提高，通过有指导的游戏，儿童可以学习适应未来社会的知识经验和相关技能，使自身能力在游戏中得到锻炼。

从某种意义上我们可以说，幼儿园内的游戏更多的是“结构游戏”，它肯定了教师对幼儿游戏支持的必要性，幼儿从中可获得完整的经验。而幼儿园外的游戏为“非结构游戏”，即自由游戏，它缺乏成人的有效引导，幼儿所获取的经验是碎片化的。但是，幼儿园内外的游戏有而且应该有很大差别。因为对幼儿而言，幼儿园和家庭或社区是不同的两个环境，两个环境都应该保持多样性和趣味性。如果教师和家长都能对游戏有适当的理解，并在幼儿园和家庭或社区这两个环境中提供游戏，那么游戏将能够提供这两种环境中幼儿的全部发展。

三、幼儿游戏的特征①

（一）幼儿游戏的外在特征

表情、动作、言语、材料等通常是活动的外显因素。通过对幼儿在游戏活动中的表情、动作、言语、材料等外显行为因素的观察，我们可以判断幼儿是否在游戏。

1. 表情

表情是人们常常用来判断一种活动是不是游戏的一项外部指标。皮亚杰就常根据儿童的面部表情来识别其游戏是否发生。探究时，儿童沉浸在顺应活动中，紧皱双眉，躯体紧张；而当儿童面露微笑，有轻松的表情和伸展自如的躯体时，游戏就开始了。儿童“玩相”的主要特征是“笑”，但需要指出的是，儿童游戏时并不总是在“笑”，有时候他们的表情是非常专注认真的，这取决于游戏活动的性质和类型，也取决于游戏活动的阶段和材料等。

儿童在游戏中的表情不是只有一种，而是有多种表情，构成一个正向的情绪连续体，详见图 1-1。从专注认真到放声大笑代表儿童身心处于积极主动的活动状态，

① 刘焱. 儿童游戏通论［M］. 北京：北京师范大学出版社，2004：167-175.

说明儿童在游戏。这一点可以帮助我们把游戏和无所事事、闲逛或坐着发呆区别开来。无所事事是一种消极被动的状态，其典型的表情特征是茫然发呆。无所事事表明儿童没有在游戏。因此，我们也可以把无所事事作为判断儿童是否在游戏的一个客观指标。

愤	哭	厌烦	茫然	专注	平和	微	嬉	夸张	放声
怒		无聊	发呆	认真	轻松	笑	笑	变形	大笑

兴奋性程度增强 →

图 1-1　游戏的表情特征

案　例

区域活动时间，孩子们很快都选择了自己喜爱的游戏。“娃娃家”里，“爸爸”抱着“娃娃”走来走去、“妈妈”在摆弄着逼真精美的各种“食物”。“饭店”里，“厨师”在炒菜，“服务员”在等待“客人”上门……在“医院”的“挂号台”后，端坐着一位“小护士”。在长达半个多小时的游戏时间里，因为没有“病人”来挂号看病，“小护士”就一直呆坐在那里。游戏活动结束了，老师在评价时还专门表扬了“小护士”能够“坚守岗位”。

案例分析

表情是判断幼儿是否在游戏的一个最明显的外部指标。“小护士”发呆的表情告诉我们，她并没有在“游戏”。老师游戏结束时，错误判断下的不恰当表扬，不仅无益还会有害于幼儿的游戏，如鼓励“小护士”下次为了表扬再去呆坐。

2. 动作

动作是幼儿游戏活动中最引人注目的部分。在游戏活动中，幼儿对物体或游戏材料的使用往往不同于日常生活中对物体的使用方式，具有非常规性、重复性和个人随意性的特点。如椅子的常规性使用是用来坐的，但在游戏中，幼儿可以脸朝椅背在椅子上假装开汽车，抑或两人抬起假装抬轿子等，这是游戏性的非常规动作，具有个人随意性。再如爬楼梯本身不是游戏，但是假如一个孩子来来回回爬楼梯（加上表情线索），我们可能会判断“这个孩子在玩”。幼儿通过重复掌握本领，获得“机能性快乐”。

根据游戏动作的不同性质，我们可以将其分为探索、象征和嬉戏三种基本类型。这三种性质不同的游戏动作可以看作一个连续体，详见图 1-2。在探索这一端，外部刺激物对幼儿游戏动作的制约作用大，表现为对外部事物的顺应，认知性成分高；在嬉戏这一端，幼儿已有的知识经验、愿望与需要对幼儿游戏动作的制约作用大，表现为对外部事物的同化，嬉戏性成分高。不同类型、不同内容的游戏活动中，这三种游戏动作所占的比例不同。如娃娃家等象征性游戏中，象征性动作占优势。而积木、拼图游戏中，占优势的动作可能是探索。

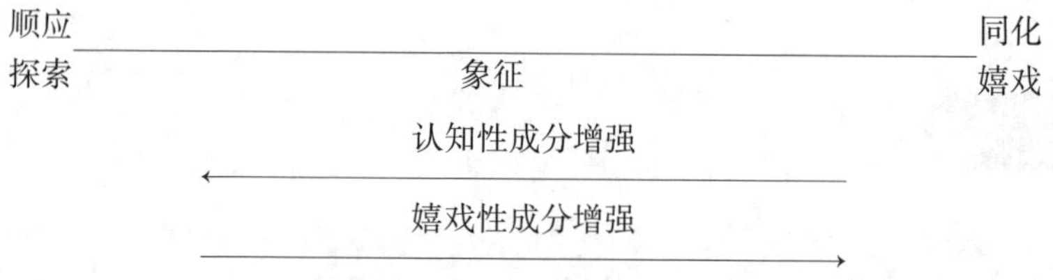

图 1-2　探索、象征与嬉戏性动作之间的关系

3. 言语

幼儿的游戏往往有言语的参与，幼儿的言语也可以帮助我们判断幼儿是否在游戏。幼儿在游戏中的言语，按照功能可分为三种类型：一是伙伴之间的交际性言语。这种语言具有提议、解释、协商、表达、申辩、指责他人等功能。二是角色之间的交际性言语，又称为游戏性言语。这种语言对合作性的角色游戏起到维系与支持的作用。三是游戏中的独白言语，表现为幼儿一边玩一边自言自语。这种言语是幼儿在游戏过程中思维与想象的外化。①

注意倾听幼儿的言语，可以帮助我们判断幼儿是否在游戏以及游戏的水平和状况。另一方面，幼儿在游戏中的言语伴随率的高低也可以作为评价幼儿活动的自由度以及班级的心理环境质量的一个指标。

4. 材料

幼儿的游戏往往依赖于具体的游戏材料或玩具。幼儿年龄越小，对玩具材料的逼真性程度要求越高。研究中发现，许多大班幼儿用“玩就是玩玩具”来定义“玩”。

幼儿在游戏中的表情、动作、言语以及活动材料等构成了游戏的外部行为特征。这些行为特征作为一个整体，告诉我们“这是游戏”。同时它们也在游戏者之间传递着“这是玩啊”的信号。当然，在具体的游戏活动中，我们可能不能同时观

① 雷湘竹. 学前儿童游戏［M］. 上海：华东师范大学出版社，2012：27.

察到上述几个方面的特征，这与游戏的种类与具体条件有关（例如有无同伴、游戏材料的性质与种类等），也与幼儿的个性特点有一定的关系。

（二）幼儿游戏的内在特征

幼儿游戏的内在特征是指幼儿在游戏中产生的对于游戏活动本身的主观感受或心理体验，简称游戏性体验。如果说幼儿游戏的外部行为特征是外在于幼儿的，是他人的观察、判断和解释，那么游戏性体验则是内在于幼儿自身的，是幼儿在游戏过程中实实在在的“获得”。要指出的是，这种游戏中的快乐体验不仅仅来自于外部感官的刺激，更重要的是来自于幼儿对外部环境的掌控。正是这种控制感使幼儿获得了“自主”、“自由”而体验到快乐。

游戏性体验包括以下几种类型：

1. 兴趣性体验

兴趣性体验是一种为外界刺激物所捕捉和占据的体验，是一种情不自禁地被卷入、被吸引的心理状态。兴趣性体验是游戏体验不可缺少的成分。没有这种体验，游戏就会停止。

2. 自主性体验

自主性体验是由游戏活动可以自由选择、自主决定的性质所引起的主观体验，是“我想玩就玩，不想玩就不玩”或“我想玩什么就玩什么”的体验。自主性体验是幼儿游戏性体验的重要成分。

3. 胜任感或成就感

胜任感或成就感是一种对自己能力的体验，这种体验可以增强游戏者的自信心。胜任感的产生在于当前任务与主体能力之间的合适差距。幼儿在游戏中可以自由选择、自行决定游戏的内容和方式方法，可以通过尝试错误、反复选择找到适合自己能力与兴趣的活动内容和方式方法，不担心失败而招致成人的批评。因此，游戏一般总可以让幼儿获得胜任感和成就感，这是游戏过程给幼儿的自然奖赏。但是，自主选择的任务和能力的自然匹配只是幼儿获得胜任感体验的一种途径。游戏可以使幼儿产生胜任感的特殊性在于幼儿可以通过想象实现对于现实环境的改造或转换，重构自己与外部环境的关系从而获得掌控感，用自己的方式来解决问题和冲突，这是游戏吸引幼儿的根本原因。在游戏的世界里，幼儿无所不能，整个世界都可以按照幼儿的想法和愿望重新安排。

4. 幽默感

幽默感是由嬉戏、玩笑、诙谐等引起的快感。幼儿的幽默感有一个发生、发展的过程。最初的幽默感来源于嬉戏性行为的偶然结合，当熟悉的情景或行为程序中出其不意地出现了一种让幼儿觉得有趣新奇的因素时，幼儿会马上重复这种新的因素，表现出一种故意取乐的倾向（如偶然发现把母亲的长发拉下来挡住了眼睛很有趣，马上重复这一动作，咯咯地直乐）。以后随着幼儿知识经验的丰富和认识能力的提高，逐渐能够理解语言、电视、绘画等文学作品中的幽默，并用于游戏。

5. 生理快感

游戏的生理快感主要来源于身体活动的需要和中枢神经系统维持最佳唤醒水平的需要的满足。由于骨骼肌肉系统在生长发育上的特点，幼儿在生理上有身体活动的需要。好动是幼儿的特点，长时间呆坐不动、无所事事会使幼儿困倦烦躁。在游戏中幼儿可以随意变换动作或姿势，可以使中枢神经系统的机能状态调整到最佳水平。

在一种活动中，不一定同时出现上述五种游戏性体验，这取决于游戏活动的类型，但是兴趣性体验、自主性体验和胜任感是任何游戏活动都不可缺少的最基本的成分。游戏性体验是游戏的“灵魂”，对游戏活动本身具有决定性意义。一种活动是否是游戏，关键在于幼儿是否产生了游戏性体验。因此，幼儿游戏要兼具游戏性表现和游戏性体验。

案 例

幼儿园的活动室，老师正在组织幼儿开展角色游戏。活动室被分割成不同的角色游戏区，有娃娃家、医院、饭店、糖果厂、商店、公共汽车等。幼儿按照自愿报名的原则去了不同的游戏区。老师在做巡视指导，当她发现“医生”闲着无事可干的时候，就赶紧跑到“娃娃家”提醒“妈妈”：“宝宝生病了。”在老师的启发下，“爸爸”“妈妈”赶紧抱上孩子，坐上“公共汽车”，去“医院”找“医生”看病。“糖果厂”的“小工人”用糖纸包完“糖果”以后，坐着发呆。老师不失时机地跑来，启发他们：“今天是周六，该大扫除吧?”……

整个游戏过程中，老师忙得不亦乐乎，从这个区到那个区，启发诱导。通过她的穿针引线，各游戏区之间发生了横向联系，成为一个整体。游戏场面显得热闹而壮观。

案例分析

案例中的活动是游戏吗？表面上是，它基本体现了幼儿游戏的所有外在特征：愉悦的表情、象征的动作、游戏性的语言和适宜的玩具材料。但实际上却不是，因为它失去了游戏的“灵魂”——游戏性体验。幼儿在老师精心设计、准备并组织的游戏中没有任何自由和自主，自然他们也不一定产生相应的游戏愿望和行为。正如该活动结束时，两个男孩走到一起说：“现在好了，老师的游戏玩完了，我们到外面去玩我们自己的游戏吧！”可见，在幼儿眼中，老师指导下的热闹“游戏”并非他们想玩的游戏。真正的游戏中，老师的指导应该建立在幼儿的兴趣和需求上，而不是导演、控制幼儿的游戏。

通过以上对幼儿内外特征的分析，我们可以给游戏下一个操作性的定义：游戏是幼儿在某一固定时空中，遵从一定规则，伴有愉悦情绪、自发、自愿进行的有序活动。通过幼儿的表情、动作、角色扮演、言语及材料等可以判断幼儿的行为是游戏还是非游戏。

第三节 幼儿游戏的分类

一、幼儿游戏的基本分类①

（一）根据儿童发展进行的游戏分类

1. 以认知发展为依据的游戏分类

皮亚杰根据儿童认知发展的阶段，将儿童的游戏划分为感觉运动游戏、象征性游戏、结构游戏和规则游戏四类。

（1）感觉运动游戏

感觉运动游戏也称为练习性游戏或机能性游戏，是儿童最早出现的一种游戏形式，一般处于幼儿从出生到两岁这个阶段。游戏的动因在于感觉和运动器官在活动过程中获得的快感，主要由简单的、重复的动作所组成。比如：婴幼儿反复拍打盆中的水，或者围着房间的桌子绕圈跑。此游戏形式随年龄增长而逐渐减少。

（2）象征性游戏

象征性游戏也称符号游戏，是学前儿童最典型的游戏形式。在整个学前期占的时间最长，高峰期在3~5岁。象征性游戏带有“假装”的特点，在游戏中，儿童

---

① 刘焱. 儿童游戏通论［M］. 北京：北京师范大学出版社，2004：179-187.

通过“以人代人”“以物代物”以及情境的创设来模仿真实的生活。象征性游戏的主要特征就是模仿和想象，角色游戏是其主要的表现形式。

（3）结构游戏

结构游戏是儿童利用各种不同的结构材料（如积木、积塑、泥、沙土、雪等）来建构、反映现实生活中物体的活动，例如搭积木、堆雪人、用沙土筑城堡等。它贯穿于儿童游戏的始末，在不同的年龄阶段有不同的表现形式。它是游戏活动向非游戏活动的过渡，前期带有象征性，后期逐渐成为一种智力活动。

（4）规则游戏

规则游戏是一种在相互交往中以规则为目标的社会性游戏。通常由两个或两个以上的孩子一起，按照一定的规则进行，具有竞赛性质，包括智力游戏、体育游戏和音乐游戏。儿童在规则游戏中对规则的遵守，为儿童日后的生活打下遵守社会准则和道德规范的基础。个体对规则游戏的兴趣并不随着年龄的增长而淡化或消失，而是伴随人的一生。

2. 以社会性发展为依据的游戏分类

美国学者帕顿按照儿童在游戏中社会行为的不同表现以及参与游戏的儿童之间的相互关系，将2~6岁儿童的游戏行为划分以下六个阶段：

（1）偶然的行为

偶然的行为，也称无所用心的行为。儿童无所事事，独自发呆，不参加游戏。儿童不是在玩，而是花费时间于自发的、无休止的随机活动中。比如注视碰巧使他感兴趣的事情；或摆弄自己的身体；或从椅子上爬上爬下，到处乱转；或是坐在一个地方东张西望。这种行为不属于游戏。

（2）旁观的行为

旁观的行为，或称游戏的旁观者。儿童大部分时间是在看其他儿童玩，听他们谈话，或向他们提问题，但并没有主动参与游戏，只是明确地观察、注视某几个儿童或群体的游戏，对所发生的一切都心中有数。旁观的行为根据幼儿的投入程度可能是游戏，也可能不是游戏。

案　例

过家家游戏中，“娃娃”生病了，“爸爸”“妈妈”非常着急，不知该怎么办。在旁边观看的贝贝也非常着急，并建议送“娃娃”赶快去医院打针；在旁边观看的炳炳则很好奇地问道：“你们的娃娃在哪里找的？”①

① 雷湘竹. 学前儿童游戏［M］. 上海：华东师范大学出版社，2012：60.

案例分析

贝贝和炳炳都是"娃娃家"游戏的旁观者，但从他们的言语可以看出，两人的行为已经有本质的区别，贝贝事实上已经融入游戏中，而炳炳则游离于游戏之外。

（3）独自游戏

幼儿无玩伴意识，只专注于自己的活动，很少注意或关心他人游戏，也没有做出接近其他幼儿的尝试。幼儿偶尔出现的言语行为，也经常是针对自己的游戏行为的思维外化，而并非与同伴就游戏行为而进行的交谈。如幼儿边玩布娃娃，边念念有词："别哭了，妈妈给你吃糖……"

（4）平行游戏

幼儿开始关注别人的活动，喜欢玩与别人相同或相似的玩具，通过相互模仿开展相类似的活动。虽然幼儿与他人玩一样的游戏，但是他们之间并无互动行为，还是自己玩自己的，一人离开后，另一个人会继续玩。它是独自游戏的一种简单的、机械的组合。

（5）联合游戏

幼儿与同伴一起游戏，参与共同的活动，但彼此之间没有合作行为。幼儿虽共处于一个集体中开展游戏，但每个幼儿都是以自己的兴趣和愿望为中心，没有具体的分工与组织，也没有建立共同的目标。幼儿之间时常发生许多如借还玩具、短暂交谈的行为，但这种行为属于同伴交往的关系，而非游戏的合作关系。

（6）合作游戏

幼儿与同伴出于共同的需要，制订共同的计划，通过协调共同完成活动。游戏中有共同的目标、具体的方法、明确的分工、合作及规则意识，常有较明显的组织者或领导者。大家一起努力，分工合作，共同完成游戏任务。合作游戏是社会性程度最高的游戏形式。

在以上六种行为中，真正属于游戏行为的只有后四种，所以后来有许多研究者采用这种分类方法，将游戏划分为单独游戏、平行游戏、联合游戏、合作游戏四种。其中前两种由于没有或较少表现出行为的社会性特点，故合称为"非社会性游戏"，而后两者则合称为"社会性游戏"。这种游戏分类可以比较明显地看到在不同游戏类型中儿童社会性发展和表现的差异。

（二）根据游戏活动进行的游戏分类

1. 以游戏活动功能为依据的分类

布瑞恩·萨顿·史密斯（Brain Sutton Smith）认为，游戏具有社会文化的适应功能，它是幼儿获取各种不同类型的社会文化经验的中介，游戏可以帮助幼儿适应社会文化生活，是一种文化适应行为。根据游戏行为的不同经验指向，他把游戏分为四种类型：

（1）模仿游戏

儿童从出生到1岁，重复做自己会做的事情。1岁半时，儿童会延迟模仿几小时甚至几天，直到一个比较适于重复的时间。2岁时，五官的直觉和认知技能使儿童能模仿他人。3岁时，在角色中装扮他人。4岁时，角色游戏与想象混合，转化为想象性的社会性角色游戏，儿童在游戏中担当不同的角色。模仿游戏指向于人际交往与角色扮演经验的获得。

（2）探索游戏

在婴儿6个月时便出现，以自己的身体器官（如舌和手）当做探索的工具，在第二、三年时，这类游戏不仅数量增多，且变得更加复杂，出现了以物为手段的工具性操作探索和言语为手段的探索。言语探索以笑话、谜语以及同音词的方式一直延续到学龄期。探索游戏指向于物质世界的经验获得。

（3）尝试游戏

指向于自我概念的发展，包括对身体技能和社会性技能的自我评价。在婴儿期，集中于感知运动能力的发展。在幼儿期，随着身体技能和社会活动的增长，规则游戏逐渐增多，如捉迷藏等。通过此类游戏，儿童不仅学习并加强了身体和社会技能，而且提高了自我意识，并学会了控制记忆和冲动。

（4）造型游戏

开始于4岁，儿童以富于想象的建造房子等活动为游戏的目的，并常常伴随着扮演角色或社会角色游戏活动。此类游戏指向于人类社会经验的获得。

2. 以游戏活动对象为依据的分类

加维（Catherine Garvey）根据幼儿游戏中所用的材料不同，将游戏分为以下五种类型。

（1）以身体运动为材料的游戏

即身体运动游戏，是动物与人类幼儿共有的游戏形式，其主要构成要素是感知觉与运动器官的联合活动，如奔跑、攀爬、追逐等。它既可以以个人游戏的方式发生，也可以以社会性游戏的方式发生。

以身体运动为材料的游戏是出现最早的游戏形式，随着年龄的增长，该游戏会渐次减少，但并不会消失。

（2）以物体为材料的游戏

即玩具游戏，是婴幼儿对物体的属性、功能进行探索、操作的活动。这种游戏不仅可以帮助幼儿获得关于物质世界的经验，而且也是幼儿与他人交往的途径。

随着年龄的增长，婴幼儿单纯摆弄物品的游戏逐渐减少，而逐渐趋向更高水平的象征性游戏和结构性游戏。

（3）以语言为材料的游戏

即语言游戏，是由声音、节律、词汇、语法等语言要素构成的，以对语言的嬉戏性运用为特征的游戏。儿歌、谜语、颠倒歌等都是幼儿语言游戏的具体表现形式。

幼儿语言游戏过程中能够学习语言，理解词义，掌握语法结构。

(4) 以社会生活为材料的游戏

是以反映幼儿现实生活经验为内容的游戏，角色游戏是这种游戏的典型形式。这类游戏的发生标志着幼儿对社会生活的兴趣、认识与理解，如"娃娃家"游戏、医生与病人的游戏等。

(5) 以规则为材料的游戏

包括两种游戏：

一种是有规则的游戏，即受规则支配的游戏。如"老鹰捉小鸡""跳房子"等是受规则支配的游戏，幼儿在玩这类游戏时必须遵守规则游戏才能进行下去。

第二种是以探索社会规范限度为目的的嬉戏性游戏，这类游戏表现为恶作剧、开玩笑等。如幼儿故意做成人不让做的事情，故意作弄同伴等。此类游戏，貌似"淘气"，实质是对"规则"的挑战，幼儿通过把握挑战"规则"的限度，学会了根据交往对象的不同不断调整自己的行为。

在众多的游戏分类方法中，加维的游戏分类独具一格，囊括了其他分类方法中所不能包括进去的游戏，如追逐打闹游戏。

知识链接

学前儿童游戏研究的分类学视角及其缺憾①

无论是皮亚杰，还是帕顿，甚或其他许多西方心理学家，对于儿童游戏的研究多集中在"发展心理学"这一视角或者话语上。他们对儿童游戏的类型划分也是基于其发展心理学的理论基础……这种注重发展心理学的分类系统的研究，其缺憾日益受到人们的注意：

首先，他们对不同类型的游戏在儿童身心发展中的地位与意义的评估不够恰当和准确。以帕顿对独自游戏的评价为例。他认为，独自游戏可以说是一种社会性发展程度最低的游戏形式，而事实并非如此。

其次，皮亚杰和帕顿对游戏类型的划分虽然有一定的参考价值，但又同时存在着过于简单化的倾向。以皮亚杰的分类为例，其实"结构性游戏"本身就是一种复杂的游戏形态，它的展开经历了许多复杂的过程和阶段，包

① 吴航. 学前儿童游戏研究的新趋向：从分类学到生态学［J］. 学前教育研究，2008（5）：57-58.

括对游戏材料的探索、对空间的把握以及象征性的表征，有可能还包括最后将其设想为一个社会性戏剧游戏的背景等。这其中诸多因素相互影响、相互作用，构成了一幅形态迥异的“图景”。另外，在他们的分类系统中也看不到嬉戏打闹游戏、玩笑以及语言游戏等特殊的游戏形式。

再次，游戏类型的确定在某种程度上与解读者的“解读”密切相关。在研究者或者观察者看来，一个正在反复摔弄橡皮泥的3岁幼儿，也许正在玩“功能性游戏”。但是对这位游戏者来说，橡皮泥也许表征着他的兄弟姐妹，因为在现实生活中受到其压抑，因而希望通过摔打橡皮泥的游戏得到发泄。

最后，在儿童的现实生活中存在着多种潜在的社会关系，它们或多或少地会影响儿童在游戏中的行为表现，仅仅如帕顿那样关注儿童的同伴关系，不利于对儿童游戏行为的全面理解。因为儿童的社会关系还涉及教师与幼儿、家长与幼儿、兄弟姐妹之间、邻里伙伴之间等。另外，儿童游戏研究的分类学视角也忽略了一些有特殊需要的儿童的游戏。

二、当前我国幼儿园的游戏分类

（一）我国幼儿园游戏分类的形式

我国幼教界在学习和借鉴国外游戏理论的基础上，对游戏分类也进行了本土化探索，形成了多种分类体系。其中依据游戏的教育作用进行分类，是目前被我国广大幼教工作者一致公认的，在实践中广泛被采纳的分类形式。

这种分类形式包含两个层次。第一层将游戏分为两类：创造性游戏和有规则游戏。前者的游戏规则是内隐的，游戏可由幼儿自由玩耍，有利于幼儿创造性思维的发展。后者有外显的游戏规则，游戏通常由教师组织幼儿进行，注重培养幼儿的规则意识。第二层又将创造性游戏分为角色游戏、结构游戏和表演游戏三种，有规则游戏分为体育游戏、音乐游戏和智力游戏三种。不同种类的游戏对促进幼儿的发展具有不同的价值，其结构详见图1-3。

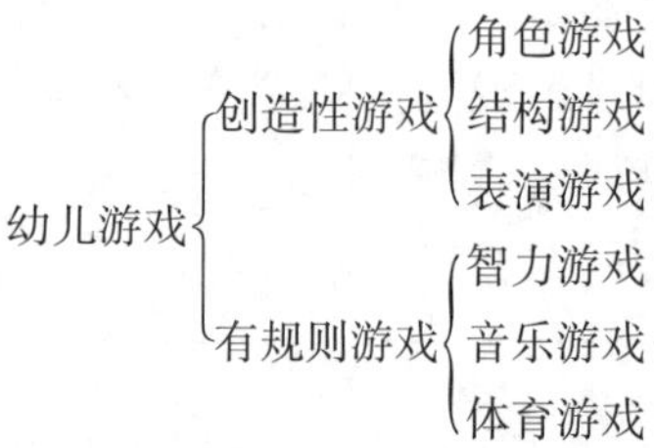

图1-3　依据教育作用的游戏分类体系

（二）我国幼儿园游戏分类的利弊

长期以来，人们习惯于按照教育作用对幼儿园游戏进行分类。此种游戏分类受苏联的影响较大，它有利于幼儿园的教育教学管理，便于幼儿园教师的具体操作，教师可以根据需要灵活选用各种游戏，以促进幼儿身心的发展。但同时这种游戏分类也存在着一定的问题，具体来说，体现在以下几个方面：

首先，过于强调游戏的教育价值，在实践中容易导致教师片面地看待游戏，目的性过强，更多使游戏成为学习的工具，忽视游戏的趣味性、自由性和孩子在游戏中的主动性和创造性。

再次，把教学游戏等同于规则游戏，在幼儿园原本重上课、轻游戏的同时，出现了重规则游戏、轻创造性游戏的局面。要么认为幼儿园游戏就是教学游戏，以组织有规则游戏来代表幼儿园的游戏活动，造成幼儿园上课与游戏无法区分；要么将两类游戏在时间上、空间上截然分开，一段时间开展有规则游戏、另一段时间开展创造性游戏，教师组织的有规则游戏基本上能得到保证，而体现幼儿自主性的创造性游戏则很难得到保证。

再次，严格来说，这种划分并不确切，因为创造性和规则性都是游戏普遍的重要特性，两者并不互相矛盾。概括而言，其不同在于是把创造性发挥放在第一还是把规则遵守放在第一。实践中确实引起了误解，很多幼儿园老师认为创造性游戏就是具有创造性，其他游戏都没有创造性。而有规则游戏就是有规则的，其他游戏都是没有规则的。

知识链接

幼儿园游戏课程设计的现状、问题及对策①

一、现状

在被调查的15所幼儿园中，如果把区域活动当作一种游戏，其余游戏各算作一种，那么开设2种以上游戏种类的幼儿园有11所，占所调查总数的73%。这些种类繁多的游戏，可以归纳为三种类型：其一，区域活动，包括角色游戏区（如娃娃家、医院、菜场、超市、理发店等）和学习建构区（如语言、数学、科学、美工、益智、图书等）。其二，创造性游戏，包括角色游戏、表演游戏、结构游戏等。其三，教学游戏，包括语言游戏、数学

① 张娜，陈佑清．我国学前教育课程结构现状分析［J］．教育发展研究，2013（6）：64-66．

游戏、科学游戏、音乐游戏、体育游戏、智力游戏等。教学游戏是以规则游戏的形式编制的，是“我国非游戏活动游戏化最常见的做法”，它与规则游戏最大的不同是“它以传授一定的知识技能为目的，教学的预先结构性非常明显”，因为调查中真正的规则游戏很少，所以将其并入教学游戏。据此，被调查的园所中，开设区域游戏、创造性游戏、教学游戏的园所数量分别为 5 所、4 所、11 所，所占比例分别为 33%、27%、73%；被调查幼儿园中游戏课程的设置可分为六种：无单独室内游戏、区域活动、教学游戏、区域活动与教学游戏、区域游戏与创造性游戏和教学游戏、创造性游戏和教学游戏，所占比例分别为 13%、13%、33%、13%、7%、20%。

二、问题

游戏课程涵盖的游戏种类繁杂重复，且以教学游戏为主。游戏是幼儿身心发展的需要，幼儿园应该以游戏为基本活动，20 世纪 90 年代以来，这种观念已经成为我国学前教育界的一种共识。在被调查的园所中，93%的幼儿园都开设了独立的游戏课程，这一数据表明目前我国绝大多数幼儿园都认识到了游戏对幼儿身心发展的重要性，但同时也反映出在我国幼儿教育实践中游戏和教学仍然处于相对分离的现实。

游戏是一种整体性的活动，然而调查结果显示，我国大多数幼儿园中存在将游戏进行过度细化的现象，借鉴“分科课程”的提法，可以称为“分科游戏”。这种细化的“分科游戏”使幼儿园的游戏课程变得臃肿繁杂，同时让游戏活动变得单一化和狭窄化，而且这些“分科游戏”基本上是教师以集体活动的方式组织，便于教师对幼儿的控制，但不利于幼儿主动性的发挥，在这种情况下，游戏的价值难以得到充分实现。同时在被调查的园所中，幼儿园都设置了单独的教学游戏，其中 33%则是完全以教学游戏为主，这样的数据也表明目前我国幼儿园中所开设的游戏仍然主要是为教学服务的，游戏不过是“裹着糖衣的教学”。

三、对策

游戏课程应该充分发挥区域活动的价值，综合游戏类型。过度细化的游戏类型更多是为了满足教学的需要，而非满足幼儿游戏的需要。幼儿的游戏应该是整体的、自主自发的，而非教师预先设定好的。从综合游戏类型的角度考虑，区域活动是一种较好的组织形式，因为区域活动通过不同活动区的创设，事实上已经可以提供幼儿进行各种类型的游戏。不同的是，相对于细化的游戏类型，区域活动通过环境的创设和材料的投放来满足幼儿游戏的需求，减少了教师对游戏的控制。而且活动区的自主选择性，也给予了幼儿充分的游戏自主权。同时“区域活动还是一个融合了幼儿游戏与学习的整体概念”，它可以让幼儿在自主游戏中进行学习。然而调查显示，63%的幼儿园都只是把区域活动当作一种环境创设，而没有将其真正纳入课程设置中来，区域活动的价值没有得到充分实现。

（三）我国幼儿园游戏分类的理解

游戏的分类只是为了满足成人研究或实践的需要，对幼儿来说游戏就是一个整体，并无什么区别，它们都具有游戏的基本特征，否则就不是游戏。如果非要说有什么区别的话，可能只是名称和玩法的不同。例如：“过家家”“跳房子”“猜谜语”“搭房子”等都是游戏的共同组成部分。所以，在理解创造性游戏与有规则游戏这两个概念时，一定要从游戏的本体论视角出发。

当然作为两种不同的游戏类型，它们之间还是有区别的，体现在以下几个方面：①

从游戏的本意上来说，创造性游戏是不追求外在结果的自由玩耍，它强调的是自娱自乐；有规则游戏是遵守规则的游戏、追求共同目标的比赛，它强调的是整体的相互联系。

从游戏的态度倾向上来说，创造性游戏是以自我为中心，自娱自乐地扮演自己喜欢的角色，享受过程体验，不在乎别人的想法；角色间只是简单的系列而没有组成一个完整的整体，幼儿可以一会儿这样玩、一会儿那样玩，一个角色不参加并不会影响游戏的进行。有规则游戏是帮助幼儿去自我中心化的方式，参与者形成一个整体，必须采取别人的态度，并允许其他人的态度来决定将要做的、与某种共同目的有关的事情；规则游戏如果其中一方退出，游戏则无法进行下去。

从经验的角度来说，幼儿在创造性游戏中所反映的经验是零散的，是他们对现实生活中别人经验的模仿和学习，是一种将外在经验逐步内化为自身经验的过程。幼儿在规则游戏中所运用的是已经内化为幼儿自身经验体系中的经验，它是对所玩规则游戏的任务和目的、玩法、规则以及结果的事先知晓。

从游戏规则的角度来说，创造性游戏的规则是隐性的、多元化的，采纳不同的规则会导致不同的游戏行为发生。而规则游戏的规则是显性的、单一化的，游戏者必须接纳同一个规则，游戏才能继续进行。

从幼儿人格发展来看，幼儿在创造性游戏中是模仿别人，没有自己明确的性格，也没有明确的人格。而玩规则游戏时幼儿完全存在于自己的经验之中，自己特有的性格在游戏中逐渐显现。

---

① 邱学青. 对幼儿园游戏分类问题的思考［J］. 学前教育研究，2000（3）：35-36.

本章小结

探讨游戏的概念和类型被很多研究者界定为非常痛苦的事情，因为不同的人从不同的角度出发会有不同的认识，至今对游戏尚未达成一致的观点。然而这并不妨碍我们去研究游戏，通过了解不同学科视野下的游戏内涵，认识不同角度划分下的游戏类型，反而有助于我们更深刻地理解游戏的丰富性和多变性。

虽然无法从属性上对游戏下一个准确的定义，但是研究者对游戏的特征却有较为一致的认识：主动性、非功利性、虚构性、有序性以及愉悦性。再结合游戏的外在行为特征（表情、动作、言语、材料）以及内在的游戏性体验，我们可以判断幼儿的行为是游戏还是非游戏。

对游戏类型的划分无外乎两个维度：纵向和横向。前者如皮亚杰、帕顿等，后者如布瑞恩·萨顿·史密斯、加维等。任何一种划分类型都难以囊括所有的游戏活动，不同的划分类型之间也并非决然对立，而是经常相互交叉。我国由于长期受苏联的影响，按照教育作用，将游戏划分为创造性游戏和有规则游戏，这种划分类型的方法有利有弊，在实践中需要恰当地认识和使用。

拓展阅读

［英］珍妮特·莫伊蕾斯，著．刘焱，等，译．仅仅是游戏吗——游戏在早期儿童教育中的作用与地位［M］．北京：北京师范大学出版社，2010.

该书主要包括游戏的发生、游戏的价值、游戏的教学实践三大部分内容。第一部分讨论了游戏的内涵以及游戏和学习的相互关系；第二部分从语言、问题解决和创造性三个重要的发展领域论述了游戏的价值以及成人（包括幼儿教师和父母）应当在幼儿的游戏中扮演的角色；第三部分具体讨论了幼儿教师组织和指导幼儿游戏的途径和方法、在游戏中如何观察和评价幼儿的学习和进步、儿童游戏和成人游戏、幼儿园游戏和家庭、社区游戏的区别等。

思考题

1. 什么是游戏？你是从什么角度提出这一概念的？
2. 观察记录一段幼儿园的游戏活动，判断其是否真正的游戏？并分析原因。

3. 观察记录一段幼儿的游戏活动，描述和分析幼儿游戏时的外部行为特征和内部心理体验。

4. 收集几所幼儿园的一周活动计划表，分析其中游戏活动的类型设置和时间安排，思考当前我国幼儿园游戏分类和实施的现状及利弊。

第二章　幼儿游戏的基本理论

本章导读

根据游戏理论出现的时间，将本章节分为早期游戏理论、现代游戏理论和当代游戏理论的新进展。早期游戏理论产生于第一次世界大战之前，主要包括精力过剩说、松弛消遣说、复演说和预演说等理论。这些理论主要从生物学角度出发，探讨游戏的目的和意义。现代游戏理论产生于20世纪中叶以后，主要包括精神分析学派的游戏理论、认知发展学派的游戏理论和社会历史文化学派的游戏理论，现代游戏理论从个人的角度研究游戏，进一步探讨了游戏的目的，并对游戏本质以及游戏中儿童所处的角色进行了阐述。当代游戏理论是在不断发展的心理学及相关学科的基础上产生的较为系统的游戏理论，对游戏的性质和功能进行了更为深入的分析，主要有游戏的觉醒理论、游戏的元交际理论、游戏的生态学理论等。

案例开启

游戏是一种十分古老而又极为普遍的社会生活现象。有研究者认为游戏行为不仅存在于人类社会，也存在于动物世界。我们常能见到这样的场景，如大草原上的小狮子跟在母狮子后面，上蹿下跳地捕捉母狮的尾巴，并乐此不疲；一群小狼之间龇牙咧嘴，做出假装要互相攻击的样子。家里的宠物猫、狗在吃饱喝足后喜欢抓挠线团或皮球自娱自乐等。有研究者认为：基于游戏在整个动物世界的广泛存在，以及游戏产生根源在于某种动物本能的事实，游戏的本质是先于人类、更是先于人类文化而存在的。

当视线回到人类活动中，游戏是儿童最喜爱的活动，它源于生活，也随着社会的发展而不断发展。在我国古代就已出现丰富的游戏形式，如斗草、投壶、放风筝、下棋、斗鸡、斗蟋蟀等，其中很多游戏至今仍广为流传。可见游戏也是人类生活中必不可少的一部分。古代就有关于游戏价值的论述，如《礼记·学记》中写道："藏焉修焉，息焉游焉。"即学习时就努力进修，休息时就尽情游乐，将游戏视为学习之余放松、休息的基本方式。崔学古在《幼训》中指出："优而游之，使自得之，自然慧性日开，生机日活。"认为要对儿童进行教育，必须顺应儿童的自然发展规律，而游戏是最主要的手段。

那么，人类游戏与动物游戏到底有无不同？游戏是如何产生的？游戏的本质又是什么？这些一直是心理学界、教育界乃至哲学界广泛探讨的问题，并形成了各种不同的理论，试图对此作出解释。

案例分析

人们对动物游戏与人类游戏的认识取决于他们对游戏概念的界定以及游戏目的的认识。游戏到底是起源于本能，还是社会因素的影响，各游戏理论流派各执己见。研究者们由于各自的研究视角和理论基础不同，对游戏的起源以及游戏本质的认识也不尽相同。随着人类认识的不断进步，对游戏的研究也逐步深入，有关游戏研究的理论成果日益丰富，这为我们对游戏理论的理解提供了有力的支持。

案例建议

博闻众人之言，悦纳百家之长。

第一节　早期游戏理论

早期游戏理论产生于19世纪下半叶到20世纪30年代间，主要从生物学角度出发，探讨游戏的目的和意义。比较有代表性的游戏理论包括精力过剩说、松弛消遣说、复演说和预演说等。这四种经典理论可组合成相对的两组：（1）精力过剩说与松弛消遣说，将游戏视为精力调节的一种手段；（2）复演说与预演说，用本能来解释游戏。①

一、精力过剩说

精力过剩说的主要代表人物是 18 世纪德国哲学家席勒（Friedrich Schiller，1759—1805 年）和 19 世纪英国哲学家斯宾塞（Herbert Spencer，1820—1903 年）。该理论的主要观点是：生物体都能产生一定精力来满足自身生存的需要，当需求满足之后，若还有剩余精力没有被消耗，过剩的精力就会累积从而造成压力。因此，被视为“无目的的行为”的游戏就是人和动物用来消耗能量的方式。过剩的精力越多，游戏就越多。

精力过剩说之所以能得到大众认同，主要在于该理论可以解释为何儿童会比成人更有精力去游戏，因为儿童的生存需要由成人给予满足，从而使得儿童有大量过剩的精力，进而通过大量的游戏来消耗。

二、松弛消遣说

与精力过剩说相反，松弛消遣说认为游戏的目的是为了恢复工作所消耗的能量，其代表人物是德国哲学家拉扎鲁斯（Moritz Lazarus，1824—1903 年）。他认为，游戏是松弛、恢复精力的主要方式。工作会消耗精力，但精力可以通过睡眠或参与完全不同于工作的活动得以恢复。游戏与工作是不同的，因此是一种恢复精力的理想方式。

松弛消遣说在日常生活中也可以得到验证。例如成人长期疲于办公室工作，换一种不同的活动可能会有所帮助。儿童进行心智活动久了，户外游戏可以帮助他恢复活力。这个理论可以解释为何游戏行为不限于儿童，在成人群体中同样受欢迎。

三、复演说

19 世纪末期，科学家发现人类胚胎的发展经历了与人类进化过程类似之处。例如，人类胚胎具有与鱼鳃类似的生理结构。这个发现导致了个体的发展重现种族发展的理论。美国心理学家霍尔（G. Stanley Hall，1844—1924 年）将复演说应用于儿童游戏。霍尔认为游戏是远古时代人类祖先的生活特征在儿童身上的复演。儿童游戏的阶段性也遵循人类进化的顺序。如儿童爬树的活动（如同我们原始祖先）会在群体游戏（部落人）之前出现。游戏的目的是消除那些不应在现代生活中出现的原始

---

① ［美］约翰逊. 游戏与儿童早期发展［M］. 华爱华，郭力平，译. 上海：华东师范大学出版社，2006：6-7.

本能。例如，儿童玩棒球，可帮助儿童消除用棒子攻击之类的原始打猎的本能。

四、预演说

预演说理论的主要代表人物是德国哲学家、心理学家格鲁斯（Karl Groos，1861—1946 年）。与复演说相反，该理论认为游戏不是消除原始本能，而是对未来生活的一种无意识的准备。儿童先天遗传的一些本能对其未来生存极为重要。游戏的目的就是为儿童提供练习的机会，帮助他们在天赋本能的基础上去练习和完善成人生活所需要的本能。例如，儿童经常玩想象游戏或幻想游戏时扮演父母的角色，或假装去工作、购物等，这是儿童在练习成年后所需的技能。

五、对早期游戏理论的评析

早期游戏理论的共同特征在于注重哲学思辨，不太注重实验结果，主要解释游戏存在的原因以及游戏的目的，未对游戏行为进行全面的解释。如精力过剩说认为游戏目的是消耗过剩的精力，在现实中无法解释为何儿童即使太累了也还要玩。另外，早期经典理论缺乏科学实验的依据。例如，预演说认为儿童通过遗传继承了未来成人生活所需要的具体技能和知识，这种结论不是通过科学实验得出，而仅依据对本能的信念。

虽然这些理论有一定的局限性，但他们对当前游戏理论的研究仍然具有重要意义。早期关于游戏目的以及游戏重要性的争论丰富了人们对儿童游戏的认识，同时也具有较强的生命力，其中的许多观点在当前仍然被接受。例如，现在很多人仍相信松弛消遣说，通常在长期单一的工作之余或学习之余，会有意识地穿插游戏或休闲活动以缓解疲劳和恢复精力。最后，早期的经典游戏理论为现代游戏理论奠定了基础。例如，霍尔关于游戏阶段的主张对皮亚杰等人的现代游戏阶段理论产生了重要影响。

第二节　现代游戏理论

现代游戏理论主要从个人的角度研究游戏，关注游戏存在的实质、游戏在儿童发展中的角色以及游戏行为发生的前导条件。现代游戏理论主要包括精神分析学派的游戏理论、认知发展学派的游戏理论和社会文化历史学派的游戏理论等。①

① ［美］约翰逊. 游戏与儿童早期发展［M］. 华爱华，郭力平，译. 上海：华东师范大学出版社，2006：9.

一、精神分析学派的游戏理论

精神分析学派的游戏理论主要出现在20世纪40年代到60年代间。该理论认为儿童潜意识中存在与社会道德不相容的本能冲动和欲望，这种欲望的满足构成了人行为背后的内驱力，这种内驱力引发了游戏。因此，儿童游戏是为了宣泄这种潜意识，保持快乐情绪。其主要代表人物有弗洛伊德（Sigmund Freud，1856—1939年）、埃里克森（Erikson，1902—1994年）、佩勒（Peller）、门宁格（Menninger）等人。

（一）弗洛伊德的游戏“宣泄”说

1. 游戏的本质

精神分析学派主要代表人物弗洛伊德认为游戏的本质在于宣泄。儿童游戏的目的是为了追求快乐，摆脱消极情绪。儿童潜意识里充满了与社会道德不符的原始冲动和欲望，游戏可让儿童抛开现实，将受压抑的冲动发泄出来，得到身心的愉悦和发展。例如，儿童在现实中挨打后，可能会在游戏中对玩具娃娃发火，或者假装处罚他的玩伴。通过角色转换，从被动者成为主动者，儿童可以将消极情绪转移至一个替代的物或人。在游戏中，儿童的愿望得到满足，痛苦随之消失，最终获得情感上的快乐。

2. 游戏的价值

一方面，游戏是宣泄情感，促进“自我”发展的重要途径。游戏能使儿童逃避现实生活的束缚，为儿童提供了一条安全的途径来宣泄内心消极情感，减少忧虑，以实现现实生活中不能实现的冲动和欲望，使心理得到补偿。弗洛伊德认为人格由“本我”“自我”“超我”三部分组成。“本我”是指人的原始本能，它不受外在道德和逻辑的支配，只追求个人的满足。“超我”是人格中最文明的部分，儿童生活中社会中，受到社会道德要求和行为标准的制约，使他在社会规则约束内活动。而“自我”是二者之间的平衡机制。儿童在游戏中寻求现实中不能实现的愿望的满足，从而促进“自我”的发展。例如，妈妈不让吃太多的饼干，孩子们就在游戏中假装吃饼干。对于大多数儿童来说，游戏提供了一个心理安全的活动环境，在虚构想象的世界里，实现现实生活中的愿望。

另一方面，游戏具有治疗的功能。重复性游戏是儿童处理不愉快事件的一种有效途径。在游戏中将受挫的经历重复多次，儿童就能逐渐地消化不愉快事件带来的消极情绪。如幼童看到一名工人从20米的高处掉下来，严重受伤，进行现场急救后被救护车送走。许多儿童因这件事受到了惊吓，产生了心理上的困扰。于是他们被多次安排参与类似意外事件（摔倒、死亡或受伤、救护车、医院）的戏剧性游戏。[①] 儿

---

① ［美］约翰逊. 游戏与儿童早期发展［M］. 华爱华，郭力平，译. 上海：华东师范大学出版社，2006：10.

周后，即使游戏次数减少了，孩子们也不再被这类事件困扰。

值得一提的是，弗洛伊德认为，儿童通过游戏自由地表现他们愿望的时期是短暂的。随着儿童逻辑思维的发展，批判性能力或理性因素的增强必然束缚其游戏的发展。自我在发展过程中逐渐表现为诙谐和玩笑形式，或创造性的艺术活动，这种艺术活动同样可以得到以前在游戏中得到的快乐，并且是被现实和社会接受的，由此，游戏逐渐消失。

（二）埃里克森的阶段理论

美国心理学家埃里克森以弗洛伊德的理论为基础，扩展了游戏的精神分析理论。他认为，游戏发展所经历的阶段反映了儿童心理发展的各个阶段。他把游戏与人格发展联系起来，突出了游戏在自我发展中作用。

第一，游戏有助于自我的积极发展。埃里克森认为人格的发展是生物性因素和社会性因素相互作用的结果。游戏可以帮助自我对两种因素进行协调和整合，降低焦虑，使愿望得到补偿性的满足。因为游戏创造了一种典型的情景，在这种情景中既可以重现过去，又能表现和更新现在，并预期未来，即使原始的本能冲动和社会的规范要求都可实现对时空限制的跨越。所以，游戏是促进自我发展的重要途径。

第二，游戏可调节人格发展的阶段冲突，并控制冲突中的情感危机。埃里克森认为，游戏的形式随年龄的增长和人格的发展而不同，游戏帮助儿童人格从一个阶段转向另一个阶段发展。每一个阶段都有自己的发展任务，如果发展任务解决得好，就形成理想的人格；解决得不好，则形成与理想人格相反的另一种人格，详见表 2-1。

表 2-1　儿童心理发展阶段理论与游戏（节选 6 岁前阶段）①

年龄	弗洛伊德的阶段	埃里克森的心理阶段	阶段特征	游戏形式
0~1.5 岁	口唇期	信任感对不信任感	婴儿从最基本的生理需要的满足中，体验安全，对周围环境产生基本信任感。反之，婴儿经常处于饥饿、被忽视等不愉快的感觉中，不信任感就会增长	亲子游戏 （在游戏中传递亲情与爱，使婴儿体验人生最初的社会性情感。这样的亲子游戏可以促进良好的亲子关系的形成和信任感的产生。）

① 刘焱. 儿童游戏的当代理论与研究［M］. 成都：四川教育出版社，1988：48.

续表

年龄	弗洛伊德的阶段	埃里克森的心理阶段	阶段特征	游戏形式
1.5~3岁	肛门期	自主感对自我怀疑感	掌握对排泄器官肌肉的控制，尝试独立做事，认识到自己的意志，产生一种自主感，如总强调儿童的失败，他将形成羞耻与怀疑的态度	练习性游戏 （游戏开始在儿童生活中占据主要地位，它可以为儿童提供一个安全的环境，在自己制定的内心法则的范围内发展自主性，克服羞怯和疑虑。）
3~6岁	阴茎期	主动感对内疚感	恋父或恋母情结在现实中无法满足，产生内疚。经常尝试新事物，儿童可以形成自己的想法或发挥主动性来解决问题和达到目标，如受到阻止，他们可能感到内疚并减少此类尝试	角色扮演游戏 （儿童可以通过游戏中角色的扮演，表现内容冲突和焦虑，使情结危机得到缓和，使前一阶段发展遗留的问题得到解决。）
……		……	……	……

注：表中“阶段特征”“游戏形式”为作者添加。

埃里克森认为，儿童在不同的年龄阶段，其人格冲突表现不同，游戏形式也有所不同。在童年期的几个阶段，可通过游戏来解决这些矛盾冲突，并控制矛盾所导致的伤害。所以，游戏可以帮助儿童从一个阶段向另一个阶段发展。

第三，儿童在游戏中存在性别差异。① 年幼的男孩喜欢建造积极性主题的直立的建筑物，而女孩则喜欢静态主题的围栏物构成的建筑；在材料的使用上，男孩喜欢用积木，女孩少用或不用积木，只用家具来布置室内环境；游戏内容上，女孩主要反映与家庭生活相关的情节，而男孩倾向于反映户外的运动活动。

（三）对精神分析学派游戏理论的评析

精神分析学派的游戏理论把游戏的研究与儿童心理发展理论密切联系起来，强调早期经验对健康的成年生活的重要性，强调游戏对于人格发展、心理健康的价值。把游戏当作儿童宣泄消极情绪的重要途径，游戏的最终目的是为了使儿童保持快乐的情绪，游戏可以促进健康人格的发展等观点，突出了游戏对于人的情绪情感发展的重要价值，对后世影响很大。精神分析学派把游戏作为一种精神治疗的工具来使用，在目前仍具应用价值。对儿童进行游戏治疗已经成为公认的对儿童情绪状

① 邱学青．学前儿童游戏（第4版）[M]．南京：江苏教育出版社，2008：54.

况进行精神病理诊断的方法。

不足之处在于，精神分析学派的游戏理论发端于精神病学，带着明显的临床诊断的色彩。它更注重于研究各种不同类型的、个人的游戏，而且这些游戏往往只是个别儿童在某段时间内所玩的游戏，所以该理论的许多概括和假设缺乏系统性和精确性。该派理论的基本出发点是泛性论，把性和本能冲动的作用强调到不适当的程度，也只解决了儿童游戏的生物性动机，忽视了其社会性，因此具有一定的局限性。

二、认知发展学派的游戏理论

认知发展学派的游戏理论代表人物主要有瑞士著名的心理学家皮亚杰（Jean Piaget，1896—1980 年）、美国教育家布鲁纳（Jerome Bruner，1915— ）等人。皮亚杰认为不应该把游戏看作是一种孤立的活动，应将游戏放在儿童智力发展背景中去考察。他认为，游戏是认知活动的一个方面，是思维活动的一种表现形式，是对原有知识技能的练习和巩固。游戏是为了帮助儿童达到必要的智力上的平衡和情感上的满足，从而适应现实世界。游戏的发展水平和儿童认知发展水平相适应，智力发展阶段不同，游戏类型也不同。

（一）皮亚杰的游戏理论

皮亚杰（1952）认为儿童经历了一系列不同的认知阶段，随着阶段的发展，他们的思维过程日益接近成人。儿童参与与其认知发展水平相符的游戏类型，很难进行超越其认知水平的游戏类型。

1. 游戏的本质

皮亚杰指出，游戏不是一种独立意义的活动，而是认知水平的表现形式。同化和顺应是个体与环境相互作用达到动态平衡的两种方式。同化是对新信息进行一些修正甚至扭曲，以适应原有的认知结构的过程，而顺应是改变已有的认知结构以适合、顺从实际情况的过程。由于儿童早期的认知结构发展不成熟，其行为与思维往往较成年期更缺乏平衡。皮亚杰认为游戏是同化作用大于顺应作用的一种不平衡的状态。在游戏中，儿童并不发展新的认知结构，而是使自己的经验适合于当前存在的结构。而模仿是顺应作用大于同化作用的另一种不平衡状态。不平衡状态本身不会产生真正的学习或发展，因而在这个意义上不具有智力上的适应。所以儿童游戏的本质在于同化超过了顺应。

2. 游戏的价值

皮亚杰认为游戏的主要价值在于通过同化作用来改变现实，以满足自我在情感方面的需要。因此，儿童在游戏中并不能学习新的技能，但可以练习和巩固新近获得的技能。皮亚杰提出，游戏，特别是假想游戏可能是创造性想象的根源。一般认为，儿童在游戏气氛中与环境相互作用，能够在一些客体与观念之间形成一些独特的关系和联想，而这些客体与观念在受限制的同化思维中通常是难以形成任何关系和联系的。通过操作，儿童开始注意到所遇到的物体之间的相似性与不同点。人们认为当儿童发展到水平较高的阶段，具有了抽象思维时，那些在早年游戏中遇到的物体在这时就有助于他们对物体进行分类，从而使简单的类别与概念得到了发展。

3. 游戏的分类

根据儿童认知发展的阶段，皮亚杰把儿童游戏分为：练习性游戏、象征性游戏和规则性游戏等，详见表 2-2。

表 2-2 皮亚杰的游戏分类理论

年　龄	认知阶段	游戏分类
0~2 岁	感觉运动阶段	练习性游戏
2~7 岁	前运算阶段	象征性游戏
7~11、12 岁	具体运算阶段	规则性游戏

（1）练习性游戏是游戏的最初形式。由于 2 岁前儿童还未真正掌握语言，其认识活动只是依靠感知和动作的协调完成。这一阶段的游戏往往通过重复某一动作来进行。例如，婴儿喜爱反复向地上扔东西，让成人捡起，并乐此不疲。只要有新的技能需要掌握，就会出现练习性游戏，其功能就是对动作的重复和巩固，并由此得到快乐。一般 0~2 岁期间练习性游戏比较常见，随着儿童年龄的增长以及语言的出现而逐渐减少。

（2）象征性游戏出现在儿童游戏的高峰时期。2 岁以后，儿童的语言快速发展，认知图式中出现符号功能，象征性游戏日趋成为儿童游戏的主要形式。象征性游戏包括假装游戏、想象游戏以及社会扮演游戏等。象征性游戏是个人的思维产物。随着儿童认知水平的提高，儿童象征性游戏日趋接近现实，表现为游戏的情节逐渐有秩序和连贯、不断提高对逼真性的要求、出现集体的象征活动等特点。比如，3 岁前儿童的游戏主要是自我模仿和模仿他人的简单动作。如在游戏中，让布娃娃当自己的小孩，自己出声替娃娃哭等，渐渐发展为拿着一块木头当水杯让爸爸妈妈喝水等，3 岁以后，儿童的游戏明显地出现象征性的组合，不再是单个动作的模仿，并具有了情节。比如玩“娃娃家”，游戏中有丰富的人物角色，还有场景和活动等。

（3）规则游戏是在象征性游戏之后出现的典型游戏。7 岁以后，儿童的思维发展趋于现实，能够逼真地再现周围的人与人之间的关系和活动。由此，儿童开始进行更为复杂的规则游戏。规则游戏至少由两个人共同参与，按照一定规则进行，具有竞赛性的游戏活动，如下棋、捉迷藏等。规则游戏的发展标志着游戏逐渐失去具体的象征性内容，而进一步抽象化。通过规则游戏，儿童对规则的认识和理解水平逐步得到提高，控制自己行为来遵守规则的能力逐步增长。当儿童智力水平越高时，其游戏规则的复杂性也越高。如果儿童的智力达不到一定的水平，他们无法理解并遵守游戏规则，更谈不上共同订立规则。① 因此，规则游戏是儿童认知水平发展到一定程度的产物。

案　例

隔壁的菲菲姐姐来婷婷家里做客，7 岁的菲菲得到了 4 颗糖，而 3 岁的婷婷只得到 2 颗糖。婷婷为此吵闹不休，因为菲菲的糖比她的多。于是，菲菲提出拿出一颗自己的糖给她，这样每人就有 3 颗糖了。但婷婷坚持要 4 颗，她仍认为菲菲的糖比她的多。

妈妈拿出了布娃娃给婷婷，婷婷很快不再关注糖了，提出和菲菲姐姐玩“娃娃家”游戏，菲菲姐姐当妈妈，婷婷当娃娃公主。可菲菲说这个游戏“太幼稚，不好玩”，提出想玩“捉迷藏”，婷婷爽快地答应了。可每次，婷婷把自己藏起来，菲菲还没开始找她，她就自己高兴地跑出来了。菲菲反复说游戏规则，但婷婷还是这样，最后，菲菲只好提议“一起去户外草地上找昆虫吧”。

案例分析

案例中菲菲能理解每人 3 颗就是一样多，而婷婷坚持认为菲菲的糖比她多，这主要是由两人的认知发展水平不同所造成的。婷婷还处在前运算阶段，无法摆脱自我中心，思维具有不可逆性和刻板性，没有守恒的概念，而菲菲认知处于具体运算阶段，守恒观念形成，可以进行简单抽象思维，理解原则和规则，思维具有可逆性等特点，因此，菲菲能够理解分摊了糖果之后，两个人所得的数量是一样的，因此是公平的。由于两人认知水平处于不同阶段，对游戏类型的偏好相应也不同。菲菲更倾向于玩更复杂的规则游戏，而婷婷还处于前运算阶段，喜欢玩简单的象征性游戏，还不能理解规则，因此无法顺利进行规则游戏。

---

① 杨宁．皮亚杰的游戏理论［J］．学前教育研究，1994（1）：12.

（三）对认知发展学派游戏理论的评析

认知发展学派游戏理论从儿童认知发展的角度去研究儿童游戏，把游戏与儿童的经验、儿童的认知发展紧密结合起来，尤其是游戏的练习与巩固作用的论述，具有非常重要的价值。由于皮亚杰是认知发展学派游戏理论突出的代表人物，因此，特就皮亚杰的游戏理论进行简要评析。

1. 皮亚杰游戏理论的主要贡献

首先，皮亚杰从儿童认知的角度研究游戏，反对把游戏看作一种本能活动，并在长期观察和研究的基础上提出游戏发展的阶段理论。受皮亚杰的游戏理论影响，学前教育领域开始关注游戏对儿童智力发展的影响，开始注重融游戏与智力发展为一体，重视促进儿童在智力、情感、社会性、身体等方面的发展。

其次，皮亚杰强调活动的重要性。认为活动是联结主客体的桥梁和中介，只有当儿童自己具体地和自发地参与各种活动，才能获得真实的知识，才能形成他们自己的假设，才能给予证实或否定。儿童在游戏活动中更好地实现同化的过程，主动坚固自我认知结构。

最后，皮亚杰重视游戏的情感发展价值，重视象征性游戏在儿童发展中的作用。他提出“游戏，它是认识兴趣和情感兴趣之间的一个缓冲地区”。儿童在象征性游戏中表现情感和发展情感，实现自我满足。在目前看来，仍具有其合理性。

2. 皮亚杰游戏理论的局限

首先，皮亚杰只强调智力对儿童游戏发展的单向性影响，忽视游戏对于智力发展的价值。游戏与智力的关系应该是相互作用的、双向的，而非单向的关系。儿童的智力发展水平只是儿童游戏的一个必要条件，但游戏的内容反映了现实社会生活与文化，而这些对儿童的认识、智力发展必然起到一定的影响作用。

其次，皮亚杰认识儿童游戏只是智力活动的派生物，其实质是同化超过顺应，即儿童在游戏中并不发展新的认知结构，而只是努力地去适应先前的认知结构。由此可见，皮亚杰否认游戏作为一种独立的活动形式，也否认了游戏的积极作用。而儿童在游戏中，通常能不受任何外在强加目的约束，主动积极地去进行认知活动。游戏在儿童认知发展过程中对发挥儿童心理活动的积极性、主动性、创造性具有重要意义。

最后，皮亚杰强调儿童与环境交往的影响，而忽视了人的作用和影响，注重让儿童在有结构的活动中掌握材料的物理性质以及物与物之间的关系。而任何游戏，都不是单纯的人与物的关系，通常都有人与人的协同活动，体现着人与人的关系。

皮亚杰的游戏理论对后期游戏理论研究者产生了重要影响，他的理论激发了大量有关游戏形式中的发展变化，尤其是象征性游戏发展过程中的变化的研究，有力促进了儿童游戏的深入研究。

三、社会文化历史学派的游戏理论①

社会文化历史学派也称维列鲁学派，是苏联最大的一个心理学派别，主要代表人物有维果茨基（Lev Vygotsky，1896—1934 年）、列昂杰夫（Aleksei N. Leontiev，1903—1979 年）、艾里康宁等。该学派从文化历史发展的角度来探讨儿童的游戏，强调儿童游戏不是自然发生，而是具有社会历史的起源。游戏中，成人对儿童具有重要的教育影响，强调在成人的教育与引导下，掌握以语言符号系统为载体的社会文化历史经验在儿童心理发展中的重要作用。

（一）维果茨基的游戏理论

1. 游戏的起源

维果茨基认为儿童游戏出现的诱因是：当儿童在发展过程中出现了大量的、超出儿童实际能力的、不能立即实现的愿望时，游戏就发生了。3 岁前的儿童的愿望一般无法延迟满足，当想要一件东西时往往必须马上得到，否则就会大发脾气。而 3 岁后，出现的愿望和需要不能立刻满足时，这个愿望能持续很长时间，实现愿望的渴望会变成一种情感诱因，使无法满足的愿望以一种想象的、虚幻的方式实现，游戏就为愿望的满足而产生。

2. 游戏的价值

维果茨基不仅肯定了游戏对儿童认知发展的重要作用，也强调了游戏对儿童社会性和情绪发展的重要作用。

（1）游戏可直接促进儿童的思维发展。维果茨基认为儿童不具有抽象思维能力，对他们而言，意义与实体是混为一体不可分的。因此，儿童不看到真实的马就不能够了解“马”的意思。当儿童开始参与想象游戏，使用物品（如棍子）来代替其他物体（如马）时，意义开始与实体分离。此时的替代物将意义与实体“马”分离开来，这样儿童才能独立于所表征的实体来想象意义。因此，象征性游戏对儿童抽象思维的发展具有重要价值。

（2）游戏创造了儿童的最近发展区，在儿童发展中起着巨大的作用。维果茨基认为儿童有两种发展水平，一是现有的发展水平；二是通过成人的帮助和自己的努力达到的另一种水平。第一种水平与第二种水平之间的差异区域就是最近发展区。他指出，游戏是一种自助工具。在游戏中，幼儿的表现总是超过他的实际年龄，高于他日常的行为表现。游戏可以作为儿童最近发展区的支架，帮助他们获得更高层次的功能，从而推动进一步的发展。游戏“正如放大镜的焦点一样，凝聚和孕育着

---

① 邱学青. 学前儿童游戏（第 4 版）［M］. 南京：江苏教育出版社，2008：69.

发展的所有趋向，包含了幼儿所有的发展倾向，同时，游戏本身就是发展的主要源泉”。① 在游戏中，儿童也可以创造他们自己的支架，在自我控制、语言使用、记忆和与他人的合作中延展自己的能力。例如，一旦午睡就哭闹不停的孩子可以在社会戏剧性游戏中假装上床睡觉，表现得极为安静。在游戏中，由于儿童控制了游戏框架或想象情境，他就可以控制自己的行为。在游戏情境中，儿童可以假装哭泣，但也可以停止哭泣。与其他情形相比，儿童在参与游戏时表现出更集中的注意力、更好的记忆、语言使用和社会合作能力。

（3）游戏是社会性实践活动，可以促进儿童的社会性和情绪的发展。儿童的游戏通常是模仿成人的活动，将所看到的周围成人的活动迁移到游戏中。儿童在游戏中产生的情感，根源于他与成人的关系。以游戏情境为依托，角色为中介，儿童在游戏中能轻松地了解、学习和掌握基本的人与人的社会关系，体验不同的情绪情感。尤其是在集体性游戏中，儿童必须自觉遵循游戏中的行为规则，并学会、内化规则。在游戏情境中，儿童需要控制自我的行为和情绪的冲动来服从规则，使自己的行为符合角色的要求，因此，游戏还有助于儿童自控力、意志力的培养。

（二）列昂节夫的活动游戏理论②

列昂节夫从活动的角度研究游戏及其心理学基础。他认为学前期儿童的游戏与动物游戏的区别在于儿童的游戏不是本能的，而是人类自主的活动，这种活动作为儿童认识人类的实物世界的基础，规定着儿童游戏的内容。游戏在学前期成了儿童活动的主导形式。在一定情况下，游戏是学前儿童的主导活动。他指出，游戏之所以是主导活动并不是因为游戏是儿童的某一阶段最常见的一种活动，而是因为这种活动的发展与儿童心理发生最重要的变化有关系，而且那些准备使儿童过渡到新的、更高发展阶段的心理过程是在这种活动里得到发展的。

游戏的特点是游戏行为的动机不在于行为的结果而在于行为过程本身。学前儿童游戏行为的产生是由于儿童不仅要求对于直接可以接触的实物世界有所行动，而且要求对于更广阔的成人世界有所行动。游戏中，儿童的操作与行动永远是实际的、社会性的，儿童在游戏的操作与行动里掌握人类的现实。

（三）艾里康宁的角色游戏理论

艾里康宁在维果茨基的基础上，借鉴列昂节夫的活动理论，创立了自己的角色游戏理论体系。艾里康宁认为，角色游戏是学前儿童的典型游戏，研究儿童游戏应

---

① ［美］L. E. Berk，A. Winsler. 鹰架儿童的学习：维果茨基与幼儿教育［M］. 谷瑞勉，译. 台北：心理出版社，1999：89.

② 邱学青. 学前儿童游戏（第4版）［M］. 南京：江苏教育出版社，2008：73.

当以角色游戏为主要对象。他认为儿童的角色游戏不是个体自发出现的，而是由于社会的需要而出现的。成年人为了使未来的社会成员具有掌握任何工具所必需的一般能力，为儿童创设了练习一般能力的专门物体——玩具。通过玩具，成人教会儿童正确使用的方法，儿童也凭借玩具来模仿他们想参加但又不能参加的生产和生活活动。游戏起源的本质是社会性的，是与儿童生活的一定社会条件有关的，而不是某种内部天赋本质所决定的。

角色游戏中的角色是在成人与儿童的协调活动中发生和发展起来的，儿童游戏是社会性的活动，游戏的内容是社会性的，游戏的主题来自儿童的生活。

（四）对社会历史发展学派游戏理论的评析

该游戏理论从社会历史的角度研究游戏本质及其价值，重视游戏与学前儿童的教育之间的联系，对推动现代游戏理论发展产生了重要影响。

该游戏理论批判了游戏的本能论，把游戏的本质归结为社会性，为人们理解和讨论游戏提供了新的视角。维果茨基以马克思主义的人性论和历史唯物主义哲学为指导思想，对游戏本质进行了思考与探索，把游戏的幼儿从游戏的动物中提升出来，从而彻底地批判了游戏的本能论。这就使人们对游戏概念的理解有了更加客观化和科学化的思想基础，也大大地推动了幼儿游戏在教育中的实践和运用。把游戏的本质归结为社会性，一方面强调了游戏受制于幼儿的社会生活状况和幼儿对前辈经验的掌握，肯定了成人与教育在幼儿游戏发展过程中的作用及这种作用的必要性；另一方面他主张游戏是生活的反映，关注游戏本身所蕴涵的社会文化和生活规则，肯定了游戏作为幼儿掌握社会文化、生活经验的手段或途径的有效性。因此极大地提高了在学前教育实践中开展和指导幼儿游戏的自觉性和积极性，推动了游戏在教育实践中的运用。①

然而，该游戏理论把象征性游戏的象征的发展看作在成人的教育与影响支配下的过程，认为必须在成人的示范、指导下，才能改变物体的名称，才能用角色称呼自己等观点过于偏激，忽视了儿童的主动性、独立性和创造性。

知识链接

弗洛伊德、皮亚杰是20世纪著名的心理学家，其游戏理论均与其心理学理论密切相关，因此，可通过阅读他们的相关重要著作来更深入地理解他们的游戏主张。

① 吕晓，龙薇．维果茨基游戏理论述评［J］．学前教育研究，2006（6）：53-55.

1. 弗洛伊德的重要著作

西格蒙德·弗洛伊德是奥地利知名医师、现代精神分析心理学派的创始人，他提出“潜意识”“自我”“本我”“超我”“俄狄浦斯情结”“利比多”“心理防卫机制”等概念，被世人誉为“精神分析之父”，20世纪最伟大的心理学家之一。《精神分析引论》是弗洛伊德精神分析学说最重要的著作之一。它比较系统地介绍了精神分析的一般理论。在这部著作中，他以“心理冲突”和“泛性论”观点对日常生活中人们的过失行为、梦及神经病三项专题进行了深入的分析和系统的阐述，是弗洛伊德1915年至1917年在维也纳大学讲授的三部讲稿的汇编，也是后人了解弗洛伊德思想的重要著作。

弗洛伊德后期的三篇成熟作品：《超越唯乐原则》《集体心理学和自我的分析》及《自我与本我》，简练地表达了精神分析学的理论要点和学说精髓。其中的《自我与本我》发表于1923年，详细论述了本我、自我、超我人格理论，是弗洛伊德最后一篇重要著作，被公认为对人的心理及其活动做出了新颖的、革命性的描述。

2. 皮亚杰的重要著作

让·皮亚杰是日内瓦学派创始人，瑞士儿童心理学、发生认识论的开创者，被誉为心理学史上除了弗洛伊德以外的一位巨人。他自1921年开始，就从事儿童心理学的研究，目的在于由此探讨认识论问题。《发生认识论原理》一书是皮亚杰在1970年出版的一本理论性著作，较集中、系统地阐述了他对于认识论的观点。他指出，“发生认识论的特有问题是认识的成长问题”，而研究认识的发生发展是认识论不可缺少的一个部分。该书探讨了认识的发展和形成以及认识在机体方面的起源和机制问题等。在该书第一章就详尽论述了认识的形成阶段，包括感知运动阶段、前运算阶段、具体运算阶段、形式运算阶段等内容，通过阅读该著作，可以深入、详细地了解皮亚杰的认知发展阶段理论，从而能更好地理解他的游戏理论的提出。

皮亚杰早期关于思维的五本著作，即《儿童的语言与思维》（1923）、《儿童的判断与推理》（1928）、《儿童的世界概念》（1929）、《儿童的因果概念》（1930）、《儿童的道德判断》（1930），基本上是通过个案调查和测验，为他以后的进一步研究奠定了基础。比较系统的儿童心理学的理论著作是他的《智力心理学》（1950）和《儿童心理学》（1969）。他的晚年代表作是《结构主义》（1968）和《发生认识论原理》（1970），标志着他的发生认识论体系的确立，并在此后他公开其结构主义的哲学立场。

第三节　游戏理论的新进展

一、游戏的觉醒理论

游戏的觉醒理论也称唤醒调节理论，是一种试图通过解释环境和个体行为的关系，来解释游戏的生理机制的假设性理论。主要代表人物有英国心理学家、哲学家伯莱因（Daniel Berlyne，1924—1976 年）、艾利斯（Ellis）等人。觉醒理论由伯莱因（1960）发展起来，并经艾利斯（1973）修正。

人和动物的许多活动，诸如探究、好奇、游戏、艺术、幽默等，这些与饥、渴等内驱力无关，但它们对于机体的健康、体内平衡状态的维持具有同样重要的生物学意义。范茨（Fants）的“视觉偏爱”研究发现，出生不久的婴儿在看各种图片时，会花费更多的时间注视复杂图形，说明他们更偏爱复杂的图形。动物研究同样表明，囚禁的动物会拒绝进食或生殖，而猴子解决疑难问题仅仅是为了取乐。这一切说明，机体不仅有吃喝、睡眠的需要，还有探究、寻求刺激、理解等需要，这样就导致了活动内驱力及内外动机的区别，即与生理需要相联系的驱力引发的行为，是为了获得外部奖赏的手段性反应，是一种外部动机性行为；活动内驱力是为了满足自身活动的需要，是一种自身的奖赏，因而是一种内在动机性行为。引发内在动机性行为的生理机制是如何运作的呢？于是，一种神经系统觉醒状态的假设性理论被提出。①

觉醒理论关注与客体有关的个体游戏者或探索者。它认为，游戏是由于人的中枢神经系统为保持一种最佳程度的唤醒状态所引起的。当外界刺激作用于感觉器官时，感觉器官对当前刺激进行感知分析。当刺激太多时，唤醒程度就会达到一个不舒适的高水平，中枢神经系统有维持最佳觉醒水平的要求，使机体感到舒适，于是，它就采取一定的行为方式来降低觉醒水平，从而引起人参与降低刺激的活动。反之，当没有足够的刺激时，唤醒程度就会降到一个不愉快的低水平，使人觉得索然无味。于是机体就会主动寻求刺激，增加兴奋性，使觉醒水平由低回复到最佳状态。

在刺激过多时，觉醒水平增高，个体发生的行为是探索，其作用在于获得关于外界物体的信息，消除不确定性，降低觉醒水平，维持最佳状态；在缺乏刺激时，觉醒水平低下发生的行为是游戏，其作用在于寻求刺激，避免厌烦等不良的状态，提高觉醒水平。所以，游戏是机体所控制的行为，是机体主动影响环境的倾向。可

---

① 郑名. 觉醒游戏理论对幼儿园多媒体教学的启示［J］. 电化教育研究，2005（11）：67-69.

见，游戏和探索都是维持中枢神经系统的最佳激活水平的，但探索是由外部刺激控制的行为，而游戏是由有机体自身控制的行为。

艾利斯认为游戏是一种可以将唤醒状态提高到最优水平的刺激寻求活动。游戏用新的、不同寻常的方法运用物体和进行活动，从而增加刺激。例如儿童玩滑梯，如果用平常的方法玩，儿童可能很快就觉得无聊了，而换用许多他们想象出来的新奇方法来玩，就能增加刺激。因此，他认为游戏是一种由于唤醒水平较低所引起的产生刺激的活动。

二、游戏的元交际理论

交际不仅有意义明确的言语交际，而且有意义含蓄的交际。这种意义含蓄的交际就是元交际。① 元交际依赖于交际双方对于隐喻的信息的辨识和理解，即对他人意图的理解和领会，是处于交际过程中的交际双方对对方真正交际或传递信息的“意义”的辨识与理解。元交际理论把游戏看作一种意识与信息的交流和理解的过程，作为一种“元交际”活动，游戏本身是有价值的。该理论代表人物是英国人类学家、社会学家贝特森（Bateson，1904—1980 年）。

贝特森认为游戏是矛盾的。游戏中所有的活动并不是真实生活中的活动，但是游戏者要假装认为它是真实的活动。所以游戏中儿童的打闹行为与真实的打闹行为是不同的。因此，玩此类游戏之前，儿童必须建立一套游戏“框架”，让儿童知道将发生的事情是游戏，而不是真的。当游戏框架建立起来后，其他儿童才不会将游戏中的嘲弄、打斗当作真实的攻击，从而产生相应的反应。

案　例

一个幼儿用装满水的水枪出其不意地对着另一个幼儿的脸“喷射”，嬉笑着看对方的反应。被喷到脸的幼儿最开始被吓了一跳，但看到同伴嬉笑的表情，于是就理解了同伴的意思，随即转身拿起自己的小水枪笑着往同伴喷去。这样，两个幼儿的水枪游戏就开始了。

案例分析

案例中，被同伴用水枪喷脸的幼儿看到同伴的表情，接收到“这是在游戏，这不是真的”的信号，然后进行自我建构和自我理解。主要理解两

① 丁海东. 学前游戏论［M］. 济南：山东人民出版社，2001：306.

方面的内容：一方面，是理解“这是游戏”和同伴行为的隐喻，进行现实与游戏的转换。另一方面，理解同伴的情感情绪，并对自身情绪进行控制。在游戏的过程中，幼儿运用了元交际，并通过游戏获得了元交际能力。因此，游戏的开展以“元交际”为基础，以游戏双方能够识别对方的游戏意图为前提。①

当儿童游戏时，他们必须学会同时在两个水平进行操作：在第一个水平，儿童融入所扮演的角色并关注物体和行动的假装意义；在第二个水平，他们知道自己的身份和其他玩伴的真实身份，游戏所用的物体及活动在真实生活里的真实意义。

游戏活动本身，通常会受到游戏背景因素的影响。这里的背景因素包括游戏环境、条件、参与者的真实身份、知识经验以及喜好等状况。例如，游戏情境中，往往男孩扮演爸爸，女孩当妈妈，年龄较小的当宝宝等。儿童在游戏中学到的不是所扮演的角色，而是创造和再创造角色的过程，他们学到的不是某个特定的角色，而是关于角色的概念。贝特森的游戏内容及背景的区分，激发了后继研究者对游戏内容的兴趣。如费因（Fein，1975）及其他工作者探讨了儿童在假装游戏中使用象征转换的发展趋势，比较一致地发现：2 岁儿童必然使用与实物较像的玩物来代替实物，例如小三角形积木代替梳子，而年纪稍大的儿童可以使用与实物不太相像的玩物来代替实物，如用玩具车或橡皮球代替梳子。

三、游戏的生态学理论

游戏的生态学理论，把游戏研究的视角延伸到社会情景脉络中。生态学观点认为，影响游戏的因素是多方面的。游戏者、游戏材料、游戏时空，以及游戏者内部各因素之间进行对话、互动、沟通与交流共同促成游戏的实现。

（一）人类发展生态学对游戏的解释②

以布朗芬·布伦纳为代表的人类发展生态学认为，人的发展离不开人与环境的相互作用。主动成长的个人与他生活其中的直接环境中的各种变化着的因素之间是相互交叉交织在一起的。环境是一个复杂的系统，可以分为四个层次——微观系统、中间系统、外系统、宏观系统，详见图 2-1。

---

① 徐秀玲，刘珊．元交际能力对幼儿游戏的影响［J］．教育导刊，2015（1）：23-25.

② 虞永平．学前教育学［M］．南京：江苏教育出版社，1996：267-270.

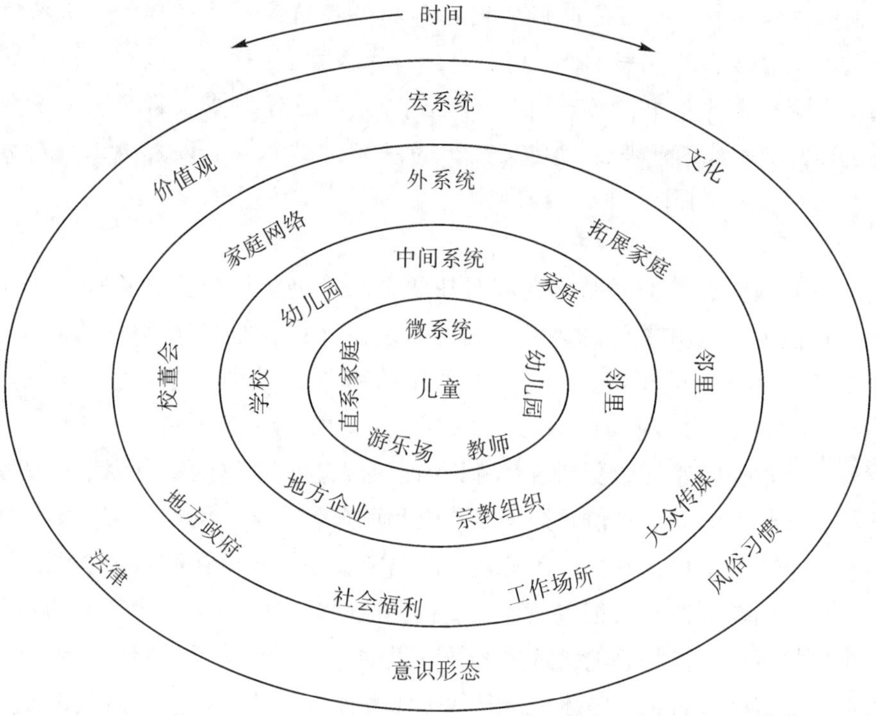

图 2-1 、布朗芬·布伦纳的生态系统示意图

资料来源：Gonzalez-Mena，Janet. The Young Child in the Family and the Community［J］. Instructor's Manual 4th Edition，2006. Reprinted by Permission of Pearson Education，Inc.，Upper Saddle River，NJ.

微观系统指成长着的个体亲身接触和产生体验的，与之有着直接而紧密联系的环境，如家庭、同伴、托幼机构等。在年幼儿童的微观系统中，他们更多的是与家人互动。随着年龄的增长，这一系统中的复杂性渐渐增加，儿童与更多的人在更多的场所里做更多的事情。游戏的分量也就不断扩大了。如果在微观系统中，儿童缺少游戏则被剥夺了经验，就会产生压力和紧张，该系统便成了发展的危害。微观系统中不仅应鼓励儿童游戏，给予儿童爱抚，还应教导儿童如何进一步开展包括游戏在内的其他活动，以满足儿童的生活需要。

中间系统指个体所处的两个或多个微观系统环境之间的相互关系。对儿童来说，家园联系、家庭与社区的联系、幼儿园与社区联系等是儿童发展的中间系统。按布朗芬·布伦纳的观点，幼儿园或教育机构同家庭接触越多、交流越多，则越有利于儿童的发展。对于儿童游戏来说，如果中间系统中的各个微观系统都持支持、赞同、保护的态度，儿童的游戏行为就会增加，反之则下降。此外，儿童所处的微观系统中的某些影响因素可一直影响其在中间系统中的游戏行为，如由于家庭经济、文化水平、父母职业认同——作为其游戏中的角色。

外系统指那些个体虽未参与其中，但却对个体产生影响的环境以及这些环境之间的联系与相互作用，如父母工作单位、教育主管部门等。如果外系统使父母、教师的生活变得更轻松，则可促进儿童游戏的发展，如使父母、教师的生活变得更艰难，则会妨碍儿童游戏的发展。再如，教育主管部门的决策也影响儿童的游戏，在早期教育阶段采用过多的课程安排来代替自由游戏便剥夺了儿童的游戏。

宏观系统指个体成长所处的整个社会组织、机构和文化、亚文化背景以及与此相联系的意识形态背景，如文化、习俗、法律、道德等。宏观系统对游戏的影响是一种背景性的更为深层的影响。社会的经济、文化等，对每个人都有直接、间接的影响，影响着人们对儿童教育的观念。不同文化背景对儿童游戏的看法是有差异的。目前大多数国家、民族均大力倡导和维持儿童自由游戏的权利。

（二）生态心理学对游戏的探究

生态心理学家更多采用对自然状况下儿童的游戏行为进行客观记录和描述，再对这些记录作结构分析。如冈普（P. V. Gump，1963）等人对一名男孩进行两天的观察，一整天在家里，一整天在夏令营。结果发现该男孩在这两天里进入的情景截然不同。在夏令营里，他参加探索性、建设性和戏剧性游戏，结识更多的异龄伙伴及成年人；在家里，他则用较多地参加被动的娱乐、嬉戏和正式的比赛活动。在家里比在夏令营表现得更加放肆，倾向于不那么顺从。因此，生态心理学家们得出结论，儿童的行为是随着他们进入不同的情景而变化，是可以预测的，由此也凸显了创设游戏环境的重要性。①

知识链接

荷兰著名文化史学家约翰·胡伊青加（1872—1945 年）从游戏与文化的关系出发提出了不同的观点，为游戏理论的研究开拓了新的视角。他最负盛名的著作为《人：游戏者》。该著作在人类游戏理论的研究史上具有里程碑的意义。它揭示了游戏现象与文化之间的深层关系——文化的源头是游戏，人类因游戏而始，文化因游戏而生。

胡伊青加从游戏现象自身出发，将游戏定义为："游戏是在某一固定时空中进行的自愿活动或事业，依照自觉接受并完全遵从的规则，有其自身的目标，并伴以紧张、愉悦的感受和有别于平常生活的常识"，并提出"文化

① 邱学青. 学前儿童游戏［M］. 南京：江苏教育出版社，2008：82.

是以游戏的方式产生出来的，即文化从一开始就是以游戏的方式进行的……我们这样说，并不是指游戏变成了文化，而是指文化在其最早的阶段上具有游戏的特征，即指文化是在游戏的形式与态度中发展起来的"。他通过对古希腊到18世纪这一历史过程的梳理与考察得出：在人类文化的整个发展过程中始终活跃着游戏因素，无论是仪式，还是音乐、舞蹈、战争、竞技运动与狩猎活动等，所有人类社会中那些伟大的活动，从一开始就渗透着游戏。正是由于这种游戏因素的存在，才产生了后来社会文化生活中的众多形式，游戏推动了文化的发展。

胡伊青加把游戏作为"生活的一个最根本的范畴"来论述，采取文化——史学的研究方法，且对游戏用语进行了细致的考察，最终得出了"人是游戏者"、"文明是在游戏中并作为游戏而产生和发展起来的"两大结论，一反西方在人和人性理解上的理性主义传统，张扬和强调人的游戏本质和游戏因素对于文明的极端重要性，对后世游戏理论研究产生了重要影响。

本章小结

现代游戏理论从不同的角度和立场分别论述了游戏的性质和游戏的功能，大致可归纳为三条主要的线索：一条是偏重认知的线索，以皮亚杰的理论为先导，强调认知的发展与游戏的关系；一条是偏重情感的线索，以精神分析理论为先驱，强调情感的成熟与游戏的关系；一条是偏重社会性本质的线索，以前苏联活动理论为核心，强调社会实践与游戏的关系。这样三条线索的划分，并不意味着各学派之间存在着不可逾越的界线，而是每个学派的理论本身都显示出各种其他观点的相同与不同。当代儿童游戏的主要代表理论有游戏的觉醒理论、元交际理论和生态学理论等。游戏的觉醒理论运用行为学习理论来研究游戏，认为儿童的探究和游戏是内驱力作用的产物。游戏的元交际理论运用人类学、逻辑学和数学的理论来研究游戏，认为游戏是信息的交流和操作的过程，元交际是游戏的特征。游戏的生态学理论运用生态学的理论来研究游戏，关注游戏材料、类型、环境等对儿童行为的影响。

从早期游戏理论关注儿童游戏的本能，到现代游戏理论关注游戏与儿童的认知、情感与社会性的相互关系，再到当代儿童游戏理论关注游戏活动过程以及活动的环境，可以看出儿童游戏理论越来越重视儿童游戏的质量与价值问题，也印证了当前游戏在幼儿园教育机构中存在的必然性和重要性。不论是现代的各种游戏理论，还是当代游戏观点，都能找到早期游戏理论的影子。每种理论观点都是在借鉴和扩展前人的理论观点基础上产生的。正是不同时代的游戏理论之间的差异和联系，才使得今天的游戏理论宝库显得如此丰富多彩。

拓展阅读

刘焱. 儿童游戏通论［M］. 北京：北京师范大学出版社，2004.

该书从人类学、社会学、哲学、教育学等多种学科出发，以社会文化、儿童发展与学前教育的多维视角对儿童游戏的理论与实践研究进行了详尽阐述，无论对当前学前教育的理论发展还是实践探索都有巨大的借鉴意义。

思考题

1. 早期游戏理论包括哪些主要内容？
2. 试论述皮亚杰的游戏理论。
3. 如何评价现代的游戏理论？
4. 你认为儿童游戏理论的未来走向如何？

第三章　游戏与幼儿发展

本章导读

《幼儿园教师专业标准（试行）》中对幼儿园教师提出了明确要求："要重视游戏对幼儿发展的独特作用，将游戏作为幼儿的主要活动"，"引导幼儿在游戏活动中获得身体、认知、语言和社会性等多方面的发展。"可见，游戏不仅是一种娱乐，而且也是使儿童成长、发展和学习的一种有价值的活动，在儿童早期占有重要地位。本章主要从幼儿身体的发展、幼儿情绪情感的发展、幼儿社会性的发展、幼儿认知的发展四个方面论述游戏与幼儿发展的关系，深入探讨游戏的重要价值。

案例开启

露露是个5岁的小女孩，性格活泼，家里人都很宠爱她。每次爸爸妈妈带她到户外玩耍时，她总能被其他孩子们的游戏所吸引，也非常想和他们一起玩。可是，她总是无法顺利加入别的孩子的游戏。别的孩子自顾自玩，都不理她。露露很伤心，但也不知该怎么办？她的父母很想帮助她，所以特地向专家们请教。

有人建议首先应想办法让露露和其他幼儿一起游戏，比如，经常带着露露与其他伙伴游戏、邀请其他幼儿到家里游戏等。先让幼儿们一起自然地游戏，通过对游戏中经常遭遇的社会性交往问题与冲突的解决，就能自然获得社会性交往技能。也有人建议应该先训练露露的社会性交往技能，比如言语沟通技能、待人处世的规则等，只有先掌握好了交往的技能，才能为她加入其他幼儿的游戏创造条件。

露露的父母觉得他们说得都有道理，但到底是该先游戏还是先训练呢？

案例分析

这两种不同的观点，实际上反映了人们对于游戏与发展关系的不同看法。在游戏与儿童发展的关系问题上存在两种代表性的观点。一种观点认为游戏从属于发展。儿童的发展水平制约着游戏的发展水平。游戏本身对儿童的发展并不具备任何积极的意义，这种观点以皮亚杰为代表。另一种观点认为游戏先于发展。游戏创造最近发展区，新的发展可能性孕育于游戏活动之中。游戏在儿童的发展中具有建构与生成的作用。这种观点以维果茨基为代表。很显然，案例中支持“先游戏”的人，认同的是维果茨基的观点，而支持“先训练”的人，认同的是皮亚杰的观点。这两种观点并不矛盾，将二者统一起来可说明游戏与发展的关系。

案例建议

1. 从游戏的个体发生、发展的历程来看，游戏水平取决于个体的发展水平。对不同年龄的儿童，游戏方式也应有所不同。

2. 游戏活动同样孕育了新的发展的可能性。重视游戏机会，多创设游戏活动，有利于儿童的发展。

3. 游戏与发展的关系是双向的，相互作用，相互促进。

第一节　游戏与幼儿身体发展

随着幼儿年龄的增长、身体的发育，游戏能力也会不断变化。成人通过提供玩具、游戏材料及与幼儿的互动来鼓励和促进幼儿的游戏，影响幼儿身体发育与运动能力的发展。了解幼儿的身体发展规律和特点，有助于成人选择和组织更为适宜的游戏活动，更好地促进幼儿身体健康发育。

一、幼儿身体的发展

（一）幼儿身体发展规律

婴幼儿期是生长发育极为迅速的时期，其身体生长发展的规律基本遵循：从身体中心部位开始，首先是头、颈部，其次是躯干，接着是四肢，最后是手脚。幼儿动作发展仍遵循“从头到脚”“从躯干到四肢”的发展原则，大肌肉、上肢肌肉发育较早，而小肌肉、下肢肌肉发育较晚，所以对幼儿来说，精细动作较难掌握，并且不够灵活。

3 岁后幼儿大肌肉动作能力和精细动作能力进一步增强。大肌肉动作能力指的是能让幼儿灵活活动以及进行身体运动的技能。精细动作能力指的是使用手和手指的能力。尽管每个个体在幼儿阶段的身体发育和动作发展的顺序是不变的，但是个体间在动作能力的掌握上还是存在差异的。在身体发育方面，性别、民族、营养、文化都是导致个体身体与运动发展差异的因素。

（二）幼儿的运动机能

幼儿具备基本的动作能力后，仍需通过全身参与的、广泛的动作活动来进一步熟练地控制自己的大肌肉动作和精细动作，使跑、跳、投掷、接物等此类动作得到发展并逐步熟练。每个动作技能需要先通过单独学习或练习，然后再把单个技能联合起来成为一个协调的动作。

在大肌肉动作方面，幼儿需要训练动作的灵敏性，主要包括平衡力与运动能力，以及上身和手臂的技能。在精细动作方面，需要使手和手指的运用更加灵活、精细化，控制力更强，可以更熟练地抓握和控制小的游戏材料。比如，学习拼图、用剪刀剪东西、使用刷子、操作小积木、扣纽扣、拉拉链、系鞋带等。

（三）身体各系统的发育

个体从出生到 20 岁，身体不同的器官组织系统的发育速率是不同的，表现为不同的发展曲线，详见图 3-1。

如图所示，一般生长曲线代表躯体或骨骼肌肉的发展趋势，以身高和体重为指标。它经历了两个生长加速期：婴儿期和青少年期。而在生殖系统曲线中，从出生到整个童年时期生殖系统的发育速度很慢，进入青春期后加速发育，到青少年期下降。随着其他各系统的逐渐成熟和对疾病的抵抗力的增强，淋巴系统逐渐退缩。从脑和头部的发育看，神经系统，尤其是大脑在整个生命的前几年，其发育速度一直是领先的，其成长曲线都高于其他曲线所代表的有机体各个器官系统的发育速度，总之，身体各组织系统的发育是非同步的。

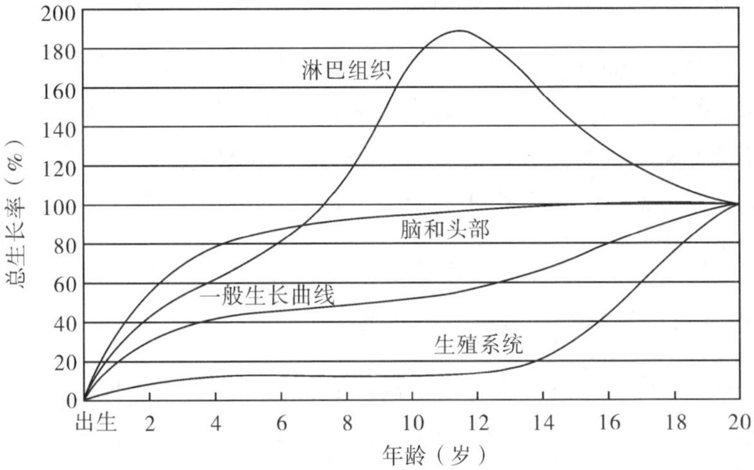

图 3-1　从出生到 20 岁身体各器官组织的成长比较①

二、幼儿身体动作游戏

当婴儿控制了自己的身体后，就开始了动作游戏。一开始，他们以自己的身体为对象，玩手指头、脚指头，用踢和抓的动作来玩耍物品。当他们可以坐、站和走时，他们开始使用新的动作技能把物体和周围环境纳入游戏。精细动作能力的发展使得他们能够抓握和探索玩具，大肌肉动作能力的发展使得他们可以到新的地方、探索新的事物。

幼儿往往是通过参加有指导的游戏活动以及幼儿园及其他集体环境中的自由游戏来锻炼身体。有指导的身体游戏主要是指成人针对幼儿组织、引导的体育游戏活动。在活动中，训练幼儿的走、跑、跳、投掷、钻爬、攀登等，常见的体育游戏有：跳房子、踢毽子、老鹰抓小鸡、拍球掷球比赛、接力跑、障碍跑、推小车、袋鼠跳、兔子跳、蛙跳接力等。自由游戏指儿童根据自身喜好在合适的游戏场地进行的自由游戏，游戏中可以进行各种身体运动，可以独立进行，也可以和伙伴一起游戏。常见的有串珠、球类游戏、追逐游戏、躲藏游戏等。

三、游戏对幼儿身体发展的价值

游戏，特别是户外游戏，与身体锻炼紧密联系在一起。游戏是促进幼儿身体发

① 方建移，张英萍. 学校教育与儿童社会性发展［M］. 杭州：浙江教育出版社，2005：57.

展的重要途径。

（一）游戏为幼儿的身体发展提供机会

尽管每一种活动都有身体锻炼的机会，但是游戏并不同于其他的活动，因为游戏是儿童自发和自愿的，符合幼儿的生理需要和年龄特点，是令幼儿愉快的活动。因此，游戏能实现按照幼儿喜欢的方式来锻炼身体。例如幼儿都喜欢玩沙、拼图、攀登、爬行、跳跃等，游戏为幼儿提供充分的此类运动的机会，有效促进幼儿大、小肌肉的发育，增强幼儿体质。

（二）游戏可以发展幼儿身体的运动技能

在游戏中，幼儿身体各器官处于积极的活动状态，各种不同的游戏不仅可以促进幼儿的神经、呼吸、运动系统等的发育，而且可以发展幼儿的基本动作。幼儿在户外进行的攀爬、追逐、跳跃、拍球等运动性游戏，可以锻炼幼儿大肌肉群的运动能力，促进幼儿身体运动的控制能力、协调性与灵活性等。游戏中常有接抓、投掷等锻炼机会，可以提高幼儿精细动作技能，幼儿的运动能力伴随着游戏水平的提高而向前发展。

（三）游戏能锻炼幼儿的意志，有益身心健康

在体育游戏中，幼儿乐于反复尝试，不畏困难，倾注大量精力去完成某一项任务。因此，游戏有助于幼儿克服自身怯弱、畏难、坚持性差等弱点，培养幼儿积极上进、勇敢顽强、遵守纪律等良好的意志品质，有益于幼儿的生理与心理健康。

案　例

天气晴朗，张老师带着小朋友们来到户外活动场地。场地上准备好了垫子、板凳、塑料圈、装有皮球的篮筐、大纸盒拼接成的“空心隧道”。他们打算玩“海上救人”的游戏。游戏规则是：小朋友们绕着圈走或跑，当听到“全体上船”的口令时，他们必须找到一个能让脚离开地面的地方，如站在垫子上，坐在板凳上，钻进“隧道”里。听到“开始救人”时，必须跑到篮筐处，抱出一个球，再跑到塑料圈处，依次跳过 4 个连续摆放的塑料圈，单脚或双脚跳都可以，球不可掉地上，不可碰触塑料圈边沿，即可上岸，救人成功。

案例分析

该游戏的目的是让儿童在快乐的游戏中发展大肌肉动作技能。通过听指令行事，还能增强儿童听声辨位反应的能力。通过有故事情节的趣味游戏来代替枯燥的身体动作训练，如站、坐、走、钻爬、跑、跳等动作，更能有效提高儿童运动控制能力和协调能力。在游戏过程中还能充分调动儿童的想象力，并鼓励儿童勇敢完成动作。

四、在幼儿身体动作游戏方面给教师的建议①

1. 让幼儿每天都有参加动作游戏的机会。
2. 确保游戏设施能给幼儿提供锻炼所有动作技能的机会。
3. 坚持将自由游戏作为幼儿园每日常规活动的一部分。
4. 体育游戏前后重视幼儿的热身活动和放松活动。
5. 为幼儿设计动静交替的每日活动计划。
6. 限制幼儿看电视的时间，鼓励幼儿参加户外游戏。
7. 确保幼儿游戏中的身体安全，提高幼儿自我安全保护意识。
8. 认识到游戏中的性别差异。

拓展练习

试分析案例中的教师利用游戏训练了幼儿的哪些身体动作？你如何评价该游戏？

体育活动——鞋盒游戏（大班）②

大一班孩子们在教师的带领下来到户外游戏场。每个孩子手里拿着从家里带来的一个鞋盒。

师：今天鞋盒宝宝要和小朋友们一起来玩游戏。我们看看该怎么和鞋盒做游戏呢？小朋友们要小心点，可别把鞋盒宝宝弄疼了哦。

① ［美］弗罗斯特等．游戏与儿童发展［M］．唐晓娟，张胤，译．南京：江苏教育出版社，2011：168.

② 体育活动——鞋盒游戏．http://www.sdchild.com/jyyj/yeyx/2012-12-05/24072.html.

（幼儿自由游戏：有的幼儿双脚夹着鞋盒跳；双脚跳过鞋盒；单脚跨跳过鞋盒；抱着鞋盒摇晃；头顶鞋盒走；背鞋盒慢慢走……）

教师吹口哨，召集孩子们围在教师面前。

师：刚才我们都和鞋盒宝宝玩过了，你能告诉我你是怎么玩的吗？我们蹲下来，看得更仔细。

（请全体幼儿蹲下，请若干幼儿上来表演，教师在一旁讲解。）

师：看了他们的表演，这些玩法你们都会吗？还有谁能想出与别人不同的玩法呢？试试吧！

（幼儿再次玩鞋盒，教师巡视指导，鼓励幼儿想出不同的玩法，有意识地引导幼儿合作玩，比如两个幼儿合作抬两个累加的鞋盒不让它们掉下来，也可以将鞋盒摆成一定间距的直线，让幼儿绕鞋盒曲线跑或手脚着地屈膝爬等。）

师：这个小山坡是由两个鞋盒重叠起来的，谁能想办法过去啊？你们和好朋友也搭起来试试看！看看谁想出办法来了？

（幼儿自由探索过山坡的方法。）

师：小朋友真聪明！大家来教教老师，怎么才能过山坡啊？

（教师示范跨跳动作，并与孩子们一起用“跑”“用力跨”“蹲一蹲”概括动作要领。）

师：请小朋友找个空地方搭出一座一头高一头低的山坡，然后跨跳过山坡。

（幼儿练习时，提示幼儿根据自己的能力选择不同高度练习跨跳。教师布置情境，小兔家标示、多个鞋盒连接摆成两个半圆，分别代表泥坑和草地，多个鞋盒向上累加成四座不同高度的山坡。）

师：小朋友们快过来。想不想去小兔家叫它和你们一起做游戏呢？前面就是小兔的家，可去小兔的家路可不好走啊。你们看：先得绕过一个泥坑，然后爬过一片草地，前面还有四座山坡挡在前面，我们要跨跳过这些山坡才能到达小兔的家。山坡真有趣，最左边的山坡最矮，慢慢地高起来，一直到最右边山坡才最高。最高的山坡离小兔家最近。小朋友们打算从哪条路上过去呢，就悄悄地到这条路的路口排好队。

（幼儿自由选择路口并排好队伍。）

师：这一次，我看看哪一路的小朋友最先到达小兔家？记得要跨过山坡哦！

教师观看幼儿行为，在游戏结束后，教师小结幼儿的表现。最后，教师带领幼儿在舒缓的音乐声中做拍腿、拍肩、捶背、挥手等放松动作！

第二节　游戏与幼儿情绪情感的发展

情绪、情感是心理生活的重要方面，是个体对客观事物的态度和体验。情绪是与有机体的生理需要相联系的体验形式，它有积极的也有消极的。情感是与高级的社会性需要相联系的道德感、美感和理智感。情绪和情感紧密联系，情感是在情绪的基础上形成的，对情绪产生着巨大影响。

一、幼儿情绪情感发展

幼儿具有先天的情绪机制。很小的婴儿就会表现出快乐、悲哀、害怕等强烈的情绪。随着幼儿年龄的增长与社会化的发展，其情绪情感逐渐分化，幼儿期是情绪情感十分丰富的阶段，幼儿情绪情感发展是一个由基本情绪（高兴，悲伤等）向社会性情感（如羞愧，内疚等）不断丰富的过程。

基本情绪是指那些先天的、在进化中为适应个体的生存演化而来的情绪，这些情绪具有不同的适应功能，并且可以在不需要认知参与的情况下自发地产生，是物种长期进化的结果。幼儿的基本情绪主要表现有兴奋、愉快、不安、厌恶、悲伤、愤怒、惧怕等。在多种分化的情绪基础上，幼儿时期也会出现一些高级情感，如移情、同情心、羞愧感、道德感等。这些情感的产生发展成为幼儿社会性行为产生发展的内部动力与催化剂。但幼儿高级情感的发展还处于初级阶段，需要教育者不断引导和培养。

（一）幼儿情绪情感表现的特征

学前阶段幼儿已具备各种基本情绪，社会性的高级情感也开始发展。但由于其认知水平仍较低，言语的调节功能尚未充分发展起来。幼儿情绪情感表现出以下特点①：

1. 易冲动，不善控制

幼儿常常处于激动的情绪状态。容易大哭，也容易大笑或大喊大叫，短时间内

① 魏明霞. 幼儿教育概论［M］. 开封：河南大学出版社，2002：202.

不能平静下来。随着幼儿大脑的发育以及言语的发展，情绪的冲动性逐渐减少。但总的说来，幼儿有意地控制情绪的能力还比较低。

2. 易变化，稳定性较差

幼儿的情绪具有情境性。他们的某种情绪往往随着某种情境的出现而产生，又随着情境的变化而消失，具有易变性。这种易变性与受感染性有关，其情绪非常容易受周围人的情绪的影响。当幼儿逐渐理解自己及他人出现各种情绪情感的原因时，幼儿情绪的情境性和受感染性会逐渐降低，自我调节能力逐步增强。

3. 易外露，不加掩饰

幼儿情绪一般易表露于外，不加控制和掩饰。随着幼儿心理活动有意性和自制力的发展，幼儿会逐渐调节自己的情绪及其外部表现。

（二）幼儿情绪情感发展的主要趋势

随着儿童年龄的增长以及语言、认知、社会性等各方面的发展，其情绪特点也会相应发生变化。①

1. 情绪日趋社会化

婴儿的情绪更多的是和生理需要密切联系的。随着儿童的成长，情绪与社会性的联系越来越紧密。例如，哭泣是儿童表达不愉快情绪的一种方式，最初，儿童只是在身体不适的情况下哭泣，随着儿童长大，哭泣常常成为他满足自己要求的一种手段。

2. 情绪逐步深刻化

幼小儿童的情绪常常因事物的表面刺激而产生或消失，比如儿童哭着要成人来陪伴，需要得到满足就不哭了。而随着年龄的增长，诱发儿童情绪的原因越来越复杂。年龄较小的儿童情绪表现为外露，易激动，而年长的儿童情绪体验逐渐深刻。如5岁儿童会因下雨父母取消野餐计划而感到愤怒，但到了小学阶段，面对同样的情况，儿童只会感到失望。

3. 情绪自我调节能力增强

幼小儿童因外来刺激而引起过分兴奋和情绪激动时，需要外部帮助得以平复情绪。但随着儿童社会认知能力的增强，儿童开始运用某些策略自己调节情绪，甚至开始掩饰自己的情绪。比如到家里做客的小朋友弄坏了自己的玩具，心里非常不高兴，但语言上会表现得无所谓。

4. 移情能力逐渐增强

移情在儿童2岁左右出现，是儿童理解和回应他人感受的能力。学前儿童能为周围的伙伴、亲人提供安慰和支持，语言的发展也使他们能够使用语言和姿势来安

① 陈永明. 儿童学概论［M］. 北京：北京大学出版社，2013：192-193.

慰他人，他们能够解释其他孩子的情绪以及引起这种情绪的原因。随着幼儿对他人观点采择能力的发展，儿童的移情反应逐渐增加。

案　例

小一班的凯凯是个特别淘气的男孩子，经常有意无意地打伤或撞伤同伴。从第一天到幼儿园，就表现得与众不同。其他的孩子因为父母离开而哭闹时，凯凯尤其活跃，一会跑去玩玩具，一会左冲右撞，跑来跑去，特别兴奋。正当老师表扬他时，他手舞足蹈的，高兴得忘了形，将坐在旁边的小朋友撞翻在地，被撞翻的孩子号啕大哭。老师拉着叫凯凯给小朋友道歉，他挣脱了老师的手，若无其事地跑到一边自己玩玩具了。与同龄的孩子相比，凯凯的情绪变化比较快，高兴了会大喊大叫，不高兴时，就乱扔玩具，对自己喜欢的东西有强烈的占有欲，经常因为争抢小朋友的玩具而起争执，甚至推倒小朋友。有时会冷不丁地突然撞到老师的身上，要老师抱他，他会显得特别高兴和兴奋。①

案例分析

针对像凯凯这样的孩子，教师需要保持宽容理解的心态，理解他的攻击行为，关注他的情绪反应。不可一味地批评，否则可能造成孩子的逆反心理。儿童这种攻击性行为主要是自我控制能力不强以及情绪变化而表现出来的无意识行为。当发现第一次推人现象，教师鼓励他去道歉，如果他不愿意，可以当着他的面，帮助他向小朋友道歉："凯凯不是故意的，请你原谅他好吗?"日常注意观察孩子的情绪变化，引导孩子表露自己的情绪，帮助孩子宣泄过激情绪，尤其是不开心时，及时安抚孩子的情绪，坚持正面教育，表扬孩子身上的闪光点，帮助孩子树立自信。多与儿童互动，既能帮助教师了解儿童，也有助于建立良好的师幼关系，而师幼关系的发展对儿童的情绪反应和行为会产生巨大的影响。

二、幼儿情绪情感游戏

在观察幼儿活动时，经常能听到幼儿说这样的话："宝宝发烧了，我要带他去

---

① 小班幼儿典型情绪问题的个案分析. www. youjiaotv. com/2010/0807/5101. html .

医院”、“宝宝你饿了吧，妈妈给你弄好吃的”、“呜呜，对不起，弄疼你了吧”……幼儿通过模仿各种成人的言行，体验成人的情感，这是幼儿同情和移情发展的基础，这种游戏有利于幼儿情绪情感的健康发展。

在戏剧表演游戏、角色游戏中，幼儿可以充分体验不同的情绪情感，而且大多数是愉悦的情绪体验。幼儿在游戏中没有刻意要达到的目的，所以就减轻了为达到某种目的而给游戏者带来的紧张和心理上的压力。幼儿的游戏以成功的结果居多，即使不成功也会因为这种游戏是“假”的而更容易使游戏者接受失败。因而在游戏中，幼儿的成功体验总能强于失败体验，幼儿总是处于愉悦的情绪体验之中的。

游戏以儿童能接受的情景，再现不愉快的经验，在假扮角色的情况下，儿童消除了紧张、减少了恐惧，从而使心理保持平衡。如孩子对黑暗产生恐惧时，可以尝试与孩子在黑暗环境中进行游戏。如将房间里的灯关上，在黑暗中进行抢球比赛，看谁抢得多。或者家人一起游戏，蒙上孩子的眼睛，玩“摸瞎子”的游戏。多次活动后，孩子也就不怕黑暗了。因此，游戏中的儿童可以用比较妥当的方式表现自己的情绪，设法控制自己不良的情绪。

三、游戏在幼儿情绪情感的发展方面的价值

心理学家埃里克森认为游戏使儿童能够在一个他们自己的非真实存在的世界里表达自己的想法、处理自己的情绪，他们的表达因此而不会冒犯别人，也能够让人接受。当儿童游戏的时候，他们凭直觉来了解自己的情绪感觉，通过具体而假想的方式来处理这些情绪感觉。游戏能够减弱来自真实世界的压力、痛苦和恐惧感。①

（一）游戏可以为幼儿营造安全、信任的情绪环境

幼儿在游戏中能再现自己的经验，体验各种不同的情绪。他们在安全的情境中自发地、创造性地游戏，而不必承担错误的后果。游戏不同于劳动、学习，它没有外在强加的目的，而是以参加游戏活动过程和获得愉快为目的。对于幼儿而言，他们的各种行为和情感都能以一种温和、可接受的、真实的方式得以反馈，这种安全的心理环境对幼儿情绪情感发展非常有利。幼儿与同伴、成人在游戏中的相互配合和交往，有助于幼儿感受到亲和、安全的人际心理氛围，产生积极的情绪情感体验。

（二）游戏有助于幼儿表达情绪，宣泄情绪

游戏时幼儿的情绪处于积极状态，这种积极状态能让幼儿顺利地表达他们沟通

---

① ［美］格斯特为奇. 发展适宜性实践：早期教育课程与发展（第3版）［M］. 霍力岩等，译. 北京：教育科学出版社，2011：37.

的意愿，尤其是自由的、自发的、自愿的、没有目标指引的游戏，更能让幼儿体验到快乐和满足，更直接、更完整地表达自己。游戏能让幼儿有机会打破现实束缚，发泄和释放因创伤事件所致的紧张和压力等消极情绪，帮助幼儿处理适应不良的经验。例如，在玩游戏时，许多幼儿喜欢玩打针游戏，这是幼儿将自己在打针时受的痛苦发泄到“打针”的活动中去。在观察过程中，我们不难发现，幼儿通过游戏把情绪发泄之后，他们的情绪会变得欢愉，脸上总会露出一种满足和痛快的表情。

（三）游戏为儿童提供情感交流的机会

游戏为幼儿提供了丰富的相互交流的机会，创造了健康群体关系形成的条件。游戏场能让幼儿感到兴奋，并逐渐认识成人的外部真实世界，把这种认识内化，并通过游戏中扮演不同角色，从他人的角度体验各种情感，提高移情能力。在游戏中实现自我表达，同时学会关注他人，自我控制，建立与他人的良好伙伴关系。

（四）游戏可以丰富和深化儿童的情感

儿童在游戏中，摆脱了外界惩罚的威胁，享受到独特的自由，用他们对现实世界的理解和自己拥有的能力来操作实物，处理关系，从而体验行为的成功感，产生自豪感，增强自信心。儿童在游戏中，主动地选择和接触各种色彩鲜艳、造型生动的玩具，主动反映现实生活中美好的东西，在游戏中感知美、体验美、创造美，游戏发展着儿童的美感。儿童在游戏中积累经验，发现知识，从而又体验到理智感。同样通过人物关系的处理、角色情感的体验，发展儿童的同情心和道德感。儿童在游戏中不断地丰富发展自己的高级情感。

四、在促进幼儿情绪情感发展游戏方面给教师的建议

1. 观察幼儿的情绪变化，出现过激情绪时及时介入。
2. 能区分哪些是成人而非幼儿的情感特征。
3. 帮助受欢迎的孩子接纳那些被拒绝的孩子。
4. 充分利用道具，为儿童创设社会性表演游戏的情景。
5. 创设能够增强儿童对情感与人际关系理解的游戏。
6. 通过提供自我表达的机会和语言来帮助幼儿表达自己的感受。
7. 包容每一个幼儿，运用肢体语言、眼神交流、语气等与幼儿建立信任、亲密关系。
8. 定期与家长交流幼儿的情绪表现，获取幼儿成长背景的重要信息。

拓展练习

试分析案例中的兰兰到底怎么啦？该如何帮助兰兰？

兰兰真的是害羞吗？①

兰兰是个5岁的女孩。她在家里十分讨爸爸、妈妈喜欢。她会经常对爸爸说“我很想念你哟”、“你能不能早些回来呀”。早晚她都会亲吻爸爸，她会把在幼儿园里发生的事对妈妈说，哪怕是很细微的事。她会为下班的爸爸放鞋子，会拿着与妈妈一同买回来的大包小包物品上楼梯，会和爸爸、妈妈玩在幼儿园玩过的游戏，会表演节目给爸爸妈妈看，自觉地练琴和照老师吩咐的去做练习。

当爸爸妈妈带兰兰外出时，兰兰却和在家里截然不同。任爸爸妈妈怎样哄她，她都不爱说话，她也不愿意向叔叔阿姨问好。因而，妈妈下了个结论：兰兰很害羞。虽然兰兰在家里也经常提起某某叔叔、阿姨，但在和叔叔、阿姨一起用餐时，她却是一脸不高兴的样子。

妈妈去打听兰兰在幼儿园的情况。老师说兰兰每天都第一个到幼儿园，很乐意当老师的小助手，为小朋友做这做那，也喜欢画画、弹钢琴、跳舞，几乎是班里数一数二的能干孩子。老师经常让她表现自己，让她锻炼胆量。可是，她见了叔叔、阿姨，不主动打招呼。在外面进餐时总没有好表现，这种情况一直没有多大的改观。

第三节　游戏与幼儿社会性的发展

案例开启

西西是个3岁的孩子，她最喜欢玩“娃娃家”的角色游戏。今天，她邀请了丫丫和丽丽同她一起玩这个游戏。她们来到“游戏区”，开始装扮自

① 赵冬梅. 案例解析幼儿情绪情感培养［J］. 教育导刊，2009（10）：22-24.

己。西西决定做午餐给“孩子”吃，她拿了一个玩具锅放在玩具炉子上，并准备洗“菜”。丫丫也拿了一个塑料容器，到“食品区”装满了“食物”(湿的沙子)，再把它放在桌子上。这时她们就谁来当妈妈并来做饭这个问题发生了争吵。丽丽说她也不要当宝宝，她想去“超市”买东西。一番讨论之后，西西说：“那我们来玩烧烤游戏吧，这样我们每个人都能弄。”丫丫和丽丽同意了，她们愉快地一起到炉子边做起了“烤肉串”。

案例分析

3 岁孩子喜欢玩“娃娃家”的游戏，大多数女孩子愿意当妈妈的角色，而不愿当宝宝，她们意识到家里是妈妈做饭，因此做饭的行为只能妈妈来完成，必须确定一人来当妈妈。但有三个女孩，由此，冲突产生。但为了让游戏继续，又能满足大家都想做饭的愿望，最后孩子们共同建立新的规则，即“烧烤游戏”，可以同时满足三个孩子的要求。因此，孩子们愉快地继续游戏了。

案例建议

1. 多为儿童提供游戏的机会。游戏可以为幼儿提供更多的交往机会，同时幼儿在交往中不可避免地会发生冲突。游戏中的冲突解决要比现实生活中的冲突解决要更容易、更愉快。

2. 重视儿童生活经验。游戏源于社会生活，游戏中的角色和活动均有社会生活的影子。

3. 将社会规则渗透于游戏之中。游戏本身常有非正式或正式的内在规则，由儿童自行协调制定。因为幼儿为了游戏的继续，乐于去遵守游戏规则的约束，并做出友善的让步。

一、幼儿社会性发展

社会性发展是指儿童在一定的社会历史条件下，逐渐独立地掌握社会规范，恰当处理人际关系，妥善自治，从而能客观地适应社会生活的心理和行为发展过程。[①] 社

① 王振宇. 儿童心理学［M］. 南京：江苏教育出版社，2001：197.

会性发展的过程是人接受社会文化的过程，是从一个“自然人”成长为“社会人”并逐步适应社会生活的全部过程。

进入幼儿园，幼儿开始认识更多的同伴和老师。交往对象的增加是儿童从家庭走向社会的第一步，这些交往对象是促进幼儿社会性发展的重要角色，对儿童以后在正式学校中的社会性发展将产生影响。伴随着社会生活范围进一步扩大，幼儿初步产生了参加社会实践活动的愿望，这使得幼儿的独立性增强，自我意识得到发展。另一方面，成人也向幼儿提出了新的要求，如要求幼儿了解一些基本的生活常识，要求幼儿独立完成一些简单的自我服务等，这使得幼儿必须学会控制自己，学习接受外部世界的要求和规范等。

（一）幼儿自我意识的发展①

自我意识是一个人对自己作为独特存在的个体的认识。幼儿自我意识是幼儿社会化发展的关键。一个人的自我意识正确与否，决定他能否正确对待自己和他人。自我意识包括一个人的自我概念、自我评价、自我情绪体验和自我控制。研究表明，4~5 岁为儿童自我意识发展的一个加速期。

自我概念是个体对自己的认识和评价。幼儿的自我概念包括三个方面的内容：有关自己呈现给他人形象的想象；有关他人对这一形象评价的想象；一些自我情感。随着幼儿对身体自我认识的形成和发展，儿童开始认识心理的自我。如到 3 岁时，幼儿会对自己独立做事产生满足感，产生最初的自尊。在与同伴的交往中，通过与同伴的比较和成人的评价，儿童对自己的认识更明确，逐步形成了一个更为清晰的自我概念。自我评价产生于学前期，5 岁儿童绝大多数已经能进行自我评价。幼儿自我评价的发展首先表现为依从性的评价，然后是对自己的个别方面进行评价，进而发展为对自己多方面进行评价，但是主要还是停留在对自己外部行为的评价上。自我情绪体验在 3 岁幼儿中还不明显。5~6 岁幼儿大多数已表现出自我情绪体验。但幼儿情绪体验是一个由与生理需要相联系的情绪体验（如愉快、悲伤）向社会性情感体验（如自尊、委屈、羞愧）不断深化和发展的过程，同时还表现出易受暗示性。自我控制是个人对自身心理和行为的主动掌握，是个体在没有外部限制的情况下，自觉地选择目标、克服困难、排除干扰，采取某种方式控制自己的行为，从而保证目标实现的过程。从缺乏自我控制到有自我控制的转折年龄在 4~5 岁。总的来说，幼儿更多表现出冲动性，他们的自我控制能力还比较弱。

（二）幼儿对他人的理解

一方面，幼儿的自我意识会随着年龄与认知发展而逐步提高，另一方面，成人

① 方建移，张英萍. 学校教育与儿童社会性发展［M］. 杭州：浙江教育出版社，2005：31-33.

对幼儿掌握社会规范与习俗提出一定的要求。幼儿需要学习从他人的角度认识问题，理解他人的思维和情感，能够进行观点采择，逐渐走出自我中心阶段。根据罗伯特·塞尔曼（Robert Selman，1980）的观点，儿童的观点采择能力不仅增强他们的自我理解，同时也改善他们在同龄群体中的地位以及相互之间的友谊质量，详见表 3-1。

表 3-1　塞尔曼儿童观点采择阶段①

阶段	观点采择	年龄	描　述
0	自我中心的观点	3~5 岁	儿童知道自己与他人之间存在差异，但不能区分他人和自己的社会观点。儿童能辨别他人明显的情感，但不能认识到社会行动的原因中的因果关系
1	社会信息观点采择	6~8 岁	儿童意识到他人拥有建立在他人自己的推理基础上的社会观点，这些观点可能和自己的观点形似，也可能不同。但是，儿童只能关注单一的观点，无法协调不同观点
2	自我反省式的观点采择	8~10 岁	儿童知道每个个体都能意识到他人的观点，而且这种意识会影响自己与他人对彼此的看法。将自己置身于他人的位置是判断他人意图、目的和行为的一种方法。儿童能够形成一系列相互协调的观点，但还不能将这一过程抽象化使之上升到同时的感情共鸣状态
3	相互性的观点采择	10~12 岁	青少年认识到自己和他人能同时将彼此作为各自观点采择的对象，能够从第三者角度观察两人的交互作用
4	社会和习俗系统的观点采择	12~15 岁	青少年认识到相互的观点采择并不总是能够达成完全的理解。社会习俗是必须考虑的一部分，因为无论地位、角色或经历如何，群体中的成员都受到社会习俗的影响

从表中可以看到，观点采择能力强的儿童能更好地理解同伴的需要，能更有效地与同伴交流。幼儿阶段的儿童观点采择能力较弱，能够从表面现象识别他人的情绪，知晓他人的不同观点，但是达到认同与理解还比较困难。

二、幼儿社会性游戏

幼儿游戏是对社会生活的反映，在游戏中儿童的生活经验得以创造性地再现。

① ［美］约翰·W·桑特洛克. 儿童发展（第 11 版）［M］. 桑标等，译. 上海：上海人民出版社，2009：326.

因此，游戏的内容和种类均受社会历史、习俗、文化的影响，总是处在不断的变化和发展之中。

幼儿期具有显著社会性的游戏是想象性游戏。它从独自一人的“假装”游戏转变成包含其他幼儿的戏剧性游戏。幼儿在组织戏剧性游戏、划定角色、协商或设定场景时，他们遵循了一种心照不宣的规则。随着想象性游戏变得越来越具合作性，故事情节越来越复杂，主题也会越来越新颖。戏剧性游戏提供了儿童实现人际互动、提升语言技能以及探索社会角色的机会。幼儿在游戏中既能利用假想情境自由地从事自己向往的各种活动（如当警察、给病人打针等），又不受现实生活诸多条件的制约；既能充分展开想象，又能真实再现和体验成人生活中的感受及人际关系，游戏是幼儿学习处理人际关系的一种手段。

三、游戏在幼儿社会性发展方面的价值

（一）游戏能使幼儿熟悉社会规则与社会行为规范

游戏通常是对社会活动的模拟或再现。幼儿通过“娃娃家”、商店游戏、医生游戏等体验社会生活，逐渐了解现实生活中这些社会角色的意义以及这些角色要遵守的社会行为规范。因此，游戏反映了幼儿周围的社会生活，幼儿往往采用游戏的方式来参与其中，体验不同的社会生活。在游戏中，幼儿心甘情愿地服从于规则，学会支配自己，同时要与游戏同伴相互协调配合。因此，游戏有助于培养幼儿的自制力，克服随意性，缩短幼儿掌握道德行为准则的过程。

（二）游戏是幼儿去“自我中心”的重要途径

“自我中心”是幼儿思维的一个显著特征。这种自我中心的思维导致幼儿不能理解他人的观点、情感和想法，不能站在别人的立场看问题，往往以自己的尺度，根据自己的看法来判断一切事物。这种自我中心容易妨碍幼儿理解他人的兴趣、需要、情感和意图等。游戏是帮助幼儿去除自我中心的最好途径。通过扮演角色，模仿并理解角色的动作、态度，通过规则游戏学会琢磨、猜测同伴的意图等。游戏能让幼儿摆脱单一的自我角色，体验多种多样的角色，实现换位思考，对培养儿童良好的个性品质起着重要的作用。

（三）游戏增加了与同伴交往的机会，增进了社会认知与社会技能

社会认知和社会技能是交往的产物。大多数游戏都是幼儿和同伴共同进行的，在游戏活动中，幼儿需要与同伴交往，从而逐渐认识到自己的特征及自己在同伴心目中的形象和地位，在与同伴的交往冲突中，幼儿会面对各种社会观点的碰撞，游

戏冲突的产生与解决有助于提高幼儿的社会认知及其他社会交流所需技能。

游戏对幼儿社会性发展的积极作用并不是自然发生的，还需要成人积极的组织和引导。只有在尊重儿童自然成长的天性的基础上加以积极地引导，才能最大程度地促进儿童的成长。

四、在促进社会性游戏方面给教师的建议

1. 保证小班幼儿有独自玩游戏的机会，不妄加干涉。
2. 重视幼儿与同伴之间的游戏，鼓励幼儿自己发起的交往关系。
3. 为游戏中出现攻击性行为的儿童提供干预和指导。
4. 参与到幼儿的游戏中去，为幼儿示范社会技能和适当的游戏行为。
5. 为社会性表演游戏的开展提供道具、材料和情景准备。
6. 支持扩展、深化幼儿的集体性游戏情节。
7. 在游戏评价中重视幼儿之间的语言交往及互助解决问题的能力。
8. 为幼儿提供参加表演游戏的机会，有助于幼儿在交往中发展合作与协商能力。

拓展训练

如果你面临这种情况，会怎么做？

幼儿园一位老师告诉我们："对我来说一天中最糟糕的时间就是让儿童准备好去操场。主管坚持让儿童安静地排成一条直队走出去，但是努力让儿童排好队并安静下来对我们所有教师来说都是一件很痛苦的事情。我该怎么办？"①如果是你，你会怎么做？

主管很可能是担心儿童在走廊里行走时的安全，避免儿童疯跑乱冲受到伤害，所以要求通过成人的指挥来达到对幼儿秩序的理想控制。一些人认为有必要让儿童按指令排队，以掌握以后生活中所需的这种技能，但有人反驳这种观点，认为它强调"儿童的未来发展比现在的良好发展更为重要"是不妥当的。有些教师运用了更适宜的方法来集合儿童，并能激发儿童的想象力和集体参与的意愿。如：

① [美] 格斯特为奇. 发展适宜性实践：早期教育课程与发展（第3版）[M]. 霍力岩等，译. 北京：教育科学出版社，2011：143.

游戏 1. 在走廊里边走边玩一个安静的“排头做什么，我做什么”的游戏，首先轻拍脑袋，然后蹲下来，再起身把双手伸向空中，然后第一只手挥舞一下，再挥动另一只手。当他们做到这里的时候，很有可能已经走到操场门口了。

游戏 2. 建议让儿童假装成某一个安静的事物，这一事物通常要能够与儿童之前的经验建立起思维联系。在读完关于第一场雪的故事后，老师建议他们每个人都假装成一片飘在走廊上空的雪花：“小心！不要让任何人碰到你，否则你就会融化了。”

游戏 3. 使用“魔法绳”。在绳子上拴上珠子，巧妙设计珠子之间的间距，使之既能让儿童走在一起，又能留出一定的空间以避免拥挤。魔法绳是一种指令性较弱的集合儿童的方法。

第四节 游戏与幼儿认知的发展

案例开启

4 岁的大卫拿着一根短管，在一个装水的盘子里吹泡泡。水里溶入了洗餐具的液体，变成了蓝色。半小时里，大卫一直在静静地吹，泡泡布满了盘子的表面。他时不时地停下来，有目的地观察这种变化着的、闪光的情形。又过了 15 分钟，他继续吹泡泡，盘子里的泡泡升得越来越高。一位老师经过时停下来，大卫对老师说：“如果你仔细看这些泡泡的各个面，你会发现它们是平的，因为它们在挤压着。”①

案例分析

游戏中的大卫“一直静静地吹”、“时不时停下来观察”，最后主动告诉老师他的观察结果。从大卫的行为中，可以看到大卫一直主动地探索着泡泡的奥秘，并且有意识地注意与观察泡泡的变化，经过思考后得出与先

① ［英］珍妮特·莫伊蕾斯. 游戏的卓越性［M］. 刘峰峰，宋芳，译. 北京：北京师范大学出版社，2010：143.

前认识“泡泡是圆的”截然不同的观察结果——“泡泡的面是平的”。游戏中幼儿的注意力集中时间能持续更长时间。如案例中，一个简单的吹泡泡过程却持续了45分钟之久，大卫的注意力也至少维持了45分钟。而对于一个4岁的幼儿，通常情况下，其注意力集中持续时间为10分钟左右，由此可见游戏的力量。游戏还能有效地促进幼儿观察力和思维力的发展。大卫一直尝试着“吹”“观察”与思考，这一系列的科学探究的过程都得以在游戏中实现。

案例建议

1. 儿童独自游戏时，给予儿童独立思考的时空，不干扰儿童的注意力。当儿童成为游戏的主人时，其注意力集中的时间能持续更长。

2. 容许儿童多样的游戏方式，鼓励儿童大胆想象，不要求整齐划一。

3. 在儿童游戏遇到困难时，鼓励儿童自己尝试解决问题，必要时才给予提示或指导。

4. 重视游戏计划之外出现的学习机会。游戏中意外出现的学习契机同样有价值。

一、幼儿认知发展

根据皮亚杰提出的儿童认知发展的阶段理论，学前儿童处于前运算发展阶段，他们的思维主要依赖于感知觉，即他们根据感官来理解概念。这个阶段的儿童还处于自我中心，他们往往只关心自己的思想和观念，还不能从别人的角度来考虑问题。前运算阶段经历两个发展阶段，包括象征功能阶段和直觉思维阶段。

象征功能阶段一般发生在2~4岁，象征思维让儿童可以在头脑中图像化不在眼前的东西，获得象征功能思维的儿童能够使用艺术经验尤其是涂鸦来表征周围环境中的房子、树、人等，象征思维也使儿童能够进行假想游戏。

直觉思维阶段主要发生在4~7岁。儿童的思维过程从象征思维发展到直觉的、内部的思维。他们能够把物体进行简单的分组，但是不能一直按照同一种原则来分组。儿童往往只集中注意力关注实物的一个特征，他们无法同时考虑两个特征。因此，如果要求儿童把不同颜色的各种形状的物体，按同一颜色或同一形状进行分组，他可能要么按照形状、要么按照颜色或者干脆在分组过程中一会儿按形状、一会儿按颜色来分组。一旦儿童能超越集中性倾向，掌握分类和守恒概念，具体运算阶段的发展特征就出现了。

前运算思维阶段还有另一个特征，就是皮亚杰称之为泛灵论，即认为非动物的物体是有生命的，可以活动的。例如，皮亚杰曾就“太阳和月亮为什么总是跟随自己”的问题询问了许多儿童，得到的答案是：12 岁以前的儿童都相信当他们外出的时候，太阳或月亮会总跟随他们，因为太阳和月亮都是活的。①

二、幼儿认知游戏

关于儿童认知游戏的发展，学界有不同的观点。皮亚杰提出了认知游戏发展水平的观点。心理学家史密兰斯基（S. Smilansky）则进行了不同解释。维果茨基认为游戏让儿童能在一个更高的认知水平上进行活动，儿童在其他活动中所表现出的认知水平低于游戏中表现出的认知水平。②

皮亚杰将儿童认知游戏分为三类，包括练习游戏、象征游戏和规则游戏。练习游戏出现在感觉动作阶段，象征游戏出现在前运算阶段，其特点是模仿现实。规则游戏出现在具体运算阶段并一直延续到形式运算阶段。规则游戏能反映儿童社会化水平。

史密兰斯基将儿童认知游戏分为功能性游戏、结构游戏、规则游戏和表演游戏。他认为 3 岁至学龄期的儿童是在不同的复杂性水平上开展不同种类的游戏的。最先出现的是功能性游戏，此类游戏源自儿童身体活动的需要，表现为儿童不断地重复着身体动作、语言和玩具操作。结构游戏出现在儿童早期阶段并一直延续到成年期，儿童从单纯的操作物体发展到建构物体。规则游戏一直延续到成年期，儿童在规则范畴内控制自己的行为和动作。表演游戏开始于出生后的第二年，表演游戏让儿童能够通过象征性再现来模拟人类之间的关系，表演游戏的最复杂形式是社会性表演游戏。

维果茨基更关注表征性游戏和想象游戏的发展。他认为表征性游戏开始于学步儿阶段的后期，在早期儿童阶段得到发展，最后演变为规则游戏。表征性游戏帮助儿童把物体的真正意义和假想意义进行分离，为日后的抽象思维和符号使用做好准备。规则游戏有助于培养儿童在未来的真实生活中对规则的遵循。综上所述，可归纳为表 3-2。

---

① 刘晓东. 儿童精神哲学［M］. 南京：南京师范大学出版社，1999：72.

② ［美］弗罗斯特等. 游戏与儿童发展［M］. 唐晓娟，张胤，译. 南京：江苏教育出版社，2011：173.

表 3-2　关于认知游戏的分类

游戏分类	代表人物
功能性游戏	皮亚杰、史密兰斯基
结构游戏	史密兰斯基、维果茨基
象征/表征性/表演游戏	皮亚杰、史密兰斯基、维果茨基
规则游戏	皮亚杰、史密兰斯基、维果茨基

三、游戏在幼儿认知发展方面的价值

皮亚杰认为在游戏中，幼儿通过自身与外界的互动，“同化”和“顺应”着外界的信息与已有的认知结构。因此，游戏在促进学前儿童的认知发展方面起着重要作用。

（一）游戏是幼儿学习的动力和学习的方法

游戏是幼儿对现实社会的反映，幼儿在游戏中运用已有的知识经验，有助于巩固、加深幼儿的知识。在游戏中幼儿要使用多种多样的玩具和材料，从而认识和掌握各种物体的性能和用途，了解事物之间的相互作用和因果关系，获得各种初步、浅显的知识。

（二）游戏促进幼儿智力的发展

游戏是幼儿运用智力的活动，幼儿在游戏中，各种感知觉、注意、记忆、思维、想象都在积极活动，因为任何一种游戏都要求幼儿进行智力活动。同时，在游戏中出现的各种问题，又使幼儿智力在不断解决问题的过程中得以发展，特别是幼儿的想象力既是开展游戏的条件，同时也在游戏中得到发展。

（三）游戏为发展语言、读写能力准备了条件

在游戏中，幼儿使用语言来设计、表现游戏的情节、内容，讨论游戏中发生的事件等。在表演游戏中，幼儿需要用音调、表情、情感生动再现故事或童话中的语言，这种方式有助于提高幼儿的言语表现力。

幼儿在游戏中需要使用详细而精确的语言，尤其是角色表演和假想表演游戏能促进儿童书面化口语的发展。幼儿进行这些包含了读写信息的表演游戏将有助于更直接地了解读写的构成，为日后具备用书面语言编码信息的能力做准备。

（四）游戏能激发兴趣、培养幼儿注意力

幼儿的注意力较成人而言，往往表现为注意力不集中、注意稳定性较差、注意分配能力差、注意广度较狭窄等特点。游戏避免了枯燥单调的注意力训练方式，以生动、活泼、多样的形式刺激幼儿的注意力。幼儿自己选择游戏，设定游戏的目标，并使用有趣的材料来拓展他们的游戏，有效刺激幼儿感官，因此游戏是一种培养幼儿注意力的潜移默化的方式。

（五）游戏为幼儿发展创造力提供了空间

角色游戏中，幼儿通过扮演角色，以模仿和想象创造性地反映现实生活；结构性游戏中，幼儿利用积木、沙、石等材料创造各种建筑物，从而发展幼儿的设计和创造才能；表演游戏中，幼儿按照故事中的角色、情节和语言，进行创造性地表演。游戏为幼儿提供了创造的机会和空间，有利于发展幼儿的主动性和创造力。

案　例

在中班主题结构游戏“开心乐园”活动中，小朋友们已经用雪花片、积木、积塑搭建了滑梯、摩天轮等许多游乐设施。今天，小朋友提出要搭建一个喷泉，所以老师拿来一些雪花片、几个塑料果盘、许多空的橡皮泥罐。老师说：“这些材料要合在一起才能搭出一个喷泉，大家一起来做吧。”

有孩子提议搭建像附近公园里那个三层宝塔造型的喷泉。孩子们都觉得挺好，七手八脚地开始了。他们把橡皮泥空罐子倒放着，在地垫的中央围了一圈，基本没什么造型。

涵涵正要往上搭第二层，身边的同伴继续往边上摆罐子。她忙说：“可以了，不要乱放。”她把边上的罐子拿开，留下8个，整理出了一个花形。开始搭第二层，还是倒放着罐子，可是两个套在一起，高度没有明显增加。旁边的蓝蓝说：“不能那样，要这样放。”说着，拿起一个罐子，倒放在两个罐子的上面，这次它们没有套在一起。就这样，第二层很快稳稳地搭建起来，一共用了4个罐子。

一直在边上看的妍妍拿起一个罐子，很准确地放在第二层四个罐子的中间，一个宝塔形的底座就搭好了。孩子们高兴地拍手欢笑。

涵涵说："现在可以放盘子了，把盘子递过来吧。"欣欣一直抓着一个盘子在手上，不太想递给涵涵，说："我想试试，我来放吧!"当把盘子放上去时，她发现第二层有个罐子有点移位，动手想要整理，结果碰倒了整个底座。

老师以为他们会很沮丧，想不到倒塌引来孩子们的笑声。很快，孩子们重新动手搭建起来。又要放盘子了，这次，欣欣说："要对准中间放才不会倒。"她打算小心地放上去，旁边的孩子说："柱子太矮，不好看。要四个一起才好。"这样，"柱子"升高，果盘再次放上去时，本以为成功了，结果盘子和罐子一起倒了。孩子们开始有了埋怨。

老师立即在一旁加油："没关系，再来一次，搭第三层最难了。"孩子们又重新忙活起来。①

案例分析

游戏中使用的主要材料"橡皮泥罐子"是容易搭建也容易倒塌的材料，所以导致孩子们在搭建的过程中历经多次的失败。不过，可以看出游戏中的孩子们的兴趣很高，有失败的沮丧，但仍有体验成功的渴望，所以他们愿意尝试。在游戏过程中，涵涵发现"8个罐子可以摆出花形"，蓝蓝发现"罐子对着倒放可以增高"，欣欣发现"要对准中间放盘子，柱子才不会倒"。这些发现都源于孩子们游戏过程中的观察和思考。在玩积木时，儿童很容易因为积木的多次倒塌而灰心，不愿再试，所以需要教师的鼓励或支持的话语，帮助儿童集中注意力，坚持到活动结束。从该案例中不难看出，通过搭建"喷泉"的建构性游戏，为儿童的主动探索与学习搭建了平台，既激发了儿童思考的动力，也开发了儿童的想象力和创造力，在培养孩子不怕失败的信念以及意志力方面也起到一定的作用。

四、在促进认知游戏方面给教师的建议

1. 根据幼儿认知发展阶段确定相应的游戏主题。
2. 游戏是幼儿的生活方式，但不是幼儿生活的唯一方式。
3. 确保提供给幼儿的玩具和游戏材料具有功能开放性，能促进幼儿问题解决

① 中班结构游戏案例分析——美丽的喷泉. http://jsjxxx.shanghang.gov.cn/jxcs/xqjy/jyhd/201205/t20120514_117412.htm.

能力的发展。

4. 为幼儿在室内和户外提供能促进再现的建构材料和能发挥想象的艺术材料。
5. 通过各种方式使幼儿自主地将游戏故事情节充实、深化。
6. 在幼儿游戏活动中，为幼儿搭建“支架”，让幼儿获得稳步发展。
7. 让幼儿参与到操作性和趣味性的学习活动中去，将学习活动整合到游戏中。
8. 观察幼儿在游戏中的兴趣变化，在幼儿反应不积极时更换游戏活动。

本章小结

游戏在幼儿生长发育和发展的过程中具有非常重要的价值。它是幼儿智力、情感、社会性、身体等方面成长发展的一种重要途径。目前，游戏与幼儿发展的关系存在三种不同的观点。第一种认为儿童的游戏行为反映了儿童的发展状况，通过对儿童游戏行为的观察可以了解儿童在各个领域的发展状况；第二种观点认为游戏只能巩固并不促进儿童的发展，游戏是巩固儿童某个领域或多个领域技能的手段和途径。第三种观点认为游戏可以促进儿童的发展，游戏通过使有机体的功能和结构组织产生质的提高，最终促进儿童的发展。

这三种观点虽然存在争议，但并不相互排斥，在某种程度上而言都是正确的。采用哪一种观点来解释游戏，主要取决于具体游戏的相关信息，比如游戏类型、具体的发展领域以及发展层次、儿童的个人情况以及游戏环境等。有时，游戏可以巩固发展，而有些情况下，游戏只是反映发展。我们不能一刀切地看待游戏在发展中的角色或不加区分地赞扬游戏的优点，有些非法游戏（如赌球、暴力游戏等）甚至不利于儿童的发展与幸福。

拓展阅读

［英］彭尼·塔索尼，卡林·哈克．儿童早期游戏规划（第2版）［M］．朱运致，译．南京：南京师范大学出版社，2008.

该书包含三个部分。第一部分：游戏。这一部分探寻了游戏从古至今的历史，探讨了教育者对游戏发展的影响，并介绍了欧洲国家的游戏内容。第二部分：计划。这一部分探讨了早期教育机构可以使用的计划方法，并介绍了循序渐进地制订不同计划的多种方式。第三部分：早期教育课程。这一部分提供了帮助儿童在不同课程领域发展技能所必需的知识。本书致力于探讨如何以最好的方式为儿童提供游戏机会，作者在书中列举了大量的活动范例，试图通过实践来讨论这一问题，能够给读者以诸多启示。

思考题

1. 学前儿童游戏对幼儿的身心发展具有哪些价值?

2. 观察记录一段幼儿园的游戏活动，分析其促进了幼儿哪些方面的发展?

第四章　游戏与幼儿教育

本章导读

游戏是幼儿的基本活动，是幼儿全面发展的重要形式。“游戏是幼儿的工作”、“让幼儿在游戏中学习”，早已成为幼儿教育中放之四海而皆准的原则和信条。然而当前幼儿教育领域却普遍存在一种“游戏困境”：理论上、口头上重视游戏而实践上、行动上却轻视、忽视游戏。要么游戏成为可以随意从活动日程表中拿掉的“最不要紧”的活动，要么游戏成为一种“不是幼儿在游戏，而是在游戏幼儿”的表面活动形式。究其原因在于，人们对游戏在幼儿教育实践中的运用尚存在困惑。为了更好地发挥游戏对幼儿教育的作用，保障游戏在幼儿教育中价值的充分实现，深入探讨幼儿园游戏与课程和教学的关系，是其中的重要问题。

案例开启

案例一

一个中班教室门口的家园联系栏里，贴了一张“一周活动计划表”，以语言游戏、数学游戏、体育游戏、科学游戏、音乐游戏等概括了学科知识的学习，并列出了具体游戏活动的名称。但这个班上的孩子却说：“幼儿园没有意思，玩的时间都没有。”

案例二

一个老师以“找朋友”“开火车”“跳格子”等多个精心设计的游戏，组织了一次教学活动，形式热闹，但孩子并不愉快。活动结束，孩子说：“现在我们可以玩了。”

案例分析

目前，随着幼儿园应该以“游戏为基本活动”被纳入法规并逐渐深入人心，幼儿园开始关注幼儿的游戏。案例一中，教师给任何活动都冠以“游戏”的名称，游戏贯穿于各种学科知识的学习中。然而，幼儿仍觉得“幼儿园没有意思，玩的时间都没有”。案例二中，教师精心设计多个游戏，来组织一次教学活动。然而在玩完多个游戏后，幼儿却说：“现在我们可以玩了。”分析原因，是因为实践中对幼儿园“以游戏为基本活动”存在误解。在传统的课程观、教学观的影响下，他们没有认识到游戏的价值和功能，仅仅把游戏当作包裹知识的“糖衣”、引诱儿童的“幌子”。老师通过游戏完成了教学任务、实现了教学目标，但幼儿却没有任何游戏性体验。幼儿园实践中表面看似乎处处有游戏，实质上却大多为假游戏。

案例建议

为了实现真正意义上的“以游戏为基本活动”，幼儿园应该注意以下两点：

1. 游戏融入教育，不应该只关注其形式，而忽视了游戏的精神——游戏性体验。

2. 我们不能把游戏作为一种用来控制幼儿学习知识的法宝，而应该让幼儿在游戏的情景中，主动积极地、自愿地去探索和发现，以自己的方式去获得各种经验。

第一节　游戏在幼儿教育中的地位

一、幼儿园应该以游戏为基本活动

（一）法规要求“幼儿园以游戏为基本活动”

1.“幼儿园以游戏为基本活动”的首次提出

1989年颁发的《幼儿园工作规程（试行）》（以下简称《规程》）第二十条首次明确提出：幼儿园应当“以游戏为基本活动，寓教育于各项活动之中”。并在第二十四条对幼儿园游戏作了具体的规定：“游戏是对幼儿进行全面发展教育的重要形式。应根据幼儿的年龄特点选择和指导游戏。应因地制宜地为幼儿创设游戏条件（时间、空间、材料）。应充分尊重幼儿选择游戏的意愿，鼓励幼儿制作玩具，根据幼儿的实际经验和兴趣，在游戏过程中给予适当指导，保持愉快的情绪，促进幼儿能力和个性的全面发展。”

《规程》颁布以后，游戏在幼儿园中受到重视。但由于对游戏与教育的关系缺乏系统的研究，再加上传统观念的长期影响，致使教师观念上重视游戏，而在实际的幼儿园游戏开展的过程中，却感到束手无策。不但不能很好地把握游戏指导中“度”的问题，对游戏的指导由过去那种教师完全的“导演”，而异化为“放羊式”的让幼儿自由玩耍。而且，此时对游戏的重视主要体现在每天安排的“自由游戏”时段，游戏与幼儿的生活及其他活动都没有太大的联系，游戏变成了幼儿随便玩玩的活动。①

2.“以游戏为基本活动”的再次重申

在这样的现实背景下，1999 年颁发的《幼儿园教育指导纲要（试行）》（以下简称《纲要》），再次重申幼儿园教育要“以游戏为基本活动”，强调应尊重幼儿的人格和权利，尊重幼儿身心发展的规律和学习特点，关注个别差异，促进每个幼儿富有个性的发展。强调在各种活动中注重内容的整合性、形式的活动性、方法的多样性、师生的互动性、教育的过程性等，以幼儿感兴趣的、游戏性的体验来促进幼儿的发展。为了达到这一目标，文件还从多个方面提出了具体的要求。

在教育内容的组织与实施方面提出：“教育活动内容的组织应充分考虑幼儿的学习特点和认识规律，各领域的内容要有机联系，相互渗透，注重综合性、趣味性、活动性，寓教育于生活、游戏之中。”

在幼儿园环境的创设方面提出：“幼儿园的空间、设施、活动材料和常规要求等应有利于引发、支持幼儿的游戏和各种探索活动，有利于引发、支持幼儿与周围环境之间积极的相互作用。”

在教师的指导方面提出：教师要“善于发现幼儿感兴趣的事物、游戏和偶发事件中所隐含的教育价值，把握时机，积极引导”。

由上看出，《纲要》中对“以游戏为基本活动”这一理念做了更为细致的阐述，它有助于厘清之前的一些认识误区。其一，《纲要》明确提出游戏性体验的重要性，强调通过环境的创设，让幼儿以游戏的方式来与环境发生相互作用，改变了过去只把游戏从形式上作为教学内容的调味品的狭隘理解。其二，《纲要》中明确指出要善于发现游戏中的教育价值，这说明《纲要》对游戏的界定已经远远超出了“幼儿自由游戏”的范围，改变了过去那种一提到游戏就认为只是让幼儿随便地、自由地玩耍的狭隘认识。

（二）游戏是幼儿的基本活动

所谓基本活动是指在人生的某一阶段，出现频率最高，对人的生存发展最有价

---

① 邱学青. 学前儿童游戏（第 4 版）[M]. 南京：江苏教育出版社，2008：123.

值、最适合该年龄段的活动。对于幼儿来说，其基本活动就是游戏。[①]

首先，从发生频率来看，游戏是幼儿最喜欢的活动，幼儿的大部分时间都是在游戏。一方面，幼儿期的各种活动当中，游戏是除生活活动、学习活动之外发生几率最高、参与时间最长的一种自主性活动。另一方面，即便是生活和学习，幼儿也常常以游戏的方式进行。如幼儿在吃饭时玩“埋地雷”的游戏，洗澡时玩“打水仗”的游戏，走路时玩“跳格子”的游戏，幼儿拿起手电筒马上就成牙医，抱起枕头就当妈妈，拿把椅子就当司机……所以说，游戏是幼儿最经常的活动，时时发生在他们的生活中。

其次，从适宜性来看，游戏是符合幼儿身心特点的活动。儿童最初的活动是围绕其生命存在的需要展开的，游戏正是幼儿不成熟、不完善的心理机能的反映。幼儿对游戏的需要和对游戏的选择总是与他们的个体发展水平相吻合，幼儿在游戏中总能选择与自己的需要、能力相适应的内容、材料、同伴和活动方式来进行游戏。我们看到不同年龄的孩子都能自行筛选符合自己能力和兴趣的游戏，年龄小的孩子偏爱角色扮演，而年龄大的孩子更喜欢规则游戏。选择游伴时往往排斥比自己年龄大的或年龄小的，而将与自己发展程度相当的同伴结合到同一水平的游戏中来。对于同一玩具材料，幼儿也能根据自己的能力采用不同的玩法。如同样是滑滑梯，年长的孩子会倒着、竖着、俯着滑，而年幼的孩子则满足于不断重复地坐着滑，从中得到的乐趣却是相同的。[②] 这一切表明，游戏是幼儿最适宜的活动。

再次，从对幼儿的发展价值来看，游戏最能促进幼儿身心的全面发展。游戏本身就是一个运动的过程，一个求知的过程，一个创造的过程。通过游戏能够培养幼儿的好奇心，开拓智力，提高语言表达能力以及形成团结友爱、互相合作等社会性行为，增强体质。[③] 此外游戏公认是一种自由愉快的活动，这种活动能够为幼儿提供一个轻松愉快、具有丰富刺激的、能鼓励自己学习的良好环境，使他们获得安全感、自尊和自信。

二、对幼儿园以游戏为基本活动的理解

（一）全面审视幼儿游戏的存在

幼儿游戏的存在包括两个层面：行为层面的游戏和精神层面的游戏。

---

① 雷湘竹. 学前儿童游戏［M］. 上海：华东师范大学出版社，2012：107.

② 华爱华. 游戏与学前教育的关系［J］. 幼儿教育，1991（6）：16.

③ 梁志燊. 学前教育学［M］. 北京：北京师范大学出版社，2000：121.

所谓行为层面的游戏，就是把游戏视为由特定的行为或行为系列而呈现出的一种活动类型或形式。正所谓游戏即游戏活动。① 幼儿园不同维度的游戏分类，如角色游戏、表演游戏、结构游戏、体育游戏、音乐游戏、智力游戏等，就是作为不同活动表现形式的游戏。学前教育学中，把幼儿园的一日活动划分为生活活动、教学活动和游戏活动三种基本活动类型，也是基于游戏作为一种活动表现形式的认定。

所谓精神层面的游戏，是指游戏作为一种精神特质而表现为一种精神状态或趋向，可称游戏即游戏精神。② 游戏的愉悦性、主动性、过程性等本质特征就是游戏精神的体现。游戏作为一种精神，渗透或弥漫于幼年生活的全过程。幼儿无论是生活、劳动还是学习，都充满着游戏精神的释放与表达。游戏的魅力就在于这种游戏精神，它吸引着幼儿不断地卷入游戏。可以说，在儿童那里，那种浪漫主义的童话意识、天马行空的奇思怪想、轻松自在的玩笑幽默、泛灵主义的物理观念、荒诞不经的酒神逻辑、毫无掩饰的爱恨情仇、无拘无束的活泼天性等，都可看作游戏精神在幼年时期的呈现。③

应该说，把游戏作为一种活动形式，是对游戏的一种狭义而表层的解读，而如果把游戏作为一种精神状态或趋向，因其存在的弥漫性或渗透性，游戏则成为更加广泛意义上的游戏。然而，游戏作为一种精神上的存在和作为一种活动形式又是统一的。幼儿的游戏活动总是他的游戏精神最基本的表现形式，而他的游戏精神也总是他投入游戏活动的驱动力和支撑。也不妨说，游戏的精神是游戏活动的内在依据，是内核；游戏的活动是游戏精神的外在形式，是外壳。二者互为表里，辩证统一。④

（二）完整解读幼儿园以游戏为基本活动

长期以来，人们习惯于把游戏视为游戏活动，而缺乏对游戏精神的关注和理解。这种认识使幼儿园实践中游戏活动与非游戏活动的界限过于分明，产生了很多问题。如按照游戏的功能对游戏进行分类，将不同功能的游戏活动肢解到不同的地方，导致游戏与游戏之间相互孤立、割裂。再如将游戏与非游戏活动进行时间段上

---

① 丁海东. 论幼儿游戏的教育价值及其实现［J］. 上海师范大学学报（基础教育版），2007（6）：6.

② 丁海东. 论幼儿游戏的教育价值及其实现［J］. 上海师范大学学报（基础教育版），2007（6）：6.

③ 丁海东. 论幼儿游戏的教育价值及其实现［J］. 上海师范大学学报（基础教育版），2007（6）：7.

④ 丁海东. 论幼儿游戏的教育价值及其实现［J］. 上海师范大学学报（基础教育版），2007（6）：7.

的明确划分，导致幼儿的游戏活动时间难以得到保证，而其他时间段中非游戏活动的游戏因素又被彻底异化。

基于对幼儿游戏的狭窄认识，在贯彻幼儿园以游戏为基本活动时也不可避免地形成诸多错觉。主要表现为以下几种：

其一，给任何活动都冠以游戏的名称。很多幼儿园热衷于以游戏名称来安排活动。考察幼儿园的一周活动计划表，大部分的活动都冠以“游戏”二字，如语言游戏、数学游戏、体育游戏、科学游戏、音乐游戏等，并列出了具体游戏活动的名称。游戏像调味品一样存在于幼儿园的一日活动之中，而这些游戏活动之间可能并没有本质的联系。这种理解只能达到形式上以几个游戏活动来填充主要的活动时段，而不是真正意义上的以游戏为基本活动。

其二，追求游戏活动的热闹场面。幼儿园的各种活动都一味地去追求游戏的外在形式，追求场面的热闹，幼儿可能感觉在玩，但活动目标的达成可能就会大打折扣。表现为两种情况：一种是幼儿玩的游戏低于其发展水平，不能达到活动目标的要求；另一种是幼儿玩的游戏跟活动内容无关或相关度低，偏离活动目标的要求。由此可见，只追求游戏的外在形式，而不从孩子的年龄特征以及活动的内容本身考虑其游戏性，所得到的结果也是不能令人满意的，幼儿园教育在促进儿童发展方面的作用没有得到真正的发挥。

其三，以自由游戏贯穿一日活动。既然要求幼儿园以游戏为基本活动，那就幼儿园所有的时间段都以自由游戏活动为主。为了避免落下教师控制幼儿的游戏、幼儿园“小学化”等“把柄”，幼儿在幼儿园绝对自由，想干什么就干什么。殊不知，自由游戏并不等于自主游戏，自主性是以复杂性为前提的，而复杂性意味着和环境之间的多种多样的极其丰富的联系，相互间的依赖关系。①

由此可见，“幼儿园以游戏为基本活动”是以“游戏”为基本活动，而非以“游戏活动”为基本活动。游戏不仅仅是游戏活动，更是游戏精神，而且游戏的精神远比游戏的外部形式更加重要。正如杜威所说：“游戏的态度比游戏本身更重要，前者是心智的态度，后者是这一态度的现时的外部表现。”对幼儿园教育来说，除了关注游戏活动，尤为重要的是要在各种活动中追求“游戏”轻松、愉快的成分，游戏的态度以及游戏性的精神。因此，只有立足于对游戏的精神存在与活动形式之存在的双重视角，我们才能够获得对“幼儿园以游戏为基本活动”的完整解读。

---

① ［法］埃德加·莫兰. 迷失的范式［M］. 陈一壮，译. 北京：北京大学出版社，1999：14.

知识链接

幼儿游戏的四种错误倾向①

1. 游戏形式化。《规程》将游戏确定为幼儿的基本活动。然而，不少教师在观念上仍有重上课轻游戏的倾向，没有真正把游戏寓于一日活动之中。有的教师嫌玩游戏麻烦，平时不玩游戏，只有在有人参观检查时才让幼儿玩游戏，因而幼儿的游戏不能得到正常的开展。

2. 游戏教学化。具体表现为：第一，在选择游戏内容时，过多考虑游戏的教学因素，而忽视幼儿的兴趣和好奇心；第二，在游戏过程中，教师过于求全，急于求成，希望每一个孩子玩游戏都能达到某一目标和水平，而幼儿的创造性、自主性被忽略了。

3. 游戏自由化。有的教师没有认识到教师适当的指导对体现幼儿游戏价值的作用，把游戏等同于自由活动，常常是把玩具一撒，便不闻不问，让幼儿随意地玩。没有教师的参与，没有教师的指导，游戏成了一种无目的、无计划的活动。

4. 游戏模式化。教师在游戏中“导”得过多，使得幼儿选择游戏的自由度极小，游戏的内容也极为单调。教师过于注意游戏的结果而忽视游戏的过程，为了使孩子们的游戏更“逼真”“有趣”“有教育意义”，往往亲自设计，亲自指挥幼儿游戏，一心将游戏导向自己心中的模式；幼儿则在教师的“精心”安排下机械地消极模仿。

三、幼儿园以游戏为基本活动的实现

幼儿园以游戏为基本活动不仅要求教师要科学合理地安排幼儿的一日生活，给幼儿提供各种游戏机会；而且要求教师要具备发现、分析、指导等方面的意识和能力，变幼儿被动的学习为主动的需要。即要求在幼儿园的一日活动中，使各种活动都带有游戏的精神，加强教育教学计划和一日活动中的游戏性因素。

（一）生活活动

在幼儿生活活动中，用贴近幼儿生活的、满足幼儿身心发展水平的方法来组织

① 张小媛. 幼儿游戏的四种错误倾向［J］. 幼儿教育，1999（3）：7.

活动，让幼儿每天都有愉快的情绪体验。首先，以多种形式的游戏充实进幼儿园的一日生活活动之中，尽量减少不必要的集体行动和过度环节，减少和消除消极等待的现象。如在组织幼儿洗手、上厕所、吃点心、进餐等环节，对等待的幼儿或已经完成的幼儿，教师可以用一个手指游戏或经典的民间游戏来和幼儿一起玩，这样不仅可以使幼儿保持良好的情绪，在和同伴的相互作用中分享经验，获得发展，而且还有助于引导幼儿建立良好的生活常规。其次，可以将幼儿的生活活动变成游戏活动。常规性的生活环节、单调枯燥的说教、生活习惯的单调训练与强化等，经常起不到明显的效果，而且使幼儿觉得日常生活兴味索然。通过游戏的方式，这种状况就会大为改观。幼儿在游戏中积极主动地丰富生活经验、培养良好的习惯、发展生活能力、学习与人相处，最大限度地保证了幼儿园生活教育的实效。

案例

从找衣服到买衣服①

小班幼儿穿脱衣服的能力差，家长又怕孩子着凉，经常给幼儿穿很多的衣服来园，结果，幼儿每次户外活动玩起游戏来就满身大汗，教师就把他们的衣服脱下一些放在一起。活动室里经常放了一堆衣服。离园前，再让幼儿认领衣服，装入书包，免得家长来时手忙脚乱。但每次问是谁的衣服时，幼儿却不爱理睬，只顾着玩，有的也认不清自己的衣服。教师的工作往往很被动。用什么办法解决这个问题呢？有一天，自由活动时，幼儿在玩“买菜”的游戏。教师灵机一动，为什么不把“找衣服”变成“买衣服”呢？于是放学之前教师对幼儿们说：“今天我们来玩‘买衣服’的游戏，看谁最能干。将自己的衣服‘买’来放入书包里，如果‘买’对了，还有小礼物呢！”结果，幼儿争着来“买”自己的衣服，并放入书包，一会儿，衣服就被他们“买”光了。就这样，教师通过不断变换方式让幼儿玩“买衣服”“换衣服”“比比谁穿得快”“看谁最先放好”等小游戏，使幼儿在积极主动的活动中学会了穿衣服、叠衣服等，生活自理能力得以提升。

案例分析

从“找衣服”到“买衣服”，一字之差，反映出教师教育观念与行为的巨大转变。“找衣服”是保教人员的被动工作，是以教师为中心，替孩子包办一切的传统保育行为。显然，它的效果不好，越“找”问题越多。

① 张国英. 游戏活动中生活自理能力的培养——《从“找衣服”到“买衣服”》一文析［J］. 山东教育，1999（9）：40.

而“买衣服”是以儿童为中心，以游戏活动为手段，让幼儿主动参与生活自理能力的训练，因此，收放衣服的问题不仅顺利得到了解决，孩子的生活自理能力也得到了很大的提高。

（二）教学活动

在对幼儿的教学中，尽可能地将教学活动游戏化，将教学与游戏这两种互为补充的形式整合起来，模糊游戏与教学的界限。要做到这一点，教师首先要把幼儿游戏的自主权还给孩子。在幼儿园的游戏中，幼儿才是游戏的真正主人，游戏的主动权应由教师转向幼儿。只有这样，幼儿在活动中才能主动积极地参与、才能体验到愉快的情绪、才能展开自主的探索。其次教师试图融合的游戏不仅要适合幼儿的发展水平，而且要与教学活动相匹配。实践中，虽然教师为幼儿提供了操作、探索的机会。但有时由于环境或材料的限制，游戏的难度低于或超出了幼儿的发展水平；有时游戏任务和内容又偏离了教学目标、内容，一个活动被生生地分成两个或几个活动，幼儿在其中获得的经验和过程体验不是完整统一的，而是零散的、分割的。这样的活动形式表面看是幼儿在自主学习，但实质上却是一种时间的隐性浪费。

案　例

游戏与教学活动结合的案例比较

案例一

根据玛丽莲所在区幼儿园数学课程安排，她要教孩子们数数，并学习识别数字1到20。她决定将幼儿班的戏剧游戏中心装扮成一个商店来上这堂数学课。除了天平之外，她还有幸找到了一个老式的悬挂式秤，以及一个日期可以改动的印章。另外，她还搞到了几个计算器，并从三年级的老师那里借来了一个老式的加法器，她还准备了一些小物品以作为商店的销售物。一些过期的购物券和当地超市寄来的一些每周广告单也可用上，其中的图片和数字可以让顾客更易理解商店的购物信息。一切准备就绪，商店终于可以开业了。开业那天，商店工作人员和顾客发现玛丽莲忘了一个重要方面，他们需要钱，于是大家一起玩起了制作游戏币、游戏钞的活动。①

① ［美］约翰逊，等. 游戏与儿童早期发展［M］. 华爱华，郭力平，译. 上海：华东师范大学出版社，2006：333.

案例二

冬天到了，幼儿园开展冬季锻炼活动，如扔沙包、跑步等。大班有一位老师认为在扔沙包活动中可以教幼儿学会测量。于是她把幼儿带到户外。户外的地面是由一块块方形的水泥砖铺成的。她先让幼儿扔沙包，然后问幼儿："怎样才能知道扔得多远?"幼儿回答说："可以数地上的方块。""还可以用什么办法知道呢?"在教师的不断提问和要求下，幼儿举出了可以用棍子、跨步、绳、布条等不同的方法。①

案例分析

分析以上两则案例，我们发现，同样是将游戏与教学活动结合，试图通过游戏的方式达成教学目标，但两个老师的做法却有很大不同。通过比较，我们能够更好地理解游戏与教学活动融合的意义。

案例一中教师试图通过商店游戏让幼儿学会数数、学会识别 1 到 20。为了游戏的顺利开展，她费尽心思地准备各种材料，丰富的材料足以吊起幼儿开展商店游戏的胃口。但我们会发出这样的疑问：幼儿玩这些材料能实现教学目标吗？直到"商店开业"时，幼儿发现"粗心"的老师竟然没有准备钱。我们才恍然大悟，原来此处另有玄机。幼儿要想玩商店游戏，必须首先解决钱的问题，而制作钱币的活动能够很好地完成教学目标。

整个过程当中，我们看到：幼儿一直是游戏的主人，老师没有任何的强制要求，只是通过环境的创设自然地、间接地引导幼儿的兴趣。而且游戏和教学活动完美地融合在一起，没有任何的割裂、分离，幼儿在其中可以获得完整的经验和体验。

案例二中教师把扔沙包与学习测量联系起来，应该说也是很好的"创意"，她发现了扔沙包游戏的教学潜能。但问题在于她没有把握好与幼儿互动的节奏：急于通过一次活动就达到预定的教学目标，让幼儿说出所有可能的测量方法。一方面剥夺了幼儿主动游戏的权利，另一方面教学目标也超出了孩子已有的发展水平。于是，本来可以非常生动有趣的游戏变成了烦闷无聊的"课"。此案例中，教师完全可以通过环境的创设，目标的分解，一步步地，更好地实现游戏与教学活动的融合。

（三）游戏活动

要保证幼儿每天有适当的自主选择和自由活动的时间，可每天安排自由游戏时

① 刘焱．儿童游戏通论［M］．北京：北京师范大学出版社，2004：393.

间段，给幼儿以机会和许可。游戏本身是能够引发幼儿主动积极的学习活动的，游戏中的幼儿思维活跃、精神放松，善于发现和解决问题。教师要善于观察和发现幼儿游戏活动中的教育价值，及时以适当的方式作出应答，给予支持和引导。但是我们不应该把目光仅聚焦于此，而更应该将游戏彻底地还给孩子，让他们充分地体验和表达，不给游戏附加任何知识学习的目的。游戏让幼儿从体验的意义上成为真正完整的、自由的人，因为它们与幼儿的情感和精神建立了直接的关联。

案　例

师：这是你做的蛋糕呀？
幼：是的，这是巧克力蛋糕。
师：我们都很想吃，它一定很香吧？
幼：我来分给你们。
师：这里有四个客人，你看，怎样分才合适？
幼（想片刻）：先切成两半。
师：然后呢？
幼：再这样切。（用动作把两个半边再切开成四份）①

案例分析

相对于教学的“有心栽花”，游戏就像是“无心插柳”。案例中是一个幼儿自发的游戏活动，但由于教师适时地观察和引导，不仅帮助幼儿扩展了经验，而且使幼儿自然地巩固了“比例均分”的教学内容。

第二节　游戏与幼儿园课程的关系

一、幼儿园课程对游戏的影响

应该说，游戏在幼儿园课程中应当占有什么样的地位，游戏与课程之间应当是一种什么样的关系与我们对于幼儿园课程“是什么”和“为什么”以及“怎么样”

① 黄进. 体验为本的游戏——再论“游戏是一种学习”[J]. 学前教育研究，2003（6）：9.

的理解有着密切的关系。

（一）幼儿园课程的界定

幼儿园课程的界定有很多种，有代表性的主要有以下三种：

一是学科倾向的界定，认为幼儿园课程就是系统的学科知识。这种倾向的课程是以学科来组织课程的内容，如音乐、美术、语言、常识、体育、计算等，较多地考虑学科知识的系统性和逻辑性，不能充分考虑幼儿的兴趣、需要等。

二是活动倾向的界定，认为幼儿园课程是为幼儿安排的有组织有计划的各种活动总和。这种倾向的课程能更注重幼儿实际的学习过程，注重在活动中的探索和发现，能发挥幼儿学习的自主性。

三是经验倾向的界定，认为幼儿园课程是为促进儿童身心和谐发展所提供的有益的经验。这种倾向的课程强调学习过程，强调幼儿通过一定的活动获得的经验。

当前，我们更倾向于后面两种幼儿园课程的界定，即将幼儿园课程视为活动或经验。事实上，这两种界定是内在统一的，活动是外在形式，而经验是内在内容。三种幼儿园课程的界定实质上反映了两种不同的课程观。学科倾向的界定是“知识”本位的课程观，而活动倾向的界定和经验倾向的界定反映的是“人”本位的课程观。

（二）不同课程观下的游戏①

游戏在幼儿园课程中的地位与学业知识技能的强调之间是一种此消彼长的关系。当人们强调幼儿园课程要以知识技能的传授为方向时，游戏必然受到轻视和忽视。制约游戏与学业此消彼长的一个重要因素是人们的课程观，不同的课程观导致游戏在幼儿园课程中有着不一样的地位。

1. 知识本位课程观之下的游戏

知识本位的课程观把课程看作一套由成人为幼儿精心选择和组织结构的、有待于幼儿去“占有”或“掌握”的客观的知识体系，同时也把课程看作传授、传递知识的工具，课程从属于“知识”。

课程就是一个个“文本”，教师按照事先编制好的“文本”组织幼儿的学习活动，向幼儿传授“文本”中的知识技能。游戏则成为传授这些文本的“手段”，起到调动幼儿学习积极性的作用。课程也是固定的、预先设计规划好的“跑道”，规范和引导着教师和幼儿的行为，顺利地导向课程目标。游戏就是中途的“加油站”，可以是紧张学习后的放松，也可以是幼儿学习的奖励，目的是刺激幼儿更努力地学

① 刘焱. 儿童游戏通论［M］. 北京：北京师范大学出版社，2004：358-365.

习知识。

在知识本位的课程观之下，游戏与幼儿园课程是无关的。无论是把游戏看作“手段”还是“加油站”，人们看重的仅仅是游戏辅助的“润滑”作用。游戏本身在知识本位的课程观中并没有获得独立的价值和地位，它没有真正地进入课程之中，在目标、内容及观念层面上，游戏是奢侈的、浪费时间的。在这种观念下，幼儿园将大量的时间用于集体教学活动，大大减少幼儿游戏的时间。

2. “人”本位课程观之下的游戏

以“人”为本位的课程观在价值取向上从关注“知识”转移到了“人”身上，或者说不仅关注知识的传授和学习问题，也关注人的需要、发展和幸福的问题，幼儿当下的生活、童年的快乐和幸福由此受到关注。童年的生活不再只是为成人的生活做准备，而是具有独立存在的价值和意义。幼儿园课程也不应当只是为小学入学做准备，更重要的是促进幼儿身心的全面健康发展，为终身发展奠定良好的基础。

从建构主义知识观出发，幼儿园课程不应当是事先准备好的知识体系，而是幼儿在与幼儿园环境（包括人和物）的相互作用过程中主动建构而获得的经验。因此幼儿园课程也不再是事先规划好的“跑道”，而是幼儿“跑的过程”，重要的不是精确设定的目标，而是幼儿的学习需要和兴趣。由于强调幼儿与环境之间的互动与对话，游戏必然受到重视。游戏是幼儿积极主动地与周围环境相互作用的基本活动形式，幼儿在游戏中探索、发现、计划、思考，积极主动地建构自己的经验、意义和实在。

在“人”本位的课程观之下，游戏与幼儿园课程达成融合，游戏成为幼儿园课程的“生成源”。在这里，游戏不仅因其动机作用而受重视，更因其建构和创造的“自组织”技能而成为幼儿园课程生成和发展的源泉。幼儿游戏的过程，就是幼儿经验生成的过程。

二、游戏与幼儿园课程融合的方式

弗罗斯特等（Frost，Wortham，Reifel，2001）根据各种课程对游戏的重视程度，把西方幼儿园课程分为非游戏课程模式和游戏模式，在游戏模式中，又根据对游戏的运用方式，分为非干预模式、重视特殊类型游戏的课程模式、重视各种类型游戏的课程模式。国内学者刘焱在其基础上，又加入一种游戏化的教学模式，这种教学模式源于苏联，对我国幼儿园课程和教学有着深刻影响。

（一）非游戏课程模式

非游戏课程模式以行为主义的强化原理为理论基础。在非游戏课程模式中，以知识技能的传授为目的的直接教学活动处于课程的中心地位，游戏因此被认为是与学习不同的活动而被当作可有可无的活动，被置于边缘地位。但由于游戏是“令人快乐”的活动，所以游戏被用作学习的“奖赏”或者引起学习兴趣的手段。

行为主义课程模式是其典型代表，其显著特点是主张用系统强化的方式训练幼儿入小学所需要的基本学业技能和社会性技能，以刺激—反应为基础的直接教学是其主要教学方式。游戏被作为鼓励幼儿学习的强化手段。

英格曼—贝雷特课程模式（简称 BE 模式）是著名的行为主义课程模式。读、写、算等基本知识技能是课程的核心内容，由于认为语言与思维之间有密切的联系，因此尤其强调语言的训练。教学方法采取行为主义的快速强化和反馈的方法，即教师提出问题后要求幼儿快速反应，鼓励幼儿大声说出答案，对正确的答案予以奖励，不正确的答案予以否定或纠正。幼儿每天有两个小时的“学习”，每天上三节课（每节课 20~30 分钟），采取小组教学的方式进行教学。从其每日作息表中可看到游戏的存在情况，详见表 4-1。

表 4-1 B-E 模式每日作息表①

	第一组（5 个学生）	第二组（5 个学生）	第三组（5 个学生）
第一个时段（10 分钟）	非结构性活动		
第二个时段（20 分钟）	语文课	算术课	阅读课
第三个时段（30 分钟）	点心	音乐	时间
第四个时段（20 分钟）	算术课	阅读课	语文课
第五个时段（20 分钟）	半结构性活动		
第六个时段（20 分钟）	阅读课	语文课	算术课

（二）游戏课程模式

1. 非干预性游戏课程模式

非干预性游戏课程模式是以精神分析学派的游戏理论为理论基础的，注重游戏的情感宣泄和治疗功能，认为游戏的主要功能在于帮助幼儿解决他们的情绪情感问题。重视幼儿的自发游戏，允许他们表现潜意识中的情感和冲突。成人要把对游戏

① 简楚瑛. 学前教育课程模式［M］. 上海：华东师范大学出版社，2005：103.

的干预降低到最低程度，以免妨碍幼儿的自我表现和自我发现。成人的主要任务是与幼儿建立信任感，为幼儿提供大量的游戏机会，创设丰富的游戏环境，观察幼儿的游戏进程。

2. 干预性游戏课程模式

干预性游戏课程模式主要以各种儿童心理发展理论为基础，有的课程模式只依据一种理论，而有的课程模式则是对多种理论的综合运用。注重游戏功能的整体性，突出其认知价值。主张在游戏过程中渗透教学目标，发挥教师在幼儿游戏过程中的指导作用。强调将游戏纳入幼儿园课程，让幼儿在游戏中主动学习。游戏一般被看作符合儿童身心发展特点的学习活动和幼儿社会化的重要途径而占据中心地位，直接教学作为活动区活动的补充，一般采取个别化、小组化的方式进行。

（1）注重特殊类型游戏的游戏课程模式

注重特殊类型游戏的游戏课程模式认为，某些类型的游戏较之于其他类型的游戏对于幼儿的学习与发展更有价值，一般更为强调幼儿的认知和社会性的发展。此种课程模式的代表有：以皮亚杰理论为基础的凯米—狄弗洛斯课程，以色列心理学家斯米兰斯基的社会性主题角色游戏干预方案等。

凯米—狄弗洛斯课程以皮亚杰的建构主义为理论基础，认为儿童是在与周围环境（包括人、事、物）的互动中获得发展的。日常生活活动、传统的规则游戏以及专门设计的游戏是该课程模式的基本活动框架，皮亚杰提出的物理经验、数理逻辑经验和社会经验是该课程模式的中心概念。在游戏活动中，尤为重视规则游戏的价值，强调规则游戏在促进幼儿社会性认知能力发展中的作用。该课程模式设计的团体游戏包括八大类：瞄准游戏、赛跑游戏、追逐游戏、躲藏游戏、猜测游戏、口令游戏、玩牌游戏、盘面游戏。

（2）重视各种类型游戏的游戏课程模式

重视各种类型游戏的游戏课程模式认为，各种类型的游戏对幼儿的发展都有价值，幼儿通过游戏可以获得社会性、情感和自我的全面发展。此种课程模式的代表有：银行街课程、高瞻课程、瑞吉欧课程等。这里仅以银行街课程为例说明这种游戏课程的特点。

银行街课程以杜威的进步主义为基石，吸收了精神分析学派的理论以及皮亚杰的认知发展理论。该课程模式主张培养社会性、情感、智力等整体发展的“完整儿童”，尤其强调社会性的发展。因此，“社会学习”成为该课程的核心，它被用来整合儿童所关注的主题和学科知识。银行街把游戏作为教育的基本途径，把教室组织成各种活动区，让幼儿在活动区中自由地游戏。教师通过为幼儿创设安全、丰富、有教育意义的游戏环境，支持和引导幼儿在游戏中获得各方面的发展。从其一日作息表中可看到游戏的存在情况，详见表4-2。

表 4-2　河滨街教育学院实验学校一周作息表①

<table>
<tr><th></th><th>星期一</th><th>星期二</th><th>星期三</th><th>星期四</th><th>星期五</th></tr>
<tr><td>8:00~9:00</td><td>抵达</td><td>抵达</td><td>抵达</td><td>集会</td><td>抵达</td></tr>
<tr><td>9:00~9:30</td><td rowspan="3">游乐场</td><td rowspan="3">游乐场</td><td rowspan="3">游乐场</td><td rowspan="3">游乐场</td><td rowspan="3">游乐场</td></tr>
<tr><td>9:30~9:45</td></tr>
<tr><td>9:45~10:00</td></tr>
<tr><td>10:00~10:15</td><td>讨论</td><td>讨论</td><td>讨论</td><td>讨论</td><td>讨论</td></tr>
<tr><td>10:15~10:30</td><td>点心</td><td>点心</td><td>点心</td><td>点心</td><td>点心</td></tr>
<tr><td>10:30~10:45</td><td rowspan="5">工作</td><td rowspan="3">体能</td><td rowspan="3">美劳</td><td rowspan="4">角落</td><td rowspan="7">角落</td></tr>
<tr><td>10:45~11:00</td></tr>
<tr><td>11:00~11:15</td></tr>
<tr><td>11:15~11:30</td><td rowspan="2">△</td><td rowspan="2">1/2 组音乐
1/2 组角落</td></tr>
<tr><td>11:30~11:45</td><td rowspan="3">1/2 组音乐
1/2 组图书馆</td></tr>
<tr><td>11:45~12:00</td><td rowspan="2">1/2 组图书馆
1/2 组角落</td><td rowspan="2">1/2 组律动
1/2 组角落</td><td rowspan="2"></td></tr>
<tr><td>12:00~12:15</td></tr>
<tr><td>12:15~12:30
12:30~12:45</td><td>午餐</td><td>午餐</td><td>午餐</td><td>午餐</td><td>午餐
分享讨论</td></tr>
<tr><td>12:45~1:30</td><td>休息</td><td>休息</td><td>休息</td><td>休息</td><td>Good-bye</td></tr>
<tr><td>1:30~1:45</td><td rowspan="2">西班牙语</td><td rowspan="4">角落/户外</td><td rowspan="2">1/2 组律动</td><td rowspan="4">角落/户外</td><td rowspan="6"></td></tr>
<tr><td>1:45~2:00</td></tr>
<tr><td>2:00~2:15</td><td rowspan="2">△</td><td rowspan="2">角落</td></tr>
<tr><td>2:15~2:30</td></tr>
<tr><td>2:30~2:45</td><td>故事</td><td>故事</td><td>故事</td><td>故事</td></tr>
<tr><td>2:45~3:00</td><td colspan="4">Good-bye Meeting</td></tr>
</table>

（三）教学游戏化模式

教学游戏化模式以社会文化历史学派的心理学理论为基础，强调社会文化历史经验（客观知识）对人发展的重要作用。在教学方式上，重视直接教学的价值，认同游戏的动机激励作用，形成了独特的、以教师编制的教学游戏作为直接教学手段的教学体系。该模式虽然把幼儿园的游戏分为创造性游戏和教学游戏两类，但由于

① 简楚瑛. 学前教育课程模式［M］. 上海：华东师范大学出版社，2005：67.

创造性游戏中仍然过于强调教师对游戏的“领导”作用，忽视幼儿游戏的愿望和需要，因此我们可以说，此种教学模式中，不存在真正的“游戏”。教学游戏化模式对我国幼儿园课程与教学实践影响深远，直至今天，仍然可以看到它的广泛存在。

三、游戏与课程之间的转换

幼儿园课程发展至今，已经形成了“预设性”和“生成性”两种课程建构模式。预设性模式受知识本位的课程观支配，强调客观知识的直接传授，忽视幼儿的兴趣和需要；生成性模式受建构主义课程观的影响，强调幼儿的积极参与、主动建构，主张课程构建要以幼儿的兴趣和需要为基础。以游戏为基本活动的幼儿园课程模式应该整合这两种方法，在实践中表现为游戏与课程的双向互动。

（一）游戏生成课程

游戏生成课程是指教师根据幼儿在游戏中表现出来的兴趣和需要，生成新的课程内容，丰富和补充预设课程。

课程要适宜幼儿，必须以对幼儿的兴趣和需要的了解为前提。在游戏中，幼儿的表现是最真实自然的。教师可以根据幼儿在游戏中表现出来的兴趣和需要，自然而然地生成新的课程内容。同时，幼儿游戏时与环境相互作用的过程中会产生各种问题，这些问题不仅可以帮助教师了解幼儿的兴趣和需要，而且为课程的自然生成创造了条件。

由此可见，游戏生成课程的关键是教师要认真观察，了解幼儿的兴趣和需要，捕捉教育契机，生成新的课程内容。

案　例

卷报纸运动

最近某大班幼儿对于运动性的游戏十分感兴趣，孩子们常常信手拈来，任何物件在他们的手中就能玩出许多新花样。瞧，一张带来的报纸在韬韬小朋友的手中被卷成了小棒，韬韬小朋友一边挥动着一边念念有词：“接球、过网……”其他的小朋友们似乎也来劲了，纷纷抢过报纸耍弄起来。

我设想，一张简单的报纸是否可以成为孩子既动手动脑又快乐学习的好素材呢？于是，我对小朋友们说："你们在玩什么呢？""我在打羽毛球。""我在打乒乓球。""我在击剑。"……不少小朋友大声嚷嚷起来。由于暑假刚刚看过奥运会，孩子们都很创造性地说出了自己的想法。这时韬韬小朋友骄傲地说："我刚刚看了奥运会，上面有羽毛球、游泳。""我也看了，有跳水、乒乓球……"其他小朋友都随声附和起来，我见时机成熟就说："这么多运动项目呀，那小朋友们想不想也开个小小奥运会呀？"

孩子们很兴奋，回顾了暑期刚结束的雅典奥运会比赛项目后，他们很快创造性地用手中的报纸玩起了这些项目：有小朋友用报纸卷成棒，两头折叠让其站立，反复多个，当成跨栏的栏杆，学百米跨栏冠军刘翔越过栏杆，比赛跨栏；川川小朋友用卷成的小棒当成杠铃，学石智勇练举重；威威、霖霖等四位小朋友将报纸团成球，用报纸小棒击球玩棒球游戏；还有小朋友将报纸折成一个面当成羽毛球拍、乒乓球拍玩球类游戏；另有小朋友玩起了击剑、跳高、跳水等项目。小小的纸棒在他们的手中妙用无穷，孩子们开心极了。

案例分析

教师通过观察发现了班里幼儿游戏的兴趣点，并及时抓住这一兴趣点积极地引导，让幼儿说出自己的想法，了解了幼儿的已有经验并激发了幼儿的创意构思。至此教师并未止步，而是根据幼儿兴趣点的转移，适时地提出了开个"小小奥运会"的建议，于是由幼儿的"卷报纸"游戏自然而然地生发出了新的课程内容。通过开展"小小奥运会"的活动，不仅丰富了孩子的知识，锻炼了孩子的身体，而且培养了孩子的创新意识。

案　例

在大班区域建构游戏中，王老师发现幼儿喜欢"搭桥"，但又搭不好，就开展了大班科学活动——"搭桥"。在活动中，先让幼儿看一些桥的图片，并谈谈桥的基本结构，教师总结桥的基本结构。然后把幼儿分成4人一组，从提供的材料中选择材料，再搭桥。搭桥完成后，比一比哪组搭的桥最好，总结桥好和不好的原因。①

---

① 雷湘竹. 学前儿童游戏［M］. 上海：华东师范大学出版社，2012：120.

案例分析

王老师发现了幼儿游戏的兴趣以及游戏中存在的问题，于是以此为契机生成了新的课程内容。科学活动“搭桥”不仅可以让幼儿了解到桥的基本结构以及怎样才能把桥搭好，而且还能提高幼儿继续游戏的兴趣，并推动幼儿游戏的进一步发展。

（二）课程生成游戏

课程生成游戏是指根据预设的幼儿园课程目标和内容，把游戏作为课程实施的基本途径。通过组织和设计专门的游戏，帮助幼儿获得和扩展相关的经验。要注意的是，在设计和组织“教学游戏”时，要尽量保证幼儿游戏的主体性，避免教师过多地控制和干预，让幼儿在游戏中能够获得游戏性体验。

约翰逊按照教学与游戏的先后次序不同，归纳了由课程生成游戏这种方式中游戏的两个重要功能：一种是将游戏看作学习的起步，即游戏在前，然后教学指导；另一种是将游戏看作对教学所需要掌握的技能的练习巩固，即教学指导在前，然后游戏，详见图 4-1。

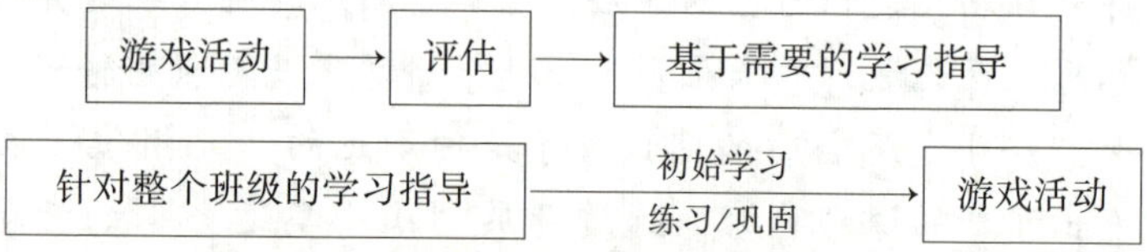

图 4-1 课程生成的游戏：游戏的功能①

在课程中生成游戏，可依据课程内容创编，也可通过筛选和改编的方式，选择适合课程内容和目标的游戏以及游戏中的积极因素，使游戏能满足课程的需要，完成课程的教育效果。

案 例

为了培养幼儿的合作精神和团队意识，认识到人各有长短，因此要互相合作、取长补短，教师设计了一个“摘果子”的游戏。两棵树之间拴上

① ［美］约翰逊. 游戏与儿童早期发展［M］. 华爱华，郭力平，译. 上海：华东师范大学出版社，2006：342.

一根绳子，绳子上吊着4个筐，筐里有“水果”。每个筐下放着一把小椅子。每4个孩子为一组，每组中有3个矮个子的、1个高个子的幼儿。只有高个幼儿站在椅子上，才能“摘”到果子。游戏的任务是看哪一组先把果子全部摘回来。在最初的游戏中，每个幼儿都奋勇争先，都想去把果子摘回来。但是，矮个子的幼儿站在椅子上，怎么踮脚够也采不到“果子”。结果，没有一个组能做到把果子全部采回来，有的组采到的果子很少，有的组一个果子也没有拿回来。于是，老师提出了问题：“怎样才能把果子全部采回来?”幼儿通过讨论提出了解决问题的办法：我们分工合作，高个子负责采，矮个子负责把水果运回来。这样才能又快又多地把果子采回来，这个办法果然管用。通过这个游戏，幼儿对于合作的必要性有了切身的体验。①

案例分析

此案例是教师根据预设的课程目标创编的游戏，游戏是学习的起步，幼儿通过游戏扩展经验。教师为了实现预设的课程目标——培养幼儿的合作精神和团队意识，设计和组织了专门的规则游戏——“摘果子”。由于教师对于游戏玩法和规则的巧妙设计，以及游戏中积极的支持和引导，幼儿通过游戏很好地达成了课程目标。

案 例

小班幼儿刚到幼儿园，还没有融入集体的经验，常常感到孤单、不快乐。基于此，教师设计了“你叫我答应”的活动，通过这个活动希望小班幼儿能够知道别人叫我要答应，并且能够在情景中学着用简单的语句交流。教师通过几个环节的活动过程来完成预设目标：（1）引发兴趣：呼应。教师呼幼儿应；（2）情景录像：做妈妈的小答应。观察录像，激发孩子的积极表现；（3）分散游戏。模拟情景，知道你呼我答应。在完成所有环节之后，活动并未就此结束，教师又设计了“捉迷藏”的游戏，并在其中融入你呼我应的要求（孩子藏起来，不让妈妈看见，妈妈叫到谁，谁就答应妈妈，来到妈妈身边）。②

---

① 刘焱. 儿童游戏通论［M］. 北京：北京师范大学出版社，2004：429.

② 应彩云. 孩子是天我是云［M］. 上海：上海社会科学院出版社，2011：27-30.

案例分析

此案例是教师根据预设的课程目标和课程内容，选择和改编了民间游戏“捉迷藏”，游戏在这里起到巩固和练习教学活动成果的作用。“捉迷藏”游戏适合小班幼儿的身心特点和兴趣需要，教师结合课程的需要对其游戏规则进行了改编。这样，幼儿既在游戏中获得积极的情感，也巩固了“你呼我应”的学习经验。

第三节　游戏与幼儿园教学的关系

一、幼儿园教学对游戏的影响

游戏与幼儿园教学的关系，关键取决于对“教”与“学”之间关系的认识，当强调“以教为主，学依从于教”时，游戏必然受到轻视或忽视。反之当强调“学为中心，教依从于学”时，游戏就会成为适宜幼儿发展的所在。这背后反映了不同的教学观。

（一）教学的内涵

关于教学的内涵，可谓仁者见仁，智者见智。根据“教”与“学”是否可分，总体上可分为以下两种理解。

1. 教学作为一个总体性概念

受苏联凯洛夫教育学的影响，我国学者长期以来只有一个总体性的“教学”概念。这种理解认为“教”与“学”是不可分的，它们是一种活动——教就是学。虽然学者们从各自的角度出发对教学有不同的理解，但总体来说大同小异，他们都认同：教学是由教与学两种活动构成的统一活动；教学的内容、对象主要是书本知识或间接经验；教学的主阵地是课堂。

2. 教学作为一种关系概念

近来有学者对教学的理解呈现出一些新的认识，源自于他们认为“教”与“学”是可分的，而且必须分。这种理解认为“教学”是由教导与学习两种实体活动构成的，它本身是反映教与学这两种活动之间的关系的概念。教与学两者之间既不是平行相加的关系，也不是平行主体之间的合作关系，而是“条件性（手段性）活动”与“本体性（目的性）活动”之间的关系。在整个教学活动中，核心的问题是学生学习与发展的问题，教师的教服务于学生学习与发展的需要，教要为学服务。[①]“教”与“学”要相互适应、相互关联，形成一个关系协调的整体。

当前，传统的将教学作为一种总体概念的理解日益受到挑战，而将教学视为一种关系概念的理解越来越被人们所接受。事实上，这两种教学理解之争反映的是传统教学观和现代教学观的博弈。

（二）不同教学观下的游戏

1. 知识授受为中心的教学观

传统的教学观是以知识授受为中心的教学观，这种教学观认为教学的基本任务就是向幼儿传授具有确定性、真理性的知识技能。教师被看作知识的“搬运工”，而幼儿则是被动接受知识的“容器”。教学过程就是知识由教师到幼儿、由外向内的“转移”和“复制”的过程，学习从属于教学，被视为教学的直接结果。

在这种教学观支配下，教师主导的“上课”（课堂教学）成为幼儿园教学的基本途径或组织形式，“上课”往往被等同于“教学”。游戏被“上课”所役使，处于教学的从属地位。因其能够激发和调动幼儿的学习兴趣，常被用作传授知识技能的“游戏化”手段。重上课、轻游戏；重教师创编的教学游戏、轻幼儿自由自发的游戏成为普遍存在的倾向。

2. 回归“生活世界”的教学观

现代教学观认为，教学的最终目标是促进幼儿的全面和谐发展。幼儿不再是教师“教导”的对象，而是积极主动的学习者，幼儿在自己的生活世界中通过与周围环境的对话主动地建构自己的经验世界。教学过程则是教师支持、引导、丰富和扩展幼儿经验建构的过程，幼儿的学习成为教学的中心，教师的教服务于幼儿的学。

在这种教学观支配下，教学应当实现向幼儿的“生活世界”回归，实现“生活世界”与“教学世界”的有机融合。“在生活中学习”是幼儿学习的重要特点，是适宜于幼儿身心发展特点的学习场所。游戏作为幼儿生活世界中不可或缺的内容，也是幼儿积极主动、真实自然的学习活动。幼儿在游戏中探索、发现、计划、思考，积极主动地建构自己的经验和意义。在这种意义下，教师应该关注、重视、支持幼儿的游戏，为幼儿游戏创设丰富的环境，丰富和扩展幼儿在游戏中的经验建构，是教师“教”的任务所在。

二、游戏在幼儿园教学中的运用

游戏和教学是幼儿教育机构中两种不同的活动，它们有各自的特征、功能和价

---

① 陈佑清. 教学论新编［M］. 北京：人民教育出版社，2011：10.

值，我们不能简单地说孰优孰劣，而只能说在一定条件下哪一种活动更适宜。游戏和教学既不可相互替代又相互关联，我们要做的是如何使游戏和教学相互补充，相得益彰，共同为促进幼儿的发展服务。

如前所述，游戏的存在有两个维度：行为存在和精神存在。游戏存在的两个维度决定着游戏具有两种价值：工具价值和本体价值。游戏的工具价值，表明游戏能作为一种工具和手段，对其他事物起重要的作用。游戏的本体价值，是游戏本身的内在价值，表明游戏可以作为一种精神状态而存在，能使人获得愉悦、自由、超越等体验。因此，游戏在幼儿园教学中的应用就有两种方式，一是游戏成为教学的一种形式，二是让游戏作为一种精神贯穿教学过程。

（一）游戏作为教学的一种形式

游戏作为教学的形式是指把游戏作为一种活动的形式或手段来组织或开展幼儿园的教育教学活动，以确保高效和顺利地完成教学目标。

游戏作为一种形式主要表现为对幼儿园常规教学活动组织形式上的支持、辅助和补充。游戏与教学结合有两种方式：一种是教学在游戏中进行，一种是让游戏和教学在教学目标的引导下，显现相继关系，使游戏成为教学的先导活动或后继活动。

游戏作为形式而开展的教学活动，严格意义上来说，已经不是纯粹意义上的游戏。因为与幼儿根据自己的兴趣和需要在自然状态下自主自发的游戏相比，作为教学形式的游戏，其控制性和规则性都比较明显，需按照教学的要求进行，教师的控制程度较高，其实质乃是以游戏的活动形式来组织程序化的教学，并以此激发幼儿学习的兴趣，从而直接、高效地促成教学目标与任务的完成。

游戏作为教学的一种形式，对教学具有重大意义，它有利于提高教学效率，有利于促进幼儿身心的全面发展。但在实践中要注意两方面的问题：

一是要正确处理教学因素与游戏因素之间的关系，两者不是简单相加，而是要相互融合、相互适应。教学中要根据具体的教学内容选择合适的融合方式，如果教学内容需要通过材料操作的探索来获得，那就为幼儿提供合适的材料，让幼儿在获得游戏性体验的自由探究中获得知识。如果知识内容枯燥缺乏吸引力，那就可以设计适宜的教学游戏，让学生在生动有趣的游戏形式中获取知识。

二是要注意灵活运用各种类型的游戏。游戏活动种类繁多，形式多样。我国幼儿园按照教育作用将游戏分为创造性游戏和有规则游戏，两类游戏活动各有其价值和功能。但在实践中，有规则游戏往往能够受到重视，而创造性游戏则被轻视或忽视，即便应用也由于老师过度的控制而失去了它本身的价值。因此，在教学中，教师要根据教学目标、教学内容以及幼儿的身心特征，合适地选用各种类型的游戏，实现游戏与教学的有机结合。

案　例

数学：认识图形（中班）

活动目标：

1. 能够指认和命名三种图形和四种颜色
2. 能够按照图形的外部特征分类
3. 提高参与活动的积极性和体验参与活动的快乐

活动准备：

黑板上的纸张图形：形状有三角形、圆形、长方形；颜色有红色、黄色、绿色、橙色。每组小朋友桌子上有一个托盘，托盘里准备了白纸片（用于设计门牌）、蜡笔、图形组合和记录表（幼儿用书上剪下来的）。

活动过程：

（1）让孩子观察有哪些形状的图形？

幼儿：三角形、圆形、长方形。

（2）三种图形有什么不一样？

幼儿：圆形没角，其他两种有角。

老师继续引导孩子：还有什么不一样？

幼儿：颜色不一样，幼儿说出各种颜色，红色、黄色、绿色、橙色。

（3）现在我们要把图形朋友送到它们的家里去，小朋友的家都有门牌，那小朋友能不能给图形朋友的家也设计个门牌呀？（下面三个红色三角形是为图形准备的三个家）

小朋友的设计：用蜡笔在白纸片上画出圆形、长方形、三角形。

老师挑三个小朋友把他们设计的门牌贴在三个家门上。

挑小朋友送图形回家，并要说："我送……形状送回家"，直至把图形送完。

（4）图形朋友要变一个魔术了，老师把图形垒起来变成了"机器人"。

小朋友桌子上的托盘里有准备好的图形"机器人"，每个小朋友都有一张。请小朋友仔细数数机器人身上有几种不同形状的图形，填到记录表中；然后数数总共有几个图形，用小圆点表示出来。

（5）请几个小朋友展示自己已经完成的作品，其他小朋友欣赏和评价。

案例分析

老师为了完成让幼儿认识图形并能进行归类的教学目标，在进行完集体教学活动后，设计了“送图形朋友回家”的游戏和观察“机器人”的操作活动，以期巩固幼儿对教学知识技能的掌握。从某种意义上说，这位老师试图尝试教学“回归生活”以及让幼儿在活动中学习，是值得提倡和鼓励的。但由于存在一些问题，这位老师的尝试并不成功。

1. 教学游戏的设计不成功，与教学目标、教学内容以及幼儿的特征不相适宜。教师在设计游戏时试图利用幼儿已有的生活经验，激发幼儿学习的兴趣。但一个关键问题是“家的门牌”与“图形类的标识”并没有相似或相通之处。内容上，前者是用数字标识，后者是用图形标识。意义上，前者是为了定位，后者是为了分类。唯一的相同之处就是形式上都是一个小牌子。正是这种牵强附会的联系，导致孩子摸不着头脑，只能按照老师的要求机械地做，而根本没有任何游戏性体验。

2. 操作性活动的材料不适宜。幼儿操作活动的材料就是利用从幼儿用书上剪下来的机器人图形和记录表来认识图形和做图形的分类，事实上等同于做练习题，本质上根本不是操作。

虽然教师在教学中试图将教学与游戏结合起来，但因为没有找到两者之间对接的桥梁，只是将两者简单地相加，所以本质上游戏与教学仍然是相互隔离的状态。

（二）游戏作为一种精神贯穿教学过程

游戏作为工具或手段，使教学具有了形式上的游戏化特征。然而，游戏的意义不能仅仅停留在使教学变得生动有趣的层面上，不然游戏作为精神的本体价值就会受到轻视。游戏精神具有弥漫性和渗透性，可以贯穿于教学的全过程，成为教学的灵魂，实现教学与游戏的真正融合。教学只有具有游戏精神，才能使幼儿在获得发展的同时得到生命的愉悦。幼儿园才能为幼儿提供幸福快乐的童年生活，成为呵护童心、促进幼儿成长的乐园。

游戏作为一种精神贯穿于教学过程，实质上就是认同教学回归“生活世界”的理念，鼓励和支持幼儿的游戏精神融通于幼儿在幼儿园的一日生活及其所有环节中。要保证幼儿在教学过程中能够获得游戏性体验，就必须满足幼儿自由地表达和释放自己的情绪情感的欲望与冲动，给予幼儿以自由幻想与创造的足够空间，允许幼儿有自己的感知方式和行为逻辑。① 换句话说，就是要顺应儿童的天性、关照儿童的文化、回归儿童的生活。

游戏的精神包括自由的精神、体验的精神、对话的精神和和谐的精神等。由此，游戏精神关照下的教学，就应该体现愉悦、自由、对话、民主、和谐等特征。这就要求教师在教学中要给予幼儿充分的自由自主，尽量减少对幼儿的活动内容、活动方式等的直接干预，充分发挥幼儿作为活动主体的积极主动性。教师的主要任务是为幼儿创设丰富而适宜的环境，与幼儿建立尊重、信任、平等的师幼关系。在此基础上，幼儿通过与周围环境（事物和人）的互动建构自我经验。但要注意的是，教学的自由不等于放任不管、随心所欲，教师必要的指导是不可或缺的。

综上所述，教学中如果缺失了游戏精神的释放与体验，即便采用游戏活动的形式也是游离于幼儿的精神世界之外的。因此，游戏不仅要作为教学的手段，更要作为一种精神自始至终地贯穿于教学之中。只有这样，才能真正实现游戏与教学的融合。

知识链接

实现游戏与教学的最优化结合②

从形式上分，游戏与教学的结合大致可以分为分离式、插入式和整合式三种类型。

在幼儿园课程编制中，有时，游戏和教学可以相对分离，即在幼儿园活动的某段时间内安排游戏活动，而在另一段时间内安排教学活动。这种方式操作简单，容易被教师掌握，评价直截了当，容易被管理者运用。

在教学中插入游戏，或在游戏中插入教学，这种结合方式常被运用。游戏可以是教学活动的先导，儿童在游戏中获得的经验，可以通过教学加以理性化；游戏也可以是教学的后继活动，教学中儿童习得的知识和技能可以在游戏中得以运用。在儿童游戏时，教师在观察和理解儿童的基础上，可以以个别或小组的形式插入有益于儿童学习和发展的教学和指导。运用插入式结合方式的原则是既要有益于提高教学的有效性，又要避免干扰儿童自发、自主的游戏活动，在一种活动中插入另一种活动时，应自然而不要生硬。

① 丁海东. 幼儿园游戏与指导［M］. 北京：高等教育出版社，2013：72.
② 朱家雄. 幼儿园课程［M］. 上海：华东师范大学出版社，2003：77-78.

整合式是实现游戏与教学优化结合的一种高级形式，它使两种性质不同的活动有机地融合成一体，有时已难以区分什么是游戏，什么是教学了。这种结合方式操作难度大，需要教师善于把握儿童的所思和所感，灵活地处理教育过程中所发生的教师计划与儿童兴趣和需要之间的矛盾。

不可简单地定论这三种方式孰优孰劣，一切取决于幼儿园实践活动的需要。"最优化"的全部含义就在于在一定的场合和情景下最适当地运用某种结合的方式。

本章小结

游戏与幼儿园教育的关系，是游戏的教育学研究必须要回答的一个基本问题。自1989年颁布的《幼儿园工作规程（试行）》中明确提出幼儿园应当以"游戏为基本活动"，学前教育界就展开了对这一问题的广泛关注和系统研究，至今已取得了较大的成绩。

要探讨游戏与课程、教学之间的关系，我们首先要对游戏、课程、教学本身有一个正确的认识。游戏不仅是一种活动形式，还是一种精神。只有完整地认识游戏，我们才不至于将游戏运用于幼儿教育时，陷入形式主义的泥沼。不同的课程观下，对游戏的价值有着不同的认识。知识本位的课程观下，游戏与课程是无关的，游戏仅仅是课程的"调味品"。而"人"本位的课程观下，游戏与课程达到融合，游戏成为课程的"生成源"。不同教学观下，游戏也有着不同的应用。知识授受为中心的教学观下，游戏只能作为教学的手段或工具。而回归"生活世界"的教学观下，游戏则成为一种精神渗透于教学过程的始终。

由此，要实现游戏与幼儿教育的融合，不仅要认识到游戏作为形式和精神的完整存在，而且要形成正确的教育观、课程观和教学观。

拓展阅读

［美］约翰逊. 游戏与儿童早期发展［M］. 华爱华，郭力平，译. 上海：华东师范大学出版社，2006.

本书作者试图将有关游戏和发展的研究和理论与早期教育实践和原则联系，解决什么是游戏，什么是好的游戏，家长和幼儿教师应该如何通过游戏进行启蒙教育，帮助儿童更好地发展等问题。本书共十一章，可分为两大部分。前六章为第一部分，深入探讨了游戏的相关理论问题。包括游戏的内涵、游戏与儿童发展的关系、各种游戏的发展过程、影响儿童游戏的相关因素以及如何对特殊儿童进行游戏干预。后五章为第二部分，试图解决游戏在早期教育实践中的应用问题。包括成人如何观察和参与幼儿的游戏、如何为幼儿创设游戏环境和提供游戏材料、游戏如何与幼儿教育结合等。

思考题

1. 收集一份幼儿园某班级的一周活动计划表，看看其游戏活动是如何安排的，由此分析该班教师对于幼儿园“以游戏为基本活动”的理解。

2. 观察一所幼儿园的一日活动，分析该园是如何贯彻幼儿园“以游戏为基本活动”的，并提出改善建议。

3. 根据游戏与课程融合的方式的介绍，你认为当前我国幼儿园实践中游戏与课程是怎样的关系，你如何评价它。

4. 观察记录一段幼儿园教学活动，分析游戏在其中的运用情况。

第五章　影响幼儿游戏的因素

本章导读

当前各界对“幼儿园应该以游戏为基本活动”的观点已经达成共识，游戏作为一种广泛存在的社会现象受到了社会各界的普遍重视。但是，要想让游戏真正发挥出其对于幼儿发展的积极作用，必须深入了解影响幼儿游戏的因素，从影响因素着手为幼儿的游戏活动提供适宜的指导。那么幼儿游戏作为幼儿学习和生活最主要的方式，究竟受到哪些因素的影响呢？除了幼儿自身因素之外，还有哪些其他因素会对其产生影响意义呢？幼儿游戏的影响因素仅限于人为因素吗？各因素是如何对幼儿游戏产生影响的呢？等等。通过本章内容的学习，我们试图对这些问题进行一系列思考。

案例开启

瑶瑶和佳佳正在玩“小医生”的游戏，瑶瑶穿着白大褂，脖子上挂着听诊器，手里拿着装有针筒、温度计的医药箱。这时，只见佳佳抱着一个玩偶娃娃来到“小医院”，指着娃娃对瑶瑶说：“她肚子疼。”瑶瑶看了看佳佳，用手指着娃娃的肚子问：“是这里吗？”佳佳点了点头，只见瑶瑶随手从医药箱里拿过针筒对着娃娃的肚子就打了下去，这时佳佳说：“不是打这里的，要打手上。”老师看到这儿时，并没有急于纠正幼儿的问题行为，而是在孩子游戏结束后讲评时，把这样的游戏场景边用语言描述边表演了一遍，然后问孩子：“你们去医院看病，医生是不是看你哪儿不舒服就在哪儿打针呢？”孩子们纷纷摇头说：“不是的。”“那应该怎么做呢？”有的说：“医生是在屁股上给我打针的。”有的说：“医生是在我的手上打针的，还要吃药。”在讨论的过程中，老师引导幼儿对自己已有生活经验进行回忆，他们把各自零散的看病、打针、吃药的体验与同伴分享，同时在原有的经验上，老师作为“病人”告诉医生“我怕疼的，哪里打针不疼啊”，这又引起了幼儿的一番讨论，有的幼儿还很努力地安慰我：“老师，打针一点都不疼的，我打针很勇敢的。”①

案例分析

幼儿的游戏受到多种因素的影响，是多种因素共同作用的结果。瑶瑶和佳佳可以开展“小医生”的游戏首先基于幼儿园为其提供了丰富的游戏材料，不同的游戏材料可以引发幼儿不同的游戏活动，白大褂、听诊器、针筒、温度计、医药箱等游戏材料促使幼儿进行了“小医生”的游戏。其次，幼儿游戏受到幼儿自身因素的影响，像瑶瑶给娃娃肚子打针这样的游戏行为是不符合我们现实生活中的情景的，但从孩子的心理上分析，他们认为身体什么地方不舒服，就要在什么地方“施药”。最后，幼儿游戏也离不开教师的引导。该教师发现游戏情节出现困惑时，及时以角色身份参与到幼儿的游戏中去，运用“我打针怕疼的，我可以打哪里呢?”等语言，使游戏的情景得以丰富，也进一步引导幼儿回忆生活经验，促使幼儿更加顺利地进行游戏。

案例建议

在幼儿游戏的过程中，要从幼儿主观角度和周围客观因素出发，分析影响幼儿游戏的因素，为幼儿提供支持性环境。

1. 为幼儿提供丰富的材料。游戏材料的类型、数量、特性等对于幼儿游戏都发挥着巨大的影响作用，要为幼儿提供适宜的材料、玩具促进幼儿游戏行为的产生与发展。

2. 激发幼儿的主观能动性，站在幼儿角度看待问题。幼儿作为游戏的主体，其自身的生活经验、性别、性格特征等都会影响到其所进行的游戏，作为教育者要充分结合幼儿自身的特点为幼儿提供适宜的游戏机会，并结合幼儿的身心发展特点对幼儿的游戏行为进行分析、理解。

---

① 自主性游戏案例——爱心医院［EB/OL］. https://wenku.baidu.com/view/0fc6697c59eef8c75ebfb303, 2014.

3. 发挥教师的引导作用。幼儿游戏是对现实社会生活的反映，但在游戏过程中幼儿可能会出现一些与现实相悖的行为，作为老师应该在充分观察的基础之上引导幼儿加以讨论、澄清，帮助幼儿成正确的价值观。

第一节 影响幼儿游戏的个体因素

实践中，我们会发现幼儿在游戏类型的兴趣取向方面存在差异，如有的孩子喜欢独自游戏，有的孩子喜欢合作游戏。而且，不同年龄阶段的幼儿所进行的游戏也会有所不同。这表明幼儿游戏受到个体多方面因素的影响。幼儿作为游戏的主体，其本身的特质——性别、年龄、个性等都会对其所进行的游戏产生影响，加之幼儿本身具有主观能动性，个体因素对幼儿游戏具有重要的影响意义。

一、性别差异

游戏的性别差异在出生后的第二年中就开始出现，以后随年龄增长而日趋明显。[①] 性别差异对幼儿游戏的影响表现在多个方面，具体包含对游戏类型、游戏主题、游戏行为、玩具的选择等的影响。

(一)性别影响游戏类型

幼儿游戏按照不同的分类依据可以分为不同的游戏类型。虽说任何一种游戏类型都一定会有男孩、女孩的共同参与，但在其中，我们发现不同性别的幼儿对于不同的游戏类型存在一定的性别倾向性。例如，桑热和桑德尔(Singer & Sander)发现男孩个人的想象游戏数量和时间都多于女孩。[②] 这是由于生理因素决定男孩本身喜欢运动量较大的、冒险的游戏，而女孩更喜欢运动量小的、安静的、坐着进行的游戏。所以在幼儿游戏中我们常常发现不同游戏类型的场景中男女幼儿比例会有所不同。

(二)性别影响游戏主题

即使是在进行同一种游戏，不同性别的幼儿对于游戏主题的确定也存在一定差异。例如，同样是在进行角色游戏，男孩更倾向于冒险主题并扮演反面角色和英雄

---

① 刘焱著. 儿童游戏通论[M]. 北京：北京师范大学出版社，2004：310.
② 刘焱著. 儿童游戏通论[M]. 北京：北京师范大学出版社，2004：313.

角色，如警察、消防员、宇航员等，而女孩扮演的角色则以家庭生活为导向，表现出更多养育行为，如护士、妈妈、售货员等。① 此外，男孩的游戏主题相较于女孩更富于变化。在同样的游戏时间内，男孩所扮演的角色、游戏所依赖的场景变化次数都多于女孩。

(三)性别影响游戏行为

幼儿在游戏行为上也表现出与性别相适应的风格，这种性别差异体现在各种不同类型的游戏中。在运动或身体游戏中，男孩比女孩更经常地玩粗野嬉戏游戏，更多地使用室外空间；在社会性游戏中，从 4 岁开始幼儿就通常倾向于选择同性玩伴，且此种趋势在整个儿童早期阶段会逐渐增强；在象征性游戏中，女孩比男孩表现出更强的、不依赖于逼真的游戏材料来游戏的能力；在规则游戏中，男孩往往分成团队进行游戏，他们的游戏规则更加复杂，包含更多角色，有更强的竞争性，所需要的技能尤其是动作技能也更为复杂。

另外，当游戏中出现攻击行为时，男孩更趋向于目的性攻击行为，而女孩更多的是参与关系型攻击行为；在交往风格上，女孩趋向于间接和隐含的方式，而男孩则更有决断性和支配性，更多地使用祈使句、直接口头方法；在解决问题情境中，女孩认为在人际信任、忠诚、公平感方面与同伴有着坚实的基础，并且感觉她们可以很好地与朋友解决问题，男孩的友谊则以行动为导向，认为与他人一起“做”活动是他们友谊的基础，因此男孩更有可能在解决问题的过程中毫无理由地说出自己的断言，而女孩则会为自己所主张的观点辩护，这导致男孩之间的冲突普遍持续时间更长。②

(四)性别影响玩具的选择

幼儿的游戏离不开玩具，玩具不仅可以引发幼儿不同的游戏行为，也是支持幼儿进行游戏的重要工具和物质支柱。鲁迅先生曾说：“游戏是儿童最正当的行为，玩具是儿童的天使。”

性别影响幼儿对玩具的偏好。按照社会习俗和传统，我们发现幼儿对于玩具的选择存在性别偏向，这种偏向在各个国家、各个地区都有所体现，是一种普遍存在的跨文化现象。普遍来讲，女孩更倾向于运用洋娃娃、小动物、厨房用具等进行游戏，而男孩则更常使用枪支类的战斗性玩具、交通工具等。事实上，幼儿游戏过程中材料和活动的性别角色刻板化早在 12 个月大时就已出现，这在一定程度上是受

---

① 刘焱著. 儿童游戏通论[M]. 北京：北京师范大学出版社，2004：312-313.

② Christine Sorsana, Nathalie Guizard, Alain Trognon. Preschool children's conversational skills for explaining game rules: communicative guidance strategies as a function of type of relationship and gender[J]. *European Journal of Psychology of Education*, 2013(28): 1453 - 1475.

到了生物学因素的影响。

知识链接

性别化玩具的性别认同倾向的形成，有生物学方面的影响因素。例如，麦可比等人(Maccoby & Jacklin，1974；Eaton & Enns，1986) 报告，对运动和活动有高度需求的幼儿可能喜欢玩传统的男性玩具，因为利用这些玩具可以进行活动量很大的游戏。儿童活动水平偏高与他们在胎儿期所受的性激素影响有一定的关系。如果幼儿在出生前或出生后几个月内受到高度的雄性激素的影响，那么到 3—8 岁时，这些幼儿不论男女，都会对传统的男孩玩具表现出较大的偏爱(Berenbaurn & Hines，1992)。[①]

二、年龄差异

年龄是影响幼儿各方面发展水平的重要因素。不同年龄阶段的幼儿，他们的认知水平、运动能力、语言表达能力以及社会交往能力等都不同，而这些因素又会进一步在幼儿的游戏中发挥作用，使得不同年龄阶段的幼儿表现出不同的游戏水平和游戏具体方式。例如：克莉丝汀(Christine Sorsana，2013)等人通过实验证明，解释性话语发展水平在幼儿的游戏中起着关键作用，而这种话语发展水平本身就会受到幼儿年龄的影响。解释性话语即幼儿用清晰的语言向他人表达自己的观点或新的信息。幼儿在游戏中难免有需要与同伴解释游戏规则或自身想法的需要，这时幼儿的解释性话语发展水平便体现出重要的作用。

知识链接

解释性话语旨在提供或修改对话者头脑中的世界。为了做到这一点，游戏双方的语言、认知等技能被调动(Baker 等人，2000)。幼儿要理性地捍卫自己的观点，考虑到对话者的心理世界，以有效的口头交流引导对方相信并按照自己的观点行动(Grize，1996)。因此，解释必须被视为幼儿游戏中一个必不可少的过程。

① 刘焱著. 儿童游戏通论[M]. 北京：北京师范大学出版社，2004：310.

根据现有研究，幼儿解释行为最早出现在18个月大的幼儿中(胡德和布鲁姆，1979；Blum-Kulka等人引用，2010)。早在2岁时，幼儿就能在解释中说出因果论据(维内齐亚诺，1999，2001；维内齐亚诺和辛克莱，1995)。例如，通过对2至4岁儿童进行观察发现儿童在解释时会考虑对方的观点，澄清自己本身的意图，为自己的行为辩护(Stambak等人，1988)。

布卢姆(Blum-Kulka，2010)等人考察了两组儿童(4岁至5岁和9岁)在自然环境中出现的解释性话语(即学龄前自由玩耍时间与大一点儿童课后时间)。结果显示，无论年龄多大，解释性语言都在幼儿谈话中占有较大比例，且两组儿童中自我启动的解释比例都较高。①

随幼儿年龄的增长，游戏的水平、内容和形式都会不断地发展。随着年龄的增长，幼儿的游戏类型逐渐从感觉运动性游戏、象征性游戏到规则游戏；游戏的形式逐渐从单独游戏、平行游戏发展到联合游戏、合作游戏；游戏的内容从主题上的单一化走向多元化，从形式上的简单化走向复杂化，如表5-1所示。

表5-1　幼儿游戏与成人游戏的区别

游戏类型	感觉运动性游戏、象征性游戏→规则游戏
游戏形式	单独游戏、平行游戏→联合游戏、合作游戏 (简单化→复杂化)
游戏内容	单一化→多元化

三、个性差异

个性即人格，是构成一个人的思想、情感及行为的独特模式，这个独特模式包含了一个人区别于他人的稳定而统一的心理品质。② 儿童的个性是指其气质、性格、能力以及情感、社会性等心理特征所表现出的相对稳定的倾向性。不同个性的幼儿在进行游戏时会表现出明显的个体差异，如在游戏的兴趣和游戏的风格上表现出不同的倾向特征。

① Christine Sorsana, Nathalie Guizard, Alain Trognon. Preschool children's conversational skills for explaining game rules: communicative guidance strategies as a function of type of relationship and gender[J]. *European Journal of Psychology of Education*, 2013(28): 1453 - 1475.

② 彭聃龄. 普通心理学(第5版)[M]. 北京：北京师范大学出版社，2019：450.

(一)游戏兴趣的差异

虽说游戏是幼儿最喜欢的活动，但幼儿对于游戏的兴趣也存在一定的差别。幼儿游戏兴趣的差异主要表现在游戏性强或弱，即爱玩或不爱玩游戏。一般认为，那些富有想象力的、有幽默感的、好奇心强烈的、性格开朗、情感丰富、好与人交往的幼儿具有较高的游戏性，表现为爱玩游戏，其在游戏中的社会性水平和想象力水平更高。而个性保守、做事细致、认真的幼儿在游戏中则会有相反的表现。

(二)游戏风格的差异

除了游戏兴趣方面的差异之外，幼儿的游戏风格也具有较大的差异，主要表现在想象性强或弱，即爱想象和不爱想象方面。幼儿游戏风格上所存在的差异到两岁时就比较明显和稳定，但幼儿游戏风格上的差异，不是截然对立的，只能看作在某一特定发展阶段上的倾向性或特征。

研究发现，那些爱想象的幼儿对周围的人以及人与人之间的关系更感兴趣，他们的游戏更多地反映人们的社会生活；而不爱想象的幼儿对实物世界表现出更为浓厚的兴趣，他们更倾向于探究游戏材料的性质。我们也可以将这两类幼儿分为社会性取向的幼儿和实物取向的幼儿。杰宁斯(Jennings，1975)通过实验发现游戏的这两种不同的取向与幼儿的认知能力存在一定的关系。实物取向的幼儿表现出较强的实物使用能力，在需将实物加以组织和分类的测验中表现较好；社会性取向的幼儿则具有较丰富的社会性知识，社会性交往能力较强。①

另外，幼儿的认知风格也会影响其游戏风格，场独立性和场依存性作为认知风格的重要维度，在幼儿的游戏中发挥着重要作用。面对同样的任务，场独立性强的幼儿比较容易在复杂图案中找出一个简单形状，而场依存性的幼儿则明显地被整个图案所迷惑，往往无法找出隐藏于其中的形状。因此，场独立性强的幼儿更多是实物取向，他们比较注意周围环境的物理特性，形成了注重分析的认知方式，喜欢摆弄实物和探究是场独立性强的儿童的游戏特征；而场依存性强的幼儿更多是社会性取向，他们比较注意社会生活中的情境，形成了注重整体的认知方式，喜欢角色扮演和想象是场依存性强幼儿游戏的特征。

表 5-2　场独立性和场依存性幼儿游戏风格比较

场独立性	场依存性
实物取向	社会性取向

① 刘焱著. 儿童游戏通论[M]. 北京：北京师范大学出版社，2004：307.

续表

场独立性	场依存性
注意周围环境的物理特性	注重社会生活中的情境
注重分析的认知方式	注重整体的认知方式
喜欢摆弄实物、探究	喜欢角色扮演和想象

此外，从游戏过程的角度观察，不同个性的幼儿在游戏出现问题时的表现也不同。个性活泼的幼儿会乐观地解决游戏中出现的问题，而保守的幼儿则更多的是消极等待，所以活泼的幼儿在游戏中更容易成为组织者及领导者。

四、健康和情绪等其他个体偶然因素

幼儿活动时的健康和情绪等偶然因素也会对游戏产生影响。比如，如果幼儿患有哮喘病、心脏病等疾病，就不适宜进行剧烈的、运动量较大的游戏。即使身体健康的幼儿偶尔患上感冒等疾病也会影响其情绪和身体状况，进而影响到他们参与游戏的兴致与乐趣，他们或者只参加活动量相对较小的游戏，或者只是旁观而不参加游戏。同样，当幼儿身体健康但是因为其他原因暂时情绪低落时，其在游戏中也会表现得无精打采。

案　例

早上一入园，教室里就充满了孩子们的欢声笑语，孩子们都兴冲冲地拿着自己喜欢的玩具、图书开始了“研究”。这时乐乐垂头丧气地走了进来，老师问她：“乐乐，今天早上是谁送你来幼儿园的呢?”乐乐小声说了一句：“爷爷”，之后便自己搬着小板凳坐在了角落里，并没有拿自己喜欢的玩具，也没有和其他小朋友嬉戏打闹。一整天，乐乐虽然也会参与集体活动，但始终情绪低落，游戏时间他也只是拿着玩具发呆、简单地把玩。等到下午放学的时候，老师问乐乐的爷爷是不是家里有什么事情，爷爷才表明是因为当天早上乐乐醒来的时候爸爸妈妈已经不在家了。原来乐乐的爸爸妈妈都在外地上班，平时乐乐都跟着爷爷奶奶一起生活，见到父母的时间少之又少。

案例分析

情绪是影响幼儿游戏发生和质量的重要因素之一。乐乐因为无法接受早上醒来爸爸妈妈已经去外地工作的现实而情绪低落，这种负面情绪导致乐乐一整天对任何事情都提不起兴趣，即使是在幼儿最喜欢的游戏活动中乐乐表现出的也是无所事事、不感兴趣。因此，我们在游戏过程中不仅要关注固定性因素，例如年龄、性别、个性等，还要考虑到诸如情绪等偶然性因素。

知识链接

威廉姆斯(Williams)比较了2.5岁和5.5岁正常幼儿与语言损伤幼儿的象征游戏，结果发现语言损伤幼儿的象征游戏明显比正常幼儿少。迈德斯(Meadows)研究了74名残障幼儿的社会及认知游戏，发现残障幼儿并不因年龄、性别、智商或残障程度的不同而呈现不同的游戏行为，但患有智障的幼儿比一般幼儿有更多非游戏行为或单独游戏行为，联合游戏或合作游戏行为的比例较小。约翰森和艾希勒(Johnson & Eichler)同样比较了一般幼儿与残障幼儿在玩具的使用及社会与认知游戏上的差异，虽然他们的被试与迈德斯所研究的幼儿所处的环境不同，但两者结果却极为相似。①

第二节 影响幼儿游戏的物理环境因素

幼儿游戏除了受到自身内在因素的影响，还会受到诸多外在因素的影响，这其中物理环境因素便是重要的组成部分。物理环境因素是指游戏中的物质要素及条件，它保证游戏的顺利进行。游戏中的物理环境因素普遍由家长或教师等成人为幼儿提供，成人要了解物理环境对于幼儿游戏的重要性，明确为幼儿提供物理环境时应该注意的问题，使环境真正地为幼儿的游戏服务，增强幼儿游戏的兴趣，提高幼儿游戏的质量。

① 影响幼儿游戏因素[EB/OL]. http://www.hteacher.net/jiaoshi/20210716/288984_2.html,2021.

一、游戏场地

游戏场地是幼儿进行游戏活动的空间范围，是进行游戏必不可少的条件。场地的大小、位置、结构、空间密度等因素都会对幼儿游戏产生影响。例如，较大的空间可增加社会性游戏及打闹、混战游戏发生的频率，而个人安静的游戏一般多发生在较小的、封闭式的空间中。因此，游戏场地的选择与设置对于幼儿游戏效果产生着重要的影响作用。对于幼儿来说，游戏场地可以分为室内游戏场地和室外游戏场地。

(一)室内游戏场地

对于室内游戏场地来说，空间密度和空间结构是影响幼儿游戏的两个最主要的因素。

1. 空间密度

空间密度即单位面积内幼儿人数的多少，它是室内环境拥挤程度的指标，数值越高代表空间越拥挤。空间密度可以用如下公式进行计算，其中不可供幼儿活动用的空间面积包括家具、玩具等占用的空间：

$$\text{空间密度}=\frac{\text{幼儿的人数}}{\text{房间面积}-\text{不可供幼儿活动用的空间面积}}$$

幼儿在不同空间密度的场所进行游戏会呈现出不同的游戏状态，那么空间密度究竟在什么范围内是最适宜于幼儿进行游戏的呢？史密斯和康诺利(Smith & Connolly，1980)通过实验给出了答案，他们通过研究发现，在每个幼儿的活动空间(不包括家具等所占的面积)大于或等于25平方英尺(约2.3平方米)时，空间密度对儿童的社会性行为几乎没有什么影响；当每个儿童的活动空间从25平方英尺降为15平方英尺时，攻击性行为明显增加。① 因此，幼儿游戏场地的空间密度为2.3平方米时是最有利于幼儿进行游戏的。

我国学者同样针对空间密度的问题展开了研究。朱家雄及华爱华(1995)比较了人均2.4平方米和1.2平方米两种空间密度条件下幼儿游戏的情况以及幼儿在游戏过程中的一系列行为，取得了与史密斯和康诺利(Smith & Connolly)等人的研究类似的结果，即幼儿园活动室的空间密度高于一定的界限，会使幼儿在自由选择的游戏活动中较多地产生我们不期望幼儿产生的行为。另外，他们还比较了在纯地面积34平方米的情况下以14人、20人和28人为组合人数时的行为(即密度为人均2.4平方米、1.7平方米和1.2平方米)，同样发现在人均面积减少到一定程度的情况下幼

① 刘焱著. 儿童游戏通论[M]. 北京：北京师范大学出版社，2004：604.

儿活动的积极性降低、社会性交往减少、不适宜的行为增多。[①] 因此，幼儿游戏的空间密度只有保持在合理范围内才能真正对幼儿的游戏起到促进作用。

我们也可以通过日常生活中幼儿进行游戏的场景判断空间密度是否合适并给予一定的调整。当幼儿发生太多奔跑、走动以及粗野游戏，而较少进行人际合作互动时，则意味着幼儿游戏空间过大，可用家具间隔或增加设备以减少幼儿的活动范围。当幼儿之间有过多的身体接触，游戏过程中会相互干扰，则意味着幼儿进行游戏的场地过于拥挤，可在较少的空间内改变设备，增加攀爬设备或设置双层活动空间，以扩展幼儿的活动范围。

2. 空间结构

幼儿游戏活动空间的安排通常分为中心式和区隔式。中心式即幼儿在游戏场地中间进行游戏，如图 5-1 所示；区隔式即将游戏场地划分为不同的区域，各区域彼此间隔，幼儿分别在各区域内进行游戏，如图 5-2 所示。有研究表明，把大的空间分割成小型的活动区域较之于大型的不加任何分割的空间更有利于幼儿产生社会性和认知方面层次较高的游戏行为，减少粗暴的行为的发生(Sheehan & Day，1975；Field，1980)。[②] 因此，室内环境常被分割为不同的区域以便更好地支持幼儿的游戏。

图 5-1 中心式空间结构

图 5-2 区隔式空间结构

游戏场地的分割与布置并不是随意的。相近的游戏场地所进行的活动会产生相互影响，这其中可能是干扰，也可能是互助作用，因此在对游戏场地进行分割和布置时要全面思考，具体可从以下几个角度出发[③]：

---

① 朱家雄，华爱华. 幼儿园环境与幼儿行为和发展的研究[M]. 上海：世界图书出版公司，1995：41.

② 刘焱著. 儿童游戏通论[M]. 北京：北京师范大学出版社，2004：605.

③ 刘焱. 儿童游戏通论[M]. 北京：北京师范大学出版社，2004：613-615.

(1)活动区的数量和种类取决于班级幼儿的数量。

(2)活动区的大小要依据每一种活动所需空间的大小决定。

(3)活动区的分布要考虑活动之间的相互协调和互不干扰。例如角色表演区可以与积木区相邻，以鼓励两区域之间活动的沟通与综合，但其不适宜与图书区相邻，因为两区域一动一静会形成干扰。

(4)教室的空间可以被处理成不同的形式，例如开放——封闭、单层——多层的空间等，多层空间可以增进空间的吸引力。

(5)教室空间的安排要为不同组织形式的活动创造条件，保证集体活动、小组活动、个别活动都可进行。

(6)空间的分割和活动区的安排要考虑“交通”问题，要方便幼儿在活动室内行走且能自由地来往于各个活动区。

(7)确保环境的安全、清洁和吸引力，但不能过分强调清洁和有序而束缚幼儿的行动。

(8)在活动区环境中渗透多元文化和反偏见教育的内容。

(二)户外游戏场地

户外是幼儿进行大肌肉群活动的主要场所，户外活动有助于幼儿身体的发展，同时在自然界中玩耍也可以激发儿童的创造力、想象力，并且户外游戏更容易突破年龄和性别的限制，促进幼儿与不同伙伴进行游戏。究竟什么样的户外场地最适宜幼儿进行游戏，户外场地究竟应该如何设置是值得我们不断研究的话题。

1. 户外游戏场地类型

(1)传统游戏场

传统游戏场通常是由铺着土块、混凝土或沥青的大片开放场地构成，场地上零星散布着铁制器材，如攀爬杆、秋千、滑梯、跷跷板以及旋转木马等，游戏场周围通常以铁篱围着。这类游戏场内的器材玩具通常功能单一、玩法固定，且大多为幼儿独自操作的玩具，因此在这类游戏场地中幼儿通常进行的是独自游戏和平行游戏，且大多为练习性游戏。

(2)现代化游戏场

现代化游戏场也被称为“创造性游戏场”“设计者游戏场”，它的器械、设备是由木材和塑料以及经过挑选的金属结构件所组成的大型游戏设备。游戏场设施通常包括攀爬台、梯子、轮胎网、吊桥、滑轮缆绳、轮胎秋千、攀爬杆吊环，围起来作为戏剧性游戏的场地、平衡木、隧道、滑梯以及传统秋千等，设施通常集中摆设并相互连接。这类游戏场在传统游戏场基础上进行了改进，注重为幼儿提供多样化的游戏和学习经验。现代化游戏场通常分为两类：商业化游戏场和社区游戏场，商业化游戏场是由专门的游戏设备制造公司所设计、制造的，社区游戏场则是由社区内的幼儿、幼儿父母和教师共同参与设计和共同建造的，在社区游戏场中存在大量的废弃物品和自然材料的再利用。因此，相对于传统游戏场，在现代化游戏场内幼儿可以进行的游戏类型更加丰富，获取的经验更加多样，游戏能力进一步增强。

(3) 冒险性游戏场

冒险性游戏场是利用自然环境和各种废弃物作为设施的游戏场所。除了储物棚和储藏室之外，其他设施都是临时的，幼儿自己建造、拆除、重建自己的游戏结构物，该游戏场通常会有一个被称为游戏带头人的成人进行监督和促进游戏。这类游戏场真正使得幼儿成为了游戏的主人，满足了幼儿对自由探索和创造性的追求，给予了幼儿表达自身对于世界理解的机会，使幼儿获得了成就感、责任感，树立了幼儿的自信心。

知识链接

安琪拉鲁卡 (Angela Rekers，2021) 等人通过视频观察了 12 名四岁幼儿在自然界和幼儿园操场上的活动，并采访了两名幼儿园教师，分析了幼儿在自然界和操场上进行社交游戏的案例，发现幼儿在自然界所进行的游戏的性质往往比幼儿园操场上更具创造性和包容性，幼儿园教师在自然界中也会更多地参与幼儿游戏。①

游戏场地类型影响着幼儿的游戏行为，幼儿在传统游戏场内进行的游戏单一、简单，在现代化游戏场内获得的经验进一步多样化，而在冒险性游戏场中幼儿的自主性、创造性进一步被激发，因此，自然界能够给予幼儿更多发挥其想象力、创造力的空间，能够更好地支持幼儿的游戏活动。

2. 户外游戏场地规划原则

除户外游戏场地的类型之外，其场地规划原则也对于幼儿游戏起着重要的影响作用。首先，安全、卫生的游戏场地可以确保幼儿游戏的顺利开展，为幼儿游戏提供保障。安全是游戏场地规划和设置时首要考虑的因素。户外游戏本身具有许多大型器械，且幼儿大多进行的是激烈的走、跑、跳、爬活动，只有游戏场地是安全的、卫生的，才能使得幼儿游戏顺利进行。所以必须做好安全措施，确保幼儿能够在安全的环境下进行游戏，获得发展。例如器械的高度、坡度要适宜于幼儿年龄、身高等特点；设备没有尖锐边缘、突出、破裂的部分等。

① Liv Torunn Grindheim，Hanne Værum Sørensen，Angela Rekers Editors. Outdoor Learning and Play[J]. *International Perspectives on Early Childhood Education and Development*，2021：34. 79-93.

其次，遵循自然、因地制宜的游戏场地更容易激发幼儿游戏的兴趣。弗罗斯特(Frost)曾说："提供一个创造性游戏场的最经济标准，乃在于保留其最原始自然的特点。"①幼儿天生喜欢亲近自然，在自然环境中幼儿更容易表现出自己的创造力，且更容易沉浸于游戏过程中。例如运用自然滑坡为幼儿设置车道能够使幼儿更享受该游戏。在游戏场地设置过程中要充分利用自然环境，做到与自然环境和谐一致。

再次，在安全的基础上具有一定挑战性的游戏场地更有利于引发幼儿的游戏行为，提高幼儿的游戏水平。依据游戏的唤醒理论，新异刺激可以激活机体，增高机体的唤醒水平，幼儿在遇到新异刺激的时候会产生强大的内驱力想要对该刺激进行探索。另外，维果茨基"最近发展区"理论也说明幼儿需要面对具有挑战性的任务和环境，这样幼儿才能够不断探索、不断挑战自己，促进幼儿的发展。

最后，游戏场地的多样性可以促使幼儿进行多样化的活动。幼儿的游戏行为是由周围的环境所刺激产生的，多样化的游戏环境可以不断丰富幼儿的经验，激发幼儿对多种事物、多种游戏的兴趣，促进幼儿身心全面健康发展。

知识链接

表 5-3　游戏场评价标准②

1. 鼓励幼儿游戏	吸引人的、容易接近
	开放的空间和令人放松的环境
	从户内到户外通行无阻
	有适合不同年龄的设备和设施
2. 刺激幼儿的感官	在比例、亮度、质地和色彩上的变化和对比
	多功能的设备
	给幼儿多种经验
3. 激发幼儿的好奇心	可以让幼儿自己加以变化的设备
	可以让幼儿进行实验和建构的材料
	植物和动物
4. 满足幼儿基本的社会和身体方面的需要	给予幼儿舒适感
	设备和器械的尺寸适合幼儿的身材
	具有体能上的挑战性

① 刘焱. 儿童游戏通论[M]. 北京：北京师范大学出版社，2004：600.

② 刘焱. 儿童游戏通论[M]. 北京：北京师范大学出版社，2004：602.

续表

5. 促进幼儿和环境之间的互动	能为幼儿的行为提供一定规范的、摆放整齐的储藏室
	可供幼儿阅读、玩拼图或独处的半封闭空间
6. 支持幼儿与其他幼儿的交往	各种不同的空间
	足够大的空间以避免冲突的发生
	能促进幼儿社会性交往的设备和设施
7. 支持幼儿与成人的交往	易于保养和维护的设备设施
	足够大的和使用方便的储藏室
	方便教师观察监督的空间结构
	可供幼儿和成人休息的空间
8. 丰富认知类型的幼儿游戏	功能性的、体能性的、大肌肉运动的、活动性的
	建构性的、创造性的
	扮演角色的、假装的、象征性的
	有组织的、规则性的游戏
9. 丰富社会性类型的幼儿游戏	独自的、独处的、沉思性的
	平行的、肩并肩的
	合作性的相互关系
10. 促进幼儿的社会性和认知发展	提供渐进的挑战性
	整合户内和户外的活动
	成人参与幼儿的游戏
	定期的成人和幼儿共同参与的制定计划
	游戏环境具有动态性，处于不断的变化之中

二、游戏材料

游戏材料是幼儿在游戏中操作的玩具和物品的总称，它是游戏的物质支柱，是儿童游戏的工具，离开了游戏材料，儿童的游戏就难以继续进行，同时它也对游戏的性质、内容等产生影响。不同的游戏材料可以引发幼儿不同的游戏行为，同一种游戏材料也可以通过不同的操作方法给予幼儿不同的体验。具体而言，游戏材料的种类、数量、性质、特征等因素都会影响到幼儿游戏的质量。

(一)游戏材料的种类①

游戏材料的种类对幼儿游戏的具体选择有某种定向功能。不同的研究者对游戏材料具有不同的分类。华夫刚和菲尔普斯(Wolfgang & Phelps)将游戏材料分为流体性的、结构性的、象征性的，其中流体性和结构性的材料多被幼儿用于开展结构性游戏，象征性的游戏材料主要被用于象征性游戏中；黑维特和卢姆特(Hewitt & Roomet)将其分为感觉运动玩具、表征性玩具、建构性玩具、移行玩具。其中感觉运动玩具、表征性玩具、建构性玩具可以分别有效支持幼儿的感觉运动游戏、象征性游戏和结构性游戏，而移行玩具大多引发幼儿的体育游戏。我国学者刘焱从三个角度对游戏材料进行了分类，以功能为依据可以分为表征性玩具、教育性玩具、建构性玩具、运动性玩具；以课题为依据分为运动技能型玩具、智力技能型玩具、创造性玩具；以结构性程度为依据分为专门化玩具和非专门化玩具或高结构性玩具和低结构性玩具。这其中有的材料更多地引发社会性的游戏，有的材料更多引发结构性游戏，模拟实物的玩具材料多引发想象性游戏，游戏材料的提供某种意义上对幼儿的游戏起着暗示的作用。

(二)游戏材料的数量

游戏材料的数量同样会对幼儿的游戏行为产生影响，且主要表现在年幼幼儿身上。从数量上看，同一种玩具数量较少，在年幼儿童那里容易引发纠纷，但在年长儿童那里则易引发社会性的装扮游戏；如果同种玩具数量较多，那么在年幼儿童那里会引起平行的机能性游戏，而在年长儿童那里则会改变游戏合作的方式，成为团体性的游戏。因此对于年龄较小的幼儿来说，我们投放的游戏材料种类不必过多，但同种类别的游戏材料数量一定要多，以满足年幼幼儿喜欢相互模仿的特点，避免由于游戏材料数量不足而引发的争抢。而对于年长儿童，由于其不论游戏材料数量多与少都可以运用游戏材料引发适当的游戏行为，故在为年长儿童提供游戏材料时应将关注点更多地放在其他方面。

(三)游戏材料的特征

除了游戏材料的种类和数量之外，游戏材料的特征也会对幼儿游戏产生影响。幼儿游戏的主题、内容会受到游戏材料特征的暗示，例如形象化的玩具往往会引发幼儿的装扮游戏，而半成品、非形象性玩具虽然也会引发幼儿的装扮游戏，但其不局限于固定的主题，幼儿可以依据玩具结合自身的理解创造出更多样化的游戏，此时游戏具有了更多的变化性和创造性。不同年龄阶段的幼儿所适宜的游戏材料特征

---

① 刘焱. 儿童游戏通论[M]. 北京：北京师范大学出版社，2004：619-620.

也具有一定差别。

知识链接

表 5-4　适合不同年龄幼儿的玩具娃娃的特征①

幼儿年龄	玩具娃娃特征
出生至12个月	抓握玩具：大小、柔软程度易于婴儿抓握、探索，摇动可发出声响
	塑胶制成，每一处都很软，轻
	长度不超过20—33厘米
	设计简单，包括简单的面部特征(例如压模的头发、不动的眼珠)；整体制成，没有任何附带性的东西(例如衣服)，胳膊、腿不能拆卸；颜色明亮；脸部轮廓分明
	可经常、彻底清洗
12—24个月	抓握玩具
	最初的象征性游戏玩具：可配娃娃用的小毯子、奶瓶、杯子等；不同肤色、人种的娃娃
	结构简单，不要植入式的头发和会动的眼睛，衣服要简单，不需要可穿脱
	便于幼儿用一只手拿着
2—3岁	象征性游戏所用的玩具：形象逼真；带有附属材料，例如易于穿脱的简单的衣服
	可以让幼儿自己清洗
	幼儿喜欢种植的头发、会动的眼睛。但这种娃娃不易清洗，易损坏，不适宜于托幼机构使用
3—5岁	象征性游戏所用玩具：不同年龄的婴幼儿形象的娃娃：吃奶的小婴儿娃娃；年龄与幼儿相仿的、衣服可穿脱、换的娃娃。时装娃娃不适合托幼机构
	娃娃形象逼真，四肢会动。增加附属材料的数量
	适合幼儿抱
6—8岁	主题角色游戏娃娃： 各种职业的娃娃，如警察、医生、消防队员、宇航员等； 各种年龄的娃娃，如老人、婴儿等； 家庭成员娃娃，如爸爸、妈妈、女孩、男孩等； 文学作品角色娃娃：如小红帽、狼外婆等

① 刘焱. 儿童游戏通论[M]. 北京：北京师范大学出版社，2004：623.

（四）游戏材料的复杂程度以及幼儿对材料的熟悉程度

幼儿的先前经验也是影响其游戏行为的重要因素，具体表现为幼儿之前是否见过某游戏材料，幼儿对于该游戏材料是否操作过，幼儿之前操作该游戏材料的频率如何。当游戏材料对幼儿来说完全陌生或比较复杂时更容易引发他们的探究性行为；当游戏材料对幼儿来说是中等熟悉和中等复杂程度时，可引起儿童的象征性游戏和练习性游戏；当游戏材料对幼儿来说过于熟悉和简单时，幼儿可能会进一步探索其他玩法。

（五）游戏材料的位置及可见性

幼儿常常是通过视觉来决定自己所要选择的游戏材料的，因此游戏材料的摆放位置会给予幼儿暗示，通常来说放在中央位置的游戏材料使用率较高，并容易引起幼儿彼此相互作用的游戏，而放在角落位置的游戏材料使用率则较低。另外，游戏材料的摆放位置影响着幼儿对游戏材料的可见度，进而影响幼儿对游戏材料的选择和使用。如果幼儿由于视线被柜子或其他物品阻隔而看不到游戏材料，幼儿就不知道有哪些材料可以使用。幼儿越能直接看到游戏材料，就会越多地去使用游戏材料。

三、游戏时间

充足的游戏时间是幼儿开展游戏活动的重要保障，游戏时间的长短会影响幼儿游戏的质量。研究表明，在较长的游戏时段（约 30 分钟）幼儿才有时间逐渐发展出社会和认知层次较高的游戏形式，其中包括完整的游戏活动、团体游戏、建构游戏、团体戏剧游戏；而在较短的游戏时段（约 15 分钟）幼儿没有足够的时间结伴游戏，不能相互协商、讨论或做出进一步的探索和构建游戏，往往只能从事一些社会和认知层次较低的游戏形式，包括平行游戏、旁观无所事事、转换行为等。① 因此，如果游戏的时间较短促，幼儿尚未掌握游戏的技巧或仍未了解玩具的特征便要停止游戏活动的话就会阻碍幼儿游戏目标的实现，幼儿不仅不能感受到游戏的乐趣，还会降低游戏的发展价值，甚至有可能使得幼儿今后不再愿意进行类似的游戏活动。

四、游戏机会

斯米兰斯基和克罗恩（Smiransky & Crone）曾指出：在学前期缺乏游戏活动机会的幼儿会在之后体验到学习各门学科的困难。幼儿的游戏活动极大地受着周围游戏

---

① 请勿打扰孩子的“工作”——影响孩子游戏质量的案例研究[EB/OL]. https://wenku.baidu.com/view/a3fd24b849d7c1c708a1284ac850ad02df800729.html,2019.

环境的影响，这其中成人为幼儿提供的游戏机会是重要的影响因素。倘若教师未为幼儿提供多元化的活动，则可能使幼儿无法选择适合自己能力和兴趣的游戏。幼儿之间能力水平的差异性也决定了教师要尽可能多地提供游戏机会，确保不同能力水平的幼儿都可以进行游戏，否则教师提供的游戏机会次数过少，可选择的人数过少，则可能导致能力不强或稍弱的幼儿无法选择到与其能力、兴趣相符的游戏。因此，我们要为幼儿提供平等、适宜的游戏机会，让每个幼儿都能在同一时间、同一范围内选择自己所喜爱的、适宜于自身需求和发展水平的游戏。儿童也必须主动地去适应环境，不断提高自身能力，凭借自己的智慧去获得游戏机会。

第三节　影响幼儿游戏的社会环境因素

个体因素基于幼儿本身特征及主观能动性，物理环境因素主要从游戏中所包含的物的要素或条件出发，而社会环境因素则主要指向幼儿游戏中人的要素或条件。社会环境因素由于主要面对的是人以及社会现象，具有不稳定性、多变性，因此它比物理环境因素更难控制，其突出地表现了人对幼儿游戏的直接作用。影响幼儿游戏的社会环境因素主要包括家庭、同伴、幼儿园、大众传媒等。

一、幼儿园因素

(一)幼儿园组织环境

幼儿园中除了物质环境会对幼儿游戏产生影响外，其组织环境也会影响到幼儿想象力、创造性的发展，而想象力、创造性是影响幼儿游戏水平的重要因素。Eun Jin Kang 通过研究发现幼儿的创造性倾向不仅受其个人特点的影响，而且受到幼儿园组织创新氛围的影响。其使用分层线性模型(Hierarchical Liner Modeling，HLM)，研究了 5 岁幼儿的变量(例如幼儿的创造力和他们对创造性课堂氛围的看法)、教师变量(例如幼儿园类型、教师对组织创新氛围的看法和教师的创造性倾向)与幼儿创造性倾向之间的相关性。研究结果发现模范幼儿园的幼儿创造性思维水平和创造性倾向都高于一般幼儿园，幼儿园的创造性倾向受到幼儿园类型和教师对组织创新氛围的看法的影响。[①]

---

① Eun Jin Kang. A multilevel analysis of factors afecting kindergartners' creative dispositions in relations to child-level variables and teacher-level variables[J]. *International Journal of Child Care and Education Policy*, 2020: 1-17.

(二)课程方案

不同的课程方案对幼儿游戏的影响也是举足轻重的。不同的学前教育课程会对幼儿游戏产生不同的影响。

幼儿园的课程模式按照其结构的严密性可以分为高结构课程和低结构课程。高结构课程强调教师在活动过程中的组织和领导，教师作为组织者、调控者，控制整个活动过程，要求幼儿追随教师的思路，完成教师预先设定的教学目标。低结构课程强调幼儿在活动中的自主性，在实践中目标比较模糊、笼统，活动过程比较自由，幼儿有更多的机会自由选择，此时幼儿是整个活动的中心，教师只是促进者、鼓励者。米勒和戴耶(Miller & Dyer，1975)对来自10所托幼机构的年龄为4岁的幼儿的游戏进行了观察，发现角色游戏在传统的课程模式中最多、最普遍，在高结构的行为主义课程模式中较少。贝勒(Beller，1971)等发现蒙台梭利学校的幼儿象征性游戏数量显著少于传统的或开放学校中的同龄儿童，但练习性游戏却显著多于开放学校中的同龄儿童。鲁宾和布莱恩特(Rubin & Bryant，1979)发现，蒙台梭利学校的幼儿经常独自玩，或者进行平行的结构游戏，但很少玩合作性的社会表演游戏。上述一系列研究表明，高结构课程有抑制幼儿游戏，尤其是象征性游戏的数量和水平的倾向，在高结构课程中，建构性游戏或操作性游戏更为常见；而在低结构课程中，象征性游戏和机能性游戏等社会性游戏更为多见。①

游戏是幼儿所喜爱的，幼儿乐于游戏，对于游戏有着非常浓厚的兴趣，随着人们对游戏的认识和对课程的研究，越来越多的人强调应该挖掘游戏愉悦功能之外所蕴含的教育功能，即游戏课程化和课程游戏化，因此课程与游戏的关系越来越密切。教师应积极研究适宜的课程方案，使幼儿的游戏水平在课程中获得发展。

案　例

户外活动时，孩子们强烈要求玩游戏，平时对孩子们要求很严格的老师看着孩子们期望的目光，难得地答应了孩子们的要求。于是老师和孩子们玩起了《老狼，老狼几点了》的游戏。这个游戏可以发展孩子们的奔跑能力，也是孩子们最喜爱的游戏之一。

老师先交代了游戏规则：墙角处是小羊的家，在老狼喊“天黑了”的时候，小羊们只要跑回墙角摸到墙壁，老狼就不会抓住小羊了，而跑得慢的小羊就会被老狼吃掉。

① 刘焱．儿童游戏通论[M]．北京：北京师范大学出版社，2004：321.

游戏开始了。老师当“老狼”，孩子们全都是“小羊”。“小羊”们跟在“老狼”的后面，不停地问：“老狼，老狼几点了?”“老狼”则不停回答着。当“老狼”突然喊道“天黑了”的时候，“老狼”便张开大口，伸开双臂去捉“小羊”，于是“小羊“们便纷纷快速往“家”里跑。有两个跑得慢的孩子被老师捉住，老师模仿老狼紧紧抱住“小羊”张开大嘴一口一口地做吃羊状。没想到被捉住的“小羊”不但不拼命反抗，争取逃脱，反而在老师怀里咯咯地笑个不停。“老狼”只好假装把两只羊全部吃掉后放开他们。

游戏又开始了，这一次，当老狼喊“天黑了”时，大部分孩子照常快速往“家”跑，可是有两三只“小羊”故意跑得很慢被“老狼”捉住，当“老狼”的老师没有多想，仍然把他们抱住吃掉”。然后游戏再次开始。

让“老狼”没有想到的是，这次游戏时，当她喊道“天黑了”的时候，所有小羊不仅不往“家”里跑，反而争先恐后地朝“老狼”的怀里扑，“老狼”使劲地“吃”了这个“吃”那个，都招架不住了。“小羊”们个个乐得哈哈笑，一点儿也不怕大灰狼。这下子游戏无法继续进行下去了。

老师想了想，把孩子们召集起来，修改了游戏规则，改为当说出“天黑了”的时候，老狼往“家”里跑，小羊来追。游戏重新开始，孩子们兴奋极了，当“老狼”假装害怕往“家”跑时，“小羊”们使劲地追赶，齐心协力把“老狼”轰回了“家”。“小羊”们胜利了，高兴地跳着、笑着。

案例分析

老师平时对孩子们很严格，孩子们缺少同老师亲近的机会，心理的要求没有得到满足。当无意中被捉住时，老师扮演的“老狼”紧紧抱住他们，去“吃”他们，使他们意外地得到同老师亲近的机会，得到老师的爱抚，所以孩子们宁愿违反规则，故意往“老狼”怀里钻。当“小羊”们不跑了，游戏无法继续下去时，通过游戏发展孩子们的奔跑能力的目的就落空了。所以此时老师做出修改规则的应对处理措施是及时的、有效的，这样做仍然可以达到发展孩子们奔跑能力的目的，同时也避免了“小羊”们往“老狼”怀里钻的情况，使得“小羊”们齐心协力去追“老狼”，产生了一种新的体验，满足了孩子们求新求变的心理，使幼儿在游戏中产生新的愉快体验。

二、同伴因素

(一)有无同伴

无论是年幼的幼儿还是年长的幼儿，都喜欢和同伴交往，在与同伴交往的过程中，他们自身的社会交往能力得到了提高。如交往过程中遇到问题，他们需要通过自身的努力来解决问题，因此语言表达能力、思维能力都会得到提升。通过观察别人的游戏，幼儿可以创新自己的游戏内容，使幼儿的游戏能力得到提高。因此，在游戏过程中同伴发挥着重要的作用。一般来说，在有同伴的情况下，幼儿的游戏更趋于复杂化，他们更喜欢玩一些合作游戏、角色游戏等，幼儿会更多地去探索物体的性质，并更多地运用想象和多种方式来使用物体，在这一过程中幼儿游戏的社会性与合作性也进一步增强。而在没有同伴的时候，幼儿则更倾向于玩一些建构游戏或是操作性游戏。

(二)同伴的熟悉程度

作为社会人，我们总是对于自己熟悉的人会更加亲切，更加愿意接触与合作，幼儿作为一名社会人同样如此，熟悉的同伴在幼儿游戏中占据着不可替代的作用。对于比较熟悉的同伴，幼儿会很快投入游戏中，而对于不熟悉的同伴，幼儿需要先经过一段时间与其熟悉，对其进行了解才能更加顺利地共同展开游戏，而且幼儿与熟悉的同伴一起游戏时比与陌生的同伴一起游戏时更倾向于彼此之间的合作与分享。一般情况下，熟悉的同伴间容易发生社会性的装扮游戏，游戏水平更高，更趋于复杂；而面对不熟悉的同伴幼儿更倾向于开展平行的机能性游戏。

克莉丝汀(Christine Sorsana，2013)等人研究发现，在解决问题情境中，影响儿童对话互动的参数包括同伴关系的质量以及双方的性别组成。幼儿与自己熟悉的同伴有更多的交流，且当问题出现，必须处理分歧的时候，具有高质量同伴关系的幼儿之间表现出通过沟通来有效地解决分歧的状况。① 这表明同伴的熟悉程度不仅影响着幼儿间常态化的游戏行为，也会对特定情境下(例如出现问题时)的游戏行为发挥重要作用。

为了使幼儿获得更高质量的同伴关系，首先教师要给予幼儿与同伴相处的机

---

① Christine Sorsana，Nathalie Guizard，Alain Trognon. Preschool children's conversational skills for explaining game rules：communicative guidance strategies as a function of type of relationship and gender[J]. *European Journal of Psychology of Education*，2013：1453 – 1475.

会。这其中既包括幼儿熟悉的同伴，也包括幼儿相对陌生的同伴，要创设积极的环境，引发幼儿与同伴间的积极交往。其次，教师要充分发挥自身作用促进幼儿社会性发展，提高幼儿社会交往能力。教师要对幼儿进行正面引导，帮助幼儿习得交往技能，并利用各种机会对幼儿进行移情训练，培养幼儿的亲社会行为。还要注意自己评价幼儿的方式，由于幼儿道德判断的水平还处在他律阶段，教师对于幼儿来说又具有威信，因此教师的表扬或批评会直接影响幼儿在同伴中的社会地位和受欢迎程度。最后，要积极转变家长不恰当的教养方式，实现家园共育。

(三)同伴的年龄

年龄是影响幼儿发展水平和游戏行为的重要因素，不同年龄阶段的幼儿呈现出不同的游戏特点。一般认为幼儿更喜欢与同龄伙伴一起游戏，因为他们游戏发展水平相近，更容易形成共同游戏的倾向，也更有助于游戏的顺利展开。但在日常生活中，我们也会发现幼儿更喜欢和比自己大一些的同伴一起游戏，而不喜欢和比自己小的同伴一起游戏。沙永玲指出从混龄同伴互动的年龄来看，相比同龄交往，年龄相近或者年龄跨度为 2 岁的儿童之间的交往频率更高。① 亚当和莎拉(Adam Winsler & Sarah L Caverly，2002)等研究也发现，在混龄班中存在着大量的跨年龄互动，当游戏同伴可以自由变动时，幼儿约 62%的时间是和不同年龄的幼儿进行互动的。②

混龄伙伴间的游戏对于幼儿的发展具有一定的促进作用。大龄幼儿在混龄建构游戏中合作能力表现最为突出，在混龄建构游戏中，大龄幼儿愿意主动与同龄和低龄幼儿进行游戏，并在开展游戏的过程中主动分配任务，与小组成员友好协商，共同进行搭建活动。③ 彼得雷(Peter Ray，2004)等研究发现，在混龄体育游戏中，年长者会修改游戏规则，调整游戏方式或目标以适应年幼者的水平，并且使得游戏具有一定的挑战性和乐趣，从而促使年长者与年幼者都发展了自己的体能和运动技巧。同时年幼者也通过刺激年长者参与到建构性或艺术性游戏活动中，促进年长者创造力的发展。④ 我国研究者陈大琴也指出混龄体育游戏对于实现“育体”与“育心”

---

① 沙永玲主编. 徐昌耀编译. 孩子的玩伴——对孩子友谊的深入探讨[M]. 台北：书泉出版社，1987：116.

② Adam Winsler，Sarah L. Caverly，Aneela Willson-Ouayie，Martha P. Cariton，Christina Howell，Grace N. Long. The social and behavioral ecology of mixed-age and same-age preschool classrooms[J]. *A Natural Experiment Journal of Applied Developmental Psychology*，2002：305-330.

③ 彭洪勤，滕娟瑞，文盼，唐洪亚. 混龄建构游戏中大龄幼儿社会性回馈效果研究[J]. 教育观察，2021，10(24)：30-32，35.

④ Peter ray & Jay Feldman. Playing in the zone of proximal development：qualities of self-directed age mixing between anolescents and young children at a democratic school[J]. *American Journal of Education*，2004(2)：39-140.

的融合、幼儿互动与发展评价的多元化、知识建构的自主性具有积极意义。[①] 还有研究提出混龄体育游戏为幼儿提供了模仿学习与巩固交流的平台，促进动作技能的学习与发展，锻炼了幼儿坚强、勇敢、不怕困难的意志品质。[②③④]

因此不同年龄阶段的幼儿在一起游戏可以促进幼儿的合作、分享、互助等社会性行为的发展，能够使年长的和年幼的幼儿在跨年龄的情景中整合自己的行为，更好地掌握游戏的规则，同伴间的游戏也进行得越来越顺利。

(四)同伴的性别

在幼儿年龄比较小的时候，其游戏行为会受到成人的影响，随着幼儿年龄的增长，他们开始形成了性别意识，能够自主从事与性别角色相适宜的游戏活动。幼儿倾向于与同性别的伙伴一起游戏，当幼儿看到同性同伴出现和性别相适宜的游戏行为时就会去模仿、追随，而且注意力会更加集中，游戏坚持的时间也较长，游戏的社会性水平更高。但在特定情境下，不同性别的孩子一起游戏有助于性别角色的互补，是促进幼儿性别角色社会化的一个重要因素，例如在娃娃家游戏中，需要男孩和女孩共同进行游戏，分别扮演爸爸、妈妈或爷爷、奶奶等。

三、家庭因素

(一)家庭结构及氛围

完整的家庭结构和家庭成员之间的和谐关系所营造的融洽的氛围是幼儿健康成长和游戏水平获得发展的根本保证。相反，父母在婚姻问题上存在纠纷或是家庭气氛紧张，会使幼儿感到焦虑不安、胆怯、孤僻等，这些情绪会对幼儿游戏产生不利的影响，具体可能表现为游戏发展迟缓、异常等。因此，我们在日常教育过程中，应尽量为幼儿创设安全、温暖的家庭氛围，确立以幼儿为主的思想，做到“导而不包”，使幼儿获得安全感，进一步在游戏中更加充分地展现自身的能力。

(二)亲子关系

父母是幼儿最早接触到的社会人，也是最早陪幼儿进行游戏的人，因此游戏是

---

① 陈大琴. 幼儿园户外混龄区域体育活动的价值与实施策略[J]. 学前教育研究，2017(4)：67-69.

② 李广萍. 幼儿园户外混龄体育游戏的实践研究[J]. 辽宁教育，2018(6)：62-63.

③ 陆意玲，崔艳. 幼儿园户外混龄自主游戏的系统构建[J]. 宁波教育学院学报，2015，17(5)：125-128.

④ 成伟兰. 幼儿园户外混龄体育游戏的利与弊[J]. 新课程学习(上)，2013(12)：204-205.

在亲子关系中发生、发展的。亲子关系对幼儿游戏具有重要的影响意义，良好的亲子关系使幼儿在游戏中能更自主地去探索，相反如果亲子关系比较紧张，幼儿则会出现退缩，胆怯等消极行为。最早的亲子关系是幼儿与母亲之间的依恋关系，研究表明建立了良好的母子依恋关系的幼儿好奇心和求知欲更强，有积极探索的热情，善于社会交往，游戏的积极性更高。

（三）教养态度及方式

教养态度及方式主要是指父母对子女养育、教育的态度及方式，是父母的行为特点和个性品质造成的对子女的教育态度及方式的不同。父母的教养方式是民主还是专制，是温和还是冷漠直接影响着幼儿的游戏行为。一般将教养方式分为四种：敏感型（过度保护）、冷漠型（放任自流）、专制型（发号施令）、温和型（民主和谐）。父母教养态度及方式对幼儿游戏行为的影响主要体现在父母对不同性别幼儿的教养方式不同和父母双方对幼儿的教养方式不同两方面。

首先，父母对男女幼儿采用的不同的教养方式对游戏中幼儿所呈现出的性别差异影响极大。在玩具的选择上，幼儿会受到成人购买玩具的影响，成人在为男孩购买玩具时，会不自觉地为其选择一些具有男孩特征的，如枪、机器人、小汽车、变形金刚等，而给女孩则会购买洋娃娃、皮筋、过家家的玩具等。费哥特（Fee Gothic，1978）研究发现，父母确实在幼儿幼小时（20—24个月）就以不同的方式对待男孩和女孩。他们通常鼓励女孩学习跳舞、打扮、玩洋娃娃等，但不鼓励她们跑跑跳跳。而对男孩，父母则鼓励其玩积木和卡车，却不鼓励玩洋娃娃和表现出寻求帮助的行为，认为这样才可以培养男孩子的男子气概。① 瑞勾德和库克（Redwood & Cook，1975）也对96名1—6岁儿童的房间进行了调查，结果发现：在书籍、家具、音乐设备及动物玩具的数量上男女幼儿都差不多。但男孩房间中有相当多的与宇宙、能量和时间有关的东西（如磁铁、宇宙飞船），而女孩房间里放的更多的是洋娃娃。其中最显著的差异是拥有的车辆数目不同，女孩没有任何一辆车，而3岁男孩平均每人有11辆。②

其次，父亲和母亲在育儿态度及方式上的差异也会造成幼儿游戏行为的不同。兰姆（Lam，1997）指出：母亲往往让婴儿玩传统性较强的玩具和游戏，而父亲则多鼓励其选择较粗犷的、独特的游戏活动。父母给儿童提供形式各异的刺激使得幼儿

① 朱颖. 基于性别角色差异的幼儿园教学初探[J]. 中华女子学院学报，2011，23(05)：109-112.

② 学前游戏理论与指导[EB/OL]. https://wenku.baidu.com/view/70d881dacd22bcd126fff705cc17552707225ed6.html,2017.

形成了不同的游戏类型。①

案　例

小明今年5岁了，他还有一个大她一岁的姐姐，小明的父母比较重男轻女，对小儿子宠爱有加，对小明寄予厚望。不管是学习还是游戏都会悉心指导，巴不得什么都替儿子做，小明上中班了连衣服都不会自己穿。平时唯唯诺诺，缺乏自信，什么事都要请示妈妈，妈妈同意了他才会去做。——敏感型

小明的姐姐，因从小不被父母重视，放任自流。小小年纪就可以自己回家，买东西，帮助别的小朋友叠被子。独立性非常强，老师常常夸她懂事。但在区角活动时她总是喜欢指挥别的小朋友，并且听不进别人的意见，不能很好地理解别人。久而久之小朋友们大多不愿意带他玩了。——冷漠型

小明的姑妈是一个事业有成的女强人，夫妻两个事业成功，非常能干。小明的堂姐是两人唯一的女儿，夫妻二人对女儿期望很高，将对下属的一套全搬到了家里，经常苛责女儿，久而久之孩子越发自卑，认为自己一事无成。不善交往，自尊心很强，喜欢独自一人游戏，并自我欣赏。——专制型

小明的姨妈是一名中学教师，夫妻二人有一个宝贝儿子，今年上小学。在他们家里处处都透着温馨，一家人经常在吃饭的时候讨论某一个话题，不管什么都会询问孩子的看法，并认真倾听孩子想法。同时会针对这个话题对孩子提出相应要求。小明的表哥性格开朗，永远是几个孩子的中心。——温和型②

案例分析

小明身边的亲人对小明的教养态度存在着较大的差别，这必然会导致小明在不同的亲人面前表现出不同的游戏行为及处事方式。不论是敏感型、冷模型还是专制型都会给予幼儿一定的压力，影响幼儿的表现，只有温和型的教养方式才能使幼儿表现出真实的自己。

---

① 影响幼儿游戏因素[EB/OL]. http://www.hteacher.net/jiaoshi/20210716/288984_3.html,2021.

② 影响幼儿游戏的社会环境因素[EB/OL]. https://wenku.baidu.com/view/93b6ae5ee97101f69e3143323968011ca200f71d.html,2018.

四、大众媒体

当今社会是一个信息社会，印刷品、广播、电视、电脑等多媒体对幼儿生活、游戏的影响力日益增加。不同的大众媒体类型对幼儿游戏发挥着不同的作用，它们在这其中扮演了重要的角色，使幼儿在生动、形象的娱乐过程中启发和促进了心智的发展。但是它也带来了一些负面影响，如大众媒体中的暴力行为极易被幼儿模仿、习得，使得幼儿在之后的游戏过程中表现出类似的攻击性行为。如何利用并让其发挥最佳效果是我们必须认真思考的问题。

(一)印刷媒体

对于幼儿来说，各种各样的印刷媒体给其带来了直接的娱乐体验，丰富了他们的知识。但当幼儿把大量的时间用于看书时，其用于社会交往、游戏的时间和机会无疑就会减少，这可能会使得幼儿与社会产生隔离，游戏水平降低。

(二)广播媒体

对于尚未识字的幼儿来说，依靠听觉获取信息无疑是一种更为适合他们的方式，而广播媒体则正好满足了幼儿这样的需求。研究发现，阅读和听在记忆、理解上的效果是一样的，但听可以排除文字的障碍，信息的传播量更大。[①] 然而对广播和录音的过度依赖，也会使得幼儿人际沟通的时间减少，从而使其对真实世界的体验减少，进一步影响到幼儿的游戏。

(三)电视媒体

电视集视觉和听觉于一体，在听觉的基础上加上了丰富的画面和直观的形象，电视节目内容的多样性使得电视相对广播和印刷媒体更能引起人的注意，也更为人们所喜爱。电视对幼儿游戏的影响是积极还是消极，一方面取决于节目内容是否健康、是否符合幼儿的心理特点及发展水平，另一方面取决于幼儿每天看电视的时间长短。

首先，电视节目富于教育性和娱乐性，但是目前电视中有一些节目内容不适合幼儿观看，父母要注意筛选节目内容。内容健康的电视适合幼儿身心发展，能够帮助幼儿增长知识、丰富想象，可以促进幼儿游戏主题和角色扮演的多样化，有助于幼儿游戏的发展。有研究发现，亲社会动画榜样显著降低了幼儿攻击性认知和攻击

---

① 郭缨. 移动传播时代听觉回归研究[D]. 华中科技大学，2018.

性行为，且攻击性认知在亲社会动画榜样对攻击性行为的影响中有显著的中介效应。[①] 但不适宜的电视内容则会起到消极作用，幼儿会对电视节目进行模仿，倘若电视节目中存在某些不良内容，孩子会很容易受其影响。父母应及时地利用这些不良内容作为反面教材，引导孩子认识、分辨善与恶、好与坏，使孩子从中受到启发，认识到每一个正直的人应该做什么，不应该做什么。

另外，幼儿适当地看电视，确实能够起到增长见识的作用。教育学家认为，电视对发展孩子的感知能力，提高记忆效果是有益的。电视的特色即动作和声音同时刺激感官能吸引幼儿的注意力。同时，还因为动作本身容易感知、记忆，可以提高孩子的兴趣。但若看电视超过一定的时长，幼儿便会感到疲劳，使自己时时处于被动接受的状态，难以体会真实的世界，变得被动和缺少想象力。因此，幼儿看电视的时间太多，会妨碍他们玩耍，对培养孩子的想象、表达、手眼配合等多方面的能力是十分有害的。一般幼儿观看电视的时间每天宜控制在半个小时左右。[②]

（四）电脑媒体

电脑与电视相比，增加了互动性和参与性，因此电脑游戏对人的吸引力更强，有人甚至达到痴迷的程度。幼儿在电脑游戏的世界里获得了广泛的信息，大大加快了间接知识的获取速度。这些间接知识可以在一定程度上促进幼儿的发展，增加幼儿的经验，帮助幼儿更加顺利地开展游戏。但目前幼儿接触电脑游戏呈现低龄化趋势，且幼儿接触电脑游戏的程度越高，其社会性发展水平就越低，[③] 这势必会影响到幼儿游戏的质量。在幼儿对真实世界还没有完全理解的时候，容易沉迷于电脑游戏——一个虚幻的世界，更容易被其迷惑，以至于真假难辨，其结果是幼儿在虚拟世界里拥有主动，在真实的世界里却无所适从，这是我们必须提前阻止其发生的问题。

本章小结

分析影响幼儿游戏的因素必须从多角度出发，综合主客观因素进行考虑。幼儿作为游戏的主体，其自身特点势必会影响到游戏的产生和进行，在这其中幼儿的年龄、性别、个性、健康及情绪状况等共同发挥作用。此外，还有一系列客观因素也会与主观因素相辅相成，共同影响幼儿游戏，包括物理环境因素——游戏场地、游

---

① 曹义. 亲社会动画榜样对幼儿攻击性认知和攻击性行为的影响[D]. 西南大学，2020.

② 影响幼儿游戏的社会环境因素[EB/OL]. https://wenku.baidu.com/view/93b6ae5ee97101f69e3143323968011ca200f71d.html,2018.

③ 王昕. 电脑游戏对幼儿社会性发展的影响[D]. 陕西师范大学，2014.

戏材料、游戏时间、游戏机会及社会环境因素——家庭、同伴、幼儿园、大众媒体。在这个过程中各因素究竟如何相互作用对幼儿游戏产生影响还值得我们继续去探索，与此同时，我们也要从影响因素出发思考如何更加准确地把握各因素在幼儿游戏中的作用，真正促进幼儿游戏水平的提高。

拓展阅读

［美］乔·L·佛罗斯特，苏·C·沃瑟姆，斯图尔特·赖费尔. 游戏与儿童发展［M］. 唐晓娟，张胤，史明洁，译. 机械工业出版社，2015.

该书围绕幼儿游戏这一经典主题，系统地介绍了幼儿游戏的发展历史和游戏理论，探讨了不同年龄、性别、文化背景下幼儿游戏的差异，脑科学研究和计算机技术与幼儿游戏行为之间的关系，游戏治疗和公共场所的游戏安全问题等，同时还为教师提供了课程和游戏中环境创设及成人干预的实践方法，对有特殊教育需要的儿童的游戏问题也进行了详细阐述。对于广大幼教理论和实践工作者及幼儿家长来说，都是一本不可或缺的探究儿童游戏世界的指导教程和实用手册。

思考题

1. 影响幼儿游戏的个体因素、物理环境因素和社会环境因素分别有哪些？
2. 游戏空间是如何影响幼儿游戏质量的？
3. 论述家庭在幼儿游戏中的作用。
4. 同伴是如何影响幼儿游戏的？
5. 影响儿童游戏的因素有很多，给我们的实践工作带来哪些启示？

第六章　游戏环境的创设

本章导读

游戏是幼儿身心发展的需要和基本的学习方式，也是他们在幼儿园生活的基本内容。幼儿园的游戏环境是幼儿在幼儿园生活、游戏所需要的基本条件，是重要的教育资源，通过游戏环境的创设和利用，能够有效地促进幼儿身体和心理的发展。为幼儿创设刺激丰富的、能够激发幼儿探索的兴趣、想象和思考的物质和心理环境，就是为幼儿创设有利于幼儿发展的学习环境，就是为幼儿园课程的形成、发展和实施创造良好的前提和基础。

案例开启

一位教师描述自己常常一而再、再而三地对孩子们说："不可以这样！你看你……""拼图要在桌子上玩，不然会把小片片弄丢""不要在教室里跑！会撞到人……""衣柜是用来挂衣服的，不是让你来玩躲猫猫的"……就这样，每天很大部分的时间都花在维持秩序和纠正幼儿的行为上，似乎没有活动的乐趣可言。她一直无法理解，为什么孩子们总是"不听话"。直到有一次，难得静下来的机会，她仔细看了自己的教室，发现自己所安排的环境在不知不觉中造成甚至是"鼓励"幼儿表现恼人的行为。于是，她决定做一项实验，希望通过环境中一些因素的调整，来改变幼儿不良的行为模式。

她首先将班上幼儿的不良行为模式一一记录下来，这包括：在地毯上搭积木的幼儿，其作品常常会被经过该处的人所踢倒；幼儿无法专心地在地上看书，也常常将书撕破或折损；幼儿常常藏身在衣帽柜或寝具室里，将衣物丢得满地都是；娃娃家里的物品，如锅、盘、碗等，常常被扔得到处都是，而正在进行的活动，也常常因其他幼儿的跑进跑出而中断；在教室中间三张桌子上进行的活动，常受到穿越此处的人干扰；幼儿常绕着桌子玩追打游戏；在进行午餐或小组活动时，老师和孩子们都得经常隔桌喊话；各区的材料、教具混杂在一起，老师像搬运工与清道夫似的，不停地帮幼儿拿取或收拾；当老师坐下弹琴时，无法看到背后活动的幼儿，这种情况阻碍了师生的正向沟通。

接下来，她绘出教室的缩略图及各种家具图的小纸片，试图找出症结所在。她觉得自己的教室最大的问题是，各区域间全无屏障，正好让幼儿四处闯荡，同时也使幼儿不知道何种活动该在或不该在何处进行，因此造成许多不必要的争吵与破坏；而衣帽柜居中摆，三张桌子横在中央，不但使行动受到阻碍，更造成管理上的负担。

针对这些缺点，这位老师先着手移动缩略图上的纸片，经过数次修改成为新的设计，然后便付诸实践，调整教室各个家具的位置，并找来一些区分用的隔板，同时还将隔板漆上黄、橘、蓝三色，为原本黯淡的教室增加了活泼气氛。

经过一个星期的适应，老师发现幼儿的行为真的慢慢有了改变，到最后，“一群原本相互伤害、干扰、又爱发脾气的幼儿，都变成喜欢探索、常常面带微笑、个个能干的小天使”！

案例分析

案例中，教师发现班里幼儿在游戏中常出现各种不良的行为表现。这不仅给她增加了大量的工作负担，而且使幼儿无法全身心地投入游戏，这种状况让她非常烦恼和困惑。这位教师的可贵之处在于，她并没有将问题简单地归咎于幼儿的调皮捣蛋，而是试着去寻找问题的根源：是幼儿不听话？还是幼儿没有得到听话的暗示？经过仔细观察，她发现原来问题的根源在于环境布置的不合理。于是，她尝试着去重新布置环境，经过多次实验，最终取得了较好的效果。这位教师的做法值得鼓励和效仿。

案例建议

幼儿游戏杂乱无章，教师也变得焦躁不安，根本原因就在于环境这位“无声的老师”发出了“异样的声音”，那是一种让幼儿无序的声音。作为教师，当发现幼儿在游戏时出现各种行为问题时，一定要深刻反思自己所处的实际情形，通过不断审视室内外游戏活动环境并逐一调整、改进和完善，让环境这第三位老师充分发挥其作用。

第一节　游戏环境概述

环境，是幼儿园教育过程中的重要资源，通过对幼儿园教育环境和游戏环境的有效利用，可以最大限度地促进幼儿的身心发展。幼儿园的空间环境、同伴关系等对幼儿的探索活动有着明显的推动作用。在不同的时期，幼儿会有与其年龄相适应的游戏形式；在不同的场地，幼儿也会充分发掘游戏的可能，进行游戏。幼儿园的游戏环境是一种隐性课程，精心创设的环境，可以满足幼儿的多种需要，有利于促进幼儿游戏水平的发展。

一、游戏环境的概念和分类

（一）游戏环境的概念

游戏在幼儿教育中具有重要的地位与作用，现代幼儿教育倡导积极利用环境，努力为幼儿创造开展游戏活动的各种条件，促进幼儿的发展。创设一个适合幼儿游戏的环境能激发幼儿游戏的兴趣和好奇心，能让幼儿感觉到良好的游戏氛围，能为幼儿游戏提供一种潜在的可能性，推进幼儿游戏的发展。幼儿对周围的环境有着巨大的好奇心和学习心，幼儿在游戏中能积极、主动地吸收环境中的一切来逐渐建构自己的经验。

游戏环境是指影响幼儿游戏的一切外部条件，包括物质环境和心理环境。《幼儿园教育指导纲要（试行）》中要求“幼儿园的空间、设施、活动材料和常规要求等应有利于引发、支持幼儿的游戏和各种探索活动，有利于引发、支持幼儿与周围环境之间积极的相互作用”。由此，幼儿园应该为幼儿积极创设一个良好的游戏环境。物质环境可以为幼儿的游戏提供各种场所、设施、材料等，满足幼儿的各种游戏需求；心理环境则可以让幼儿身处轻松愉快的、亲切温馨的气氛中，从而放松地、全身心地投入游戏。

知识链接

全美幼教协会关于高质量幼儿教育机构物质环境的评价标准①

1. 室内外环境应该安全、清洁、有吸引力并且宽敞。对空间进行评价时，不应该包括那些长期用于贮藏的空间，关键是空间的"可利用性"。

2. 空间安排应有利于幼儿进行个别的、小组的、集体的活动，促进幼儿之间的交往，而不是相互干扰。

3. 各区域活动的安排应适合不同年龄幼儿的要求。

4. 给幼儿提供数量充足、种类齐全、经久耐用并适合幼儿年龄特点的材料和设备。

5. 应给幼儿提供挂衣服和存放个人物品的单独空间。

6. 为幼儿提供室内外个人空间，以便他们独处。

7. 环境中应该有柔软的物件，如地毯、靠垫、摇椅等。

8. 用消音材料减少噪声。

9. 幼教机构必须具备或者必须安排室内外活动场地，提供不同种类的地面及设施，并注意安全。

（二）游戏环境的分类

从不同的角度进行分类，幼儿园游戏环境有以下类型：

1. 物质环境和精神环境

游戏环境按组成性质可分为物质环境和精神环境。物质环境是指幼儿园内对幼儿游戏活动有影响的各种物质要素的总和，包括园舍建筑、园内装饰、场所布置、设备条件、物理空间的设计与利用、各种材料的选择和搭配等。精神环境指幼儿园内对幼儿游戏活动产生影响的一切精神因素的总和，主要指幼儿游戏时接触到的人及其人际关系，包括师幼关系、活动氛围、教师的人格特征及教风、园风等，是由园内许多无形的社会因素和心理因素构成的复杂的环境系统。

① 李红雨. 幼儿园环境创设［M］. 北京：北京师范大学出版社，2013：12-13.

2. 室内环境和户外环境

游戏环境按物理空间可划分为室内环境和户外环境。室内环境主要指幼儿园内相对封闭的空间及其设备和材料，如幼儿活动室、游戏室、多功能室等。户外环境主要指幼儿园内相对开放的空间及其设备和材料，如操场、绿地、沙池、大型游乐玩具、走廊、楼梯空间等。

二、游戏环境的要求

（一）安全性原则

安全性原则指游戏环境不让幼儿遭受任何物质的和心理的伤害，环境中的物品不会对幼儿造成人身伤害，环境中的他人也不会对幼儿造成身体或心理伤害。安全是游戏环境设计时需要考虑的第一原则和要素，只有在安全的游戏环境中，幼儿的身心才能处于舒适状态，身心健康和谐发展才能得到保证。

贯彻安全性原则必须考虑到维护幼儿身体安全和心理安全两个方面。物质环境是开展幼儿园教育工作的必要前提，是保障幼儿身心安全的重要基础。幼儿园的选址、园舍建筑（如建筑楼高、楼梯踏步规格等）、活动场地面积、相应的设施设备（如教具玩具的种类、数量和规格）等，都应按照国家相关规定进行规范布局和合理配置。相对物质环境是“有形”的物化条件而言，精神环境即是“无形”的场或氛围，对人的心理产生的潜移默化的影响更为深远。精神环境的营造，核心是师幼关系，关键角色是教师。

（二）多样性原则

游戏环境的多样化可以保持幼儿的游戏兴趣和丰富幼儿的学习经验，鼓励幼儿的探索（包括对周围环境的探索和对自己的能力的探索）、想象、交往和合作，促进幼儿身心的全面、健康、协调的发展。

多样性原则指幼儿园应为全体幼儿提供足够的、合理的、种类繁多的，可供幼儿获取丰富信息的，适宜幼儿身心发展水平并具有多重教育价值的环境条件，支持幼儿与多种材料发生交互作用，促进幼儿获得多方面的发展。比如，物质环境创设应适合幼儿的年龄特征、兴趣、能力、游戏方式等，力求做到幼儿园“没有一处无用的环境”。

（三）教育性原则

教育性原则指在创设游戏环境时要充分的体现其教育性，并要符合幼儿身心全面发展的需要，与幼儿园教育目标相一致。游戏环境不仅仅有美化的作用，更是教师实现教育意图的重要中介。游戏环境的布置隐含着大量的教育机遇，具有其他教育所不能替代的作用。在创设游戏环境时，要让环境的每一部分都有利于幼儿各方面的全面发展。目前，有的幼儿园虽然也重视物质环境的创设，但存在不少问题，如只是追求形式上的美观、为了迎合检查、盲目地提供材料、材料只求数量多不求质量好、对环境的教育性考虑较少等。这些都应引起注意，力求避免。

（四）适宜性原则

适宜性原则指游戏环境的创设要符合幼儿的年龄特征，适合幼儿能力、认知、兴趣等方面的个别差异，从而促进每个幼儿全面健康和谐的发展。这就要求教师要十分透彻地了解幼儿身心发展的特点，既要了解共性，还要了解个性。年龄阶段不同，对环境的要求也不同。例如，同样是娃娃家游戏，因为小班幼儿模仿能力强，为培养其角色意识，通常让其佩戴角色标志。而大班幼儿认知经验丰富，社会接触面广，游戏的材料多是一些富有开放性和创造性的材料，让其在游戏中获得更多的经验与知识。

（五）趣味性原则

趣味性原则指在游戏环境的设计中，墙饰、悬挂物等要符合幼儿的审美情趣，其造型要充满童趣特征。环境的布置不能脱离幼儿已有的经验，也不能超越他们所能接受的界限。如墙饰内容不能枯燥，要接近幼儿的生活，要能很好地促进幼儿认知、理解、想象、创造能力的发展。墙饰的取材可以源于幼儿熟悉、喜欢的童话故事等。尽量采用夸张、拟人化的形象，这会让幼儿感到喜爱、亲切。

（六）艺术性原则

艺术性原则指游戏环境的创设在色彩跟形式上要富有美感，且环境是清洁整齐的，能很好地激发幼儿的情趣、陶冶情操。视觉上的形式美和色彩美对幼儿来说是很重要的。形式美让幼儿体验到对称、整洁、和谐之美。色彩的明亮鲜艳、纯净自然给幼儿带来的是美的享受。

（七）参与性原则

参与性原则指在游戏环境的创设中，幼儿在教师的帮助指导下与教师合作完成的过程。在此过程中，幼儿是积极的参与者，主动的学习者。正是在这种过程中，幼儿增强了自信，体验了成功，发展了动手操作能力，培养了创作热情及团队合作精神。

总之，幼儿园游戏环境设计的目的是要为幼儿教育创设一个较为理想、合理、卫生、安全、丰富多彩且充满人文关怀的教育环境，促进幼儿更好地去游戏，不断得到各方面的发展。因此，教师应根据具体情况，因地制宜，创造性地开展游戏环境的创设工作。

三、游戏环境的考察

为了考察所创设的游戏环境是否能引起幼儿的兴趣，并吸引他们的注意，可从环境的变化性和复杂度两个方面加以考虑。

（一）变化性

变化性指的是游戏单元是否适用于不同的游戏活动，如建造、堆叠、挖掘等。变化性允许儿童尝试各种不同的活动，并确保这些活动能引起儿童更长的专注力，学习更多样的技巧。

游戏环境并非一成不变，而是要随着幼儿的近期兴趣、发展需要和游戏水平不断地深入。当教师希望幼儿在同一区域玩较长时间并自主选择游戏内容时，变化性就成为规划时的重要因素。如果同一类型的游戏数量过多，就会限制儿童的选择，降低兴趣和参与度。教师可以根据各个游戏单元的可能游戏活动种类，以及为教师里的游戏活动进行分类来考察环境的变化性是否足够。

教师要根据幼儿活动中实际的需要或兴趣做出价值判断，灵活地调整区域设置。变化性是否足够也取决于幼儿使用某一区域的时间。如果希望幼儿在同一区域玩很长时间，则多样的变化是必需的。

年龄越大的孩子，对环境的变化性要求越高。

（二）复杂度

复杂度主要是考虑游戏环境是否能让幼儿的兴趣维持一段时间。通过观察各个游戏单元能否被幼儿主动使用的可能性而得知。要提高游戏的复杂度，可以通过添加游戏单元附加物或附属单元来实现。如果一位教师希望儿童在游戏室逗留二十分钟以上，高复杂度可以让幼儿有更多的选择，且环境更有趣。

年龄越大的孩子因为具备较成熟的参与技巧，游戏环境的复杂度就会降低；而年龄小的孩子，环境的复杂度会升高。

知识链接

游戏空间复杂度的计算方法①

计算学习环境复杂度的第一步，是先将游戏室或游乐场中的游戏单元界定为基本、复合或高级单元。基本单元是指单有一项主要的游戏目的，且通常一次只针对一个儿童和特定的使用目的，它通常没有附属单位；复合单元是具有附属部分或由两种不同的游戏材料组成的游戏单元；高级单元是具有一个或一个以上额外游戏材料的复合单元，即三个或三个以上并列的游戏材料。

然后依基本、复合或高级单元，分别分配一个、四个或八个不等的游戏空间。将游戏空间的数目相加，再把总数除以游戏环境中的儿童数，所得的结果显示每个儿童可分配到的游戏空间数，这也就是游戏空间的复杂度。即：

复杂度＝游戏空间总数÷一次在区内游戏的儿童人数

基本单元＝一个游戏空间

复合单元＝四个游戏空间

高级单元＝八个游戏空间

第二节　物质环境的创设

游戏的物质环境为幼儿的游戏提供了物质基础。幼儿的游戏需要空间和时间，幼儿在游戏中乐于摆弄和操作物体。幼儿的游戏过程实际就是探索发现的过程，幼儿的各项能力正是在其与周围环境的相互作用中获得发展的，所以完善的物质环境就成为幼儿游戏的重要条件。

一、室内物质环境的创设

（一）室内物质环境创设的基本要求

1. 统筹设计地面、墙面、天面“三维空间”

① 邱学青. 学前儿童游戏［M］. 江苏：江苏教育出版社，2008：190.

设计布置非常重要，在室内环境创设过程中，不可顾此失彼或各自为政，应利用一切可利用的元素，如色彩、造型、装饰物的系列化等，使室内的“三维空间”达到统一、协调和美观。

2. 合理规划通道和空置空间

室内通道如果不畅，很容易造成幼儿游戏的混乱和无序，因此室内游戏环境创设要因地制宜，安排有宽敞的、延伸的、容易辨认的、行走顺畅的通道。适时配合必要的地面线条、图形等标识，帮助幼儿建立良好秩序。明确的通道能使幼儿在教室里、区域间行走自如、活动便利。

室内空置空间是否合理，是评估活动空间的一个重要指标。一般来说，房间的三分之一至二分之一的表面不应被覆盖，即应当留有“通透之处”，这样才能增进环境空间的效能。班级幼儿人数越多，需要的空置空间就越多。

3. 适当划分各个区域并明确标识边界和规则

幼儿在室内的游戏活动，类型不同，有的相对安静，有的相对喧闹，这就需要把室内环境进行适当的划分，以便各个区域的活动互不干扰。一般来说，要将有动静冲突的区域分开，如美工区、阅读区相对安静，可以排列在一起；而娃娃家、装扮区则相对喧闹且幼儿流动性大，应当安排在一起，并留出较大的空间以利于幼儿在游戏中交往。

室内区域的边界应当明显，以便幼儿明确地区分游戏场地和行为范围。一般来说，可以地面画线，也可以用柜子架子进行分隔。每个区域的活动都应建立规则，用图形符号或简单文字进行标识，规则应方便幼儿自行识别和操作。

4. 注意给幼儿留出自由支配的空间

室内环境的创设的主导是教师，活动的主体是幼儿，幼儿是游戏的主人，自然也是游戏环境创设的主人。因此，教师在创设室内环境时，要关注幼儿的参与度，给幼儿留出自由支配的空间和材料，可以设置一些“备用区”给幼儿自主安排。

（二）室内游戏区的创设指导

角色（表演）游戏区、建构区、美工区、阅读区、科学区是幼儿园班级常设的基本活动区。教师可以根据班级的空间、幼儿的人数、幼儿园办园的实际条件等来为幼儿创设其他活动区，例如电脑区、音乐舞蹈区、木工区等。

1. 角色游戏和表演游戏区

角色游戏和表演游戏是幼儿喜欢的游戏。由于这两种游戏都涉及角色扮演，因此可以让幼儿利用同一区域开展角色游戏或表演游戏。为了让幼儿充分地表演和游戏，教师需要给他们准备适合的场地。比如搭建一个小舞台，或者用家具围成一个独立空间。设置这样专门的场地，有利于激发幼儿的表演愿望。表演需要很多道具和服饰，因此，也需要很多能够储藏这些东西的地方，如收纳柜、晾衣架等。角色表演需要的道具包括家具、服装、生活用品等。这些道具可以直接购买，也可以由教师和幼儿共同制作，这样更能激发幼儿参与表演的积极性。

2. 建构区

幼儿在建构区的活动可以分为安静的和吵闹的两种不同的性质。一些幼儿在建构区中玩赛车等游戏，这些游戏往往很吵闹，所占据的空间也很大。也有一些幼儿喜欢在建构区玩安静的游戏。为了避免相互干扰，有条件的话，可以在教室里设置两个建构区，以便使两种游戏倾向的幼儿可以在不同的地方玩。建构游戏所需的空间较大，因此留给建构区的空间应足够大。建构区应当远离通道以使幼儿能够不受干扰地全身心进行建构活动，同时也能够避免幼儿的建构物被来来往往的其他幼儿所碰到。建构材料的数量要尽可能多，幼儿可以利用它们形成更多的搭建方案。建构区还可以与其他区域合作开展活动。比如，大型建构区可以靠近表演区，参与舞台布景；小型建构区可以靠近美工区，材料分享共用。

3. 美工区

对幼儿来说，涂鸦绘画、折纸做手工等同样也是游戏。美工区需要足够的光线，应当把美工区设置在自然采光条件良好的地方，例如在窗户边。由于一些美工活动需要用水，例如混合和清洗颜料，因此应当把美工区设置在靠近水源的地方。放置美工材料的开放式的柜子、供幼儿绘画、做手工的桌子等是美工区必需的设备。美工活动所需的材料包括各种纸、颜料、绘画和粘贴、切割、装订工具和材料等。由于美工区的材料属于消耗性的，所以回收利用各种包装盒、纸等不失为一种好的方法。幼儿的美工作品需要一个专门的展示区。幼儿的绘画作品可以贴在墙上或作品板上，手工制品可以放在展示架上或利用窗台进行陈列。

4. 阅读区

为了吸引更多幼儿进入阅读区，教师要充分考虑阅读区材料的丰富程度与舒适程度。阅读区要为幼儿准备不同于成人的书架，要考虑不同年龄段幼儿的身高。幼儿坐的地方要随意、舒适，便于幼儿调整姿势，保证幼儿较长时间从事阅读活动后仍然感到舒适。教师可以在木质地板上铺设地毯，放置沙发、豆袋或作为靠垫的软性玩具等。阅读区的光线以自然光线为宜，光线不充足时，可以用接近自然光的人造光源加以补充。教师可以张贴图书的海报、幼儿的手绘小册子等。

5. 科学区

在创建这个活动区的时候，我们需要以下一些物质设施。展示架，用于陈列动植物标本、种子、矿石等；工具箱，用于存放小工具，比如放大镜、望远镜、磁铁、温度计等；操作台，方便幼儿进行观察、实验、对比等操作；展示板，用于记录幼儿的发现结果，可以是小黑板，也可以用一块木板把幼儿的记录纸贴在上面或将记录小册子挂在上面。除此之外，科学区还应该有一些益智类的玩具，如各种拼图等，这类益智类的玩具包含一定的问题或任务，要求幼儿在游戏的过程中解决问题、完成任务。科学区需要一个相对安静的环境，应该远离角色表演区和建构区。虽然科学区的许多材料的尺寸都不大，但仍然需要为幼儿提供足够的空间，让他们不受干扰地来探索和思考。

知识链接

室内游戏环境创设指南①

1. 用间隔物和家具把大的开放空间分隔开来，可以减少跑动和粗野的嬉戏游戏。

2. 使用物理提示（如家具、书架、图表架、画架、鱼缸）和象征提示（如印刷物、图片和活动装置），清楚地将不同的游戏区域分开来。

3. 将互补游戏区（如积木区和戏剧性游戏区）放在一起，以鼓励不同游戏区之间的综合。

4. 将需要水的游戏区（如艺术区和玩水桌）靠近洗手台或其他水源。

5. 将容易弄脏的区域（如艺术区和进餐处）安置在铺有瓷砖的地方，将需要温暖（如围坐在一起）或太吵闹的（如积木区）的区域安置在铺有地毯的地方。

6. 将有冲突的活动区分开，例如将吵闹的（如积木区）与安静的（如图书区）区域分开来，以免相邻游戏区相互干扰。

7. 确保教室区域有清楚的活动路径。

二、户外物质环境的创设

户外游戏活动往往仅仅被人们看作“身体的活动”，事实上户外游戏活动包含着两种不可分割的、相互关联的学习过程，即“学习运动”和“通过运动学习”。“学习运动”是指在户外游戏活动中，幼儿可以学习运动的基本技能，提高运动的质量，使身体和运动能力得到发展。“通过运动学习”，是指户外游戏活动也可以促进幼儿其他方面的学习与发展。户外游戏活动是幼儿认识自我、探索、体验和认识外部环境的重要方式，它有益于幼儿的心理健康，可以促进幼儿身心各方面的学习

① ［美］约翰逊，等. 游戏与儿童早期发展［M］. 华爱华，郭力平，译. 上海：华东师范大学出版社，2006：257-258.

和发展。①

（一）户外游戏环境创设的基本要求

1. 优先考虑外部条件

事先考虑幼儿和空间的比例、地面表层、下水道及场地的形成。在规划时应注意小心保存此场地原有的自然风貌，如树、小溪流、台阶等。

2. 事先规划固定器具

在游戏器具放置入场之前，可先将永久性固定的器具先安放好，如沙池、围栏、戏水池、自行车道、小石头路、场坪等。还应该事先适当建立些阴凉的遮阳处以及人造的建筑物，如储藏室等。

3. 标示区域的范围和界线

相似的游戏区应该规划在同一群组内，群组内的每一个游戏区，都要有清晰的进出入走道，而且每一个游戏区和它邻近的游戏区要互不干扰。

4. 提供多种器具

提供可广泛使用的器具，安放器具的位置应适当。提供充足多样的器具，以便幼儿自然地投入每一种形态的游戏。布置安排零散器材和结构物，以整合跨越两个以上结构物产生的游戏形态。空间上要便于儿童在区域内、区域间、出口点和入口点移动与运动。

（二）户外游戏区的创设指导

户外游戏物质环境主要由大型组合运动器械区、车道、玩水区、玩沙区、种殖、养殖区和自然区等构成。

1. 大型组合运动器械区

大型组合运动器械是户外游戏场地上的主要设备。它可以为幼儿练习各种基本动作提供机会、促进大肌肉动作的发展。对于正在学习控制身体运动的幼儿来说，户外的大肌肉运动非常重要。练习爬行、走平衡木、滑滑梯、攀登、骑脚踏车、爬坡等各种各样的活动，可以促进身体的运动能力、提高身体运动的灵活性、敏捷性、协调性，增强身体的力量、耐力、速度等。大型的组合运动器械应包括可供幼儿练习基本动作的各个组成部分。在大型的组合运动器械下面应注意铺设柔软的地面材料如沙、木屑、碎木块、树皮等。

2. 车道

车道可以让幼儿玩带轮子的玩具。通过上坡、下坡，在不同坡度的地面上骑车和避免碰撞，可以促进幼儿身体动作的协调和对运动与速度的控制能力的发展，增

---

① 刘焱. 儿童游戏通论［M］. 北京：北京师范大学出版社，2004：585.

强幼儿的观察能力和反应的灵敏性，增强幼儿的自信心。骑车（包括双轮、三轮、四轮车等）可以促进幼儿解决问题、交往、沟通、分享、合作和轮流等能力的发展。车道的蜿蜒曲折可以增加骑车的难度和挑战性。车道可以沿着游戏场的自然地形修建，以形成不同的坡度。在车道上设置桥、坡等可以增加骑车的挑战性和趣味性。

3. 玩水区

在户外游戏场中可以为幼儿提供玩水的机会，包括适合于不同年龄幼儿的涉水区、瀑布和水车工作系统。可以用水地、沟渠和瀑布把不同的玩水区联结起来，这样幼儿就可以观察到水的自然流动，可以通过修建水坝来控制水流的速度和流量的大小。玩水区可以使幼儿学习湿——干、沉——浮、热——冷、浸入——倒出、重——轻、满——空、干净——脏等丰富的概念。同时，玩水游戏也可以使幼儿喜欢水、不害怕水。

4. 玩沙区

不管是幼儿还是成人都喜欢沙和水，玩沙、玩水可以结合起来。沙和水不仅给幼儿带来快乐，而且可以为幼儿提供丰富的感官刺激和有益的学习经验。幼儿可以在玩沙游戏中练习使用铲子和舀、筛、推、挖、拍、灌等多种动作，学习用沙子塑造模型。在使幼儿的精细动作技能得到练习的同时，玩沙游戏也可以促进幼儿对沙子的基本物理特性的认识，为幼儿提供学习测量的机会和进行创造性表达的机会。所以，应当为幼儿玩沙提供多种多样的工具和器皿，鼓励他们的探索和表现活动。幼儿园的玩沙区，通常设在墙边或树荫下，沙池的形式各不相同，但边缘可以用轮胎进行软化处理，同时也便于幼儿进行走、平衡等动作练习。

5. 种植、养殖区和自然区

种植、养殖区可以为幼儿提供观察和体验播种、栽培、施肥、浇水等种植活动的机会，帮助幼儿理解植物生长的过程，幼儿还可以学习分担责任。因此，在条件允许的情况下，应尽量为幼儿预留和建设供幼儿种植和养殖活动的区域。此外，户外游戏场中还应该有一个包括树木和各种植物的“更为自然”的自然区或绿地。自然区可以为幼儿提供观察鸟类和蝴蝶等自然现象的机会，帮助幼儿学习保护自然环境。在自然区，幼儿可以体验自然的幽静、美丽和神奇，也可以满足幼儿对独处的需要。

知识链接

游戏场的基本设备和材料①

1. 可供幼儿骑车的地面坚硬的车道。

① 刘焱. 儿童游戏通论［M］. 北京：北京师范大学出版社，2004：595.

2. 供幼儿玩沙的区域和设备 。

3. 可供幼儿开展角色游戏的设备和材料 。

4. 大型的组合器械：有足够的空间可以同时容纳许多幼儿，有多个入口、出口和各种高度，能够为幼儿提供多种练习和挑战机会。

5. 可供幼儿爬和挖的土堆。

6. 绿地：有树木可以遮蔽阳光、可供幼儿探索和研究自然现象的自然区域。供幼儿玩水的区域和设备，如喷泉、池塘和喷水车。

7. 建构区：有轮胎、板条箱、后半、模板、砖块和钉子等材料。提供工具并允许幼儿进行破坏和重建。

8. 一个废弃的、但还有一定的游戏价值的、安全的飞机、船或汽车。

9. 可以供幼儿进行较激烈活动的设备：如顶部有大平台的滑梯；可用多种方式（如可以坐的柔软的东西）来安全地玩的秋千。可供幼儿爬的树、网状结构等。

10. 有柔软地面（使用草地、树皮等覆盖）的区域，可用于组织集体游戏的地方。

11. 符合幼儿身材的半私密空间：如隧道、凹进物、游戏小屋等可以躲避的地方。

12. 户外各区域之间应该有一定的功能划分。游戏场不仅有平面空间，还应当有垂直的和立体的空间（如山坡）。

13. 园艺区：可以让幼儿学习照顾植物的花园，并提供园艺方面的工具。

14. 养殖区或宠物区：应有宠物和宠物用品。

15. 安全障碍：如篱笆、大门和窗户。

16. 从户外转向室内活动的过渡性空间，如有顶的、直接与游戏室相连的走廊。过渡性空间可以使幼儿免于日晒雨淋，还可以把室内活动扩展到室外。

17. 储藏室：供存放幼儿户外活动的材料和工具。储藏室可以是独立的。带轮子的玩具可以放在车道附近。玩沙设备可以放置在沙区。建构工具应当放在离建构区近的地方。

18. 在户外游戏区内应有供成人和幼儿使用的遮荫处和长椅，有便于行走（如穿衣服、上厕所和喝水）的通道。

19. 有用于集体活动的桌子和可供教室和幼儿一起开展艺术和阅读活动的支持性材料。

第三节 心理环境的创设

心理环境看不见、摸不着，但它却实实在在地影响着幼儿的行为，良好的心理环境可促使幼儿积极向上、心理健康发展。人类发展生态学家们的研究已证实了这一点。幼儿园游戏中，通过建立和谐的师幼关系，支持、鼓励幼儿大胆探索与表达，帮助幼儿建立友好的同伴关系等途径，有利于形成安全、温馨的心理环境。

一、和谐师幼关系的建立

教师应树立正确的儿童观，尊重幼儿的需要、兴趣和爱好，建立民主、平等、轻松、愉快的师幼关系，只有在这种安全、和谐的环境中，幼儿才有可能毫无拘束地表达自己的真实情感，自然、真实地表现自己，幼儿的个性才能得到发展。教师应成为幼儿学习活动的支持者、合作者、引导者。教师要以关怀、接纳、尊重的态度与幼儿相处，耐心倾听，努力理解幼儿的想法与感受，支持、鼓励他们大胆探索与表达。构建和谐师幼关系的途径主要有：

（一）在游戏设计中，注重与幼儿的互动协商

游戏活动是以激发幼儿内在动机的具有趣味性的活动。因此，游戏的设计结果必须是幼儿自愿参加的游戏。幼儿只有在有权利自主支配游戏、选择游戏伙伴和游戏方式的情况下，才能维持自己的游戏兴趣。因而，教师在进行游戏设计时，应给予幼儿充分参与的机会与权利。在游戏设计中，要充分发挥幼儿的创造力，要以尊重幼儿意见为前提，并经过与幼儿协商后再加以修改。另外，在游戏的设计中注重玩具和材料的自由使用。室内或室外的游戏材料都要对幼儿敞开，方便幼儿自由游戏。这样可以让幼儿与身边的同伴、老师产生亲近感，创造良好的心理氛围，促进幼儿在游戏中发挥创造力与想象力。总之，在游戏设计环节中，要以尊重幼儿，同幼儿进行协商为前提，这样才能形成和谐的师幼关系。

（二）在现场指导中，注重幼儿情感体验

一方面，教师要让幼儿在游戏活动中获得胜任与满足的体验。随着幼儿年龄的增长，幼儿的身体控制能力在不断地发展，幼儿有操作物体和反复练习的需要。另外，幼儿的语言、思维能力也在不断地发展，幼儿有与人交往、认识客观世界的需要。幼儿是通过游戏能够满足他们的这些需要。所以游戏活动中，教师需要让幼儿获得胜任与满足的体验。

另一方面，教师要最大限度地避免“教”的干扰，游戏活动注重把活动目的淡

化于游戏中。这就需要教师有良好的“隐”性定位的能力，对幼儿游戏的指导采用隐性指导的方式，如采取平行游戏和共同游戏的方式。这样既可以减弱教师在游戏中的影响，又可以让幼儿在游戏出现困难时有一个模仿和学习的对象，从而解决困难。共同游戏是指教师和幼儿一起游戏，教师以游戏角色的身份进入游戏，在幼儿游戏开展不下去的时候，进行及时的互动。

（三）在评价环节中，注重动态性的评价方式

教师合理、正确、恰当的评价，对教师与幼儿之间的关系有着决定性影响。教师在评价时，应该多以正面指导为主，摒弃评价语言的空洞，注重语言的具体。在评价时，倾听幼儿的想法，可以了解幼儿的思想，使评价更加接近事实。因此，应杜绝在评价时话语权集中在教师的身上，采用与幼儿互动的评价方式。幼儿说出想法后，教师可以再进行一次评价，对幼儿的评价加以补充。这样可以提高幼儿与教师之间的情感交流，促进师幼之间和谐关系的建立。

总之，良好的师幼关系是以爱为基点建构的。由于幼儿自身身心发展的特点，幼儿对于别人对自己的关心和喜爱特别敏感。为了构建良好的师幼关系，教师在游戏过程中一定要呵护幼儿敏感的心灵，用情感的力量拉近自己与幼儿的关系，用父母亲一样的爱去关心呵护每一个稚嫩的生命。在游戏过程中充分尊重幼儿的人格、权利、价值和尊严，信任幼儿，尊重幼儿个性的特殊性，充分认识不同儿童的兴趣、能力、需要。让幼儿根据自己的主观愿望和需要，用自己喜欢的方式主动积极地参与活动，获得成功感。这样才能使幼儿愿意与教师多交往，向教师表露自己的喜、怒、哀、乐，愿意将自己的真情实感展现在教师面前，在民主、平等、宽松的氛围中与幼儿建立起亲密的师幼关系。

二、友好同伴关系的建立

幼儿同伴关系指年龄相仿或相近儿童之间在共同活动中建立的一种人际关系，是幼儿在社会交往过程中形成的。同伴关系不仅为幼儿提供了大量了解他人的机会，同时也能帮助幼儿逐步学会合作与解决冲突，从而使他们的社会认知能力和交往能力不断地提高。友好的同伴关系是幼儿心理健康发展的重要精神环境，也是幼儿良好社会行为形成的重要的因素，有利于幼儿形成自信、自尊、活泼、开朗的性格。

（一）营造良好的交往环境，是建立友好同伴关系的重要保证

幼儿期是社会交往开始形成和发展的关键时期，在这个时期里，尽管幼儿交往能力的提高需要成人的指导，但是幼儿与同伴，特别是同龄人的交往，对于幼儿掌握社会交往的本领有至关重要的意义。因此，我们应该有意识地创造温馨和谐的社会活动和游戏情境，并充分提供幼儿与同伴自由交往的机会，使幼儿在交往中学会

“合作”“分享”“谦让”等优良品德，通过同伴的行为和态度不断地反馈和直接感受，从而使自己的积极行为得到保持、延续和发展。

（二）学习良好的交往技能，促进友好同伴关系的发展

同伴交往技能是处理同伴关系的一种能力，是在与同伴的频繁交流中逐步成熟起来的。因此，可通过一些集体游戏活动，多增加一些分组活动和自由活动时间来增加幼儿的交往密度，为幼儿交往创造机会。在分组游戏活动中，我们把个性相同的孩子放在一起，让他们有展示的机会，逐步地把不同个性的孩子们放在一起，使孩子们的个性得到互补，让孩子们在交往的实践中，学会处理同伴关系，增进孩子们的相互了解和情感。

学会宽容同伴，对良好同伴关系的建立十分重要。游戏活动中，我们有意识地引导幼儿学会原谅别人。有的孩子在和同伴交往的时候，他们不会把自己的想法告诉别人，也不理解别人的想法和需要，他们很想加入别人的活动，但是却选择了错误的方法。因此，我们在活动中设立了一些交往技巧的语言，如：“请你借给我玩一下好吗?”、“我和你一起看好吗?”、“我帮你好吗?”让幼儿学会与同伴交往的礼貌用语，增进了幼儿之间的良好关系。

引导幼儿遵守游戏规则，并帮助幼儿建立规则。教师要在游戏活动中，以多种方式引导幼儿认识、体验并理解基本的社会行为规则，学习自律和尊重他人。这样，游戏在规则的约束下，有序地进行，幼儿也从中增强了规则意识和自律的观念。

（三）改进教师的教育方法和评价方法，协调同伴关系

幼儿对自我和同伴的认识，绝大部分来自成人的评价。幼儿同伴关系相处得如何，其重要的因素来源于教师的教育方法和教育评价。教师对幼儿与同伴交往中出现的问题，应采取理智而又机智的对策。教师应辩证地看待幼儿之间的冲突，引导幼儿自己解决问题。心理学认为，冲突能促进个体变化、适应和发展，尤其在社会认知的发展上。冲突不仅有助于认知的发展，而且有助于提高个体与他人合作的能力。所以，在幼儿与同伴发生冲突时，老师不要急于批评孩子，把孩子的缺点当众宣布，应该让幼儿清楚自己犯的是什么错，尽量自己解决冲突。这样，才能保证幼儿的身心健康发展。

案　例

田畅在班上（中班）是个能力很强的男孩，他很喜欢参与集体游戏，但每次和小朋友一起游戏时，他总是嫌弃自己的合作伙伴，如：

有时看到小朋友坐在自己身边时，他会说："我不喜欢你，走开，不理你。"在做手工作业的时候，他总是嫌别人动作太慢说："你太笨，我给你做吧。"渐渐地小朋友不再喜欢跟他玩了，田畅的脾气越来越大了，越来越坏了，和小朋友在一起的时候经常打人挠人。老师观察发现田畅喜欢户外游戏，于是在一次远足活动中，老师带小朋友玩"我们邀请一个人"的游戏，所有小朋友几乎都被邀请了，但只有他没被邀请，尽管他在焦急地打手势让对方小朋友注意他，但最后还是没人请他。分散活动的时候，田畅独自无聊地玩着沙包，一个人偷偷地关注其他的小朋友，在他的眼神中老师看到他渴望被邀请的眼神，和想参加游戏的愿望，老师来到田畅的身边问他："刚才的游戏你喜欢玩吗？为什么你不玩呢？"田畅说："他们不邀请我，他们都不理我。"老师问旁边的小朋友："你们为什么不邀请田畅？"有的幼儿说："他总嫌我们这不好那不好。"孙冉说："他嫌我笨，不和我玩。"玉玉说："他说不喜欢我，不和我玩。"老师说："原来是这样呀，田畅，那可怎么办呀？"田畅说："以后我再不这样了，我会和小朋友好好玩的。"

在以后的活动中，田畅总是很主动找小朋友和他一起玩，不再嫌弃别人，欺负别人，小朋友也喜欢和他玩了。又一次户外活动时，老师特意组织小朋友们玩"我们邀请一个人"的游戏，每次邀请人的时候，他总是主动提出邀请幼儿的名字，然后笑眯眯地看着小朋友，当他终于被对方邀请的时候说："我来了。"然后他跑进对方的队中。田畅又重新被同伴接纳了。

案例分析

儿童不良的行为习惯和个性品质可能引起同伴关系障碍，同伴关系障碍容易导致消极情感的产生，教师在这时对幼儿的行为给予正确的归因，使幼儿知道自己的做法是否正确，利用结果反馈方法，帮田畅改变与同伴交往合作的方式，让他知道怎样与同伴友好相处，从而帮助幼儿对自己的行为进行调整，改变自己，改善同伴关系。

教育者需要以理解他人为准则培养幼儿的亲社会行为。比如，通过讲故事，培养幼儿的分享、帮助、谦让和合作行为，要求幼儿站在别人的角度来想一想对方的情绪和感受。由于幼儿常常以自我为中心，在理解他人的活动开展之前，需要培养幼儿对自我和他人的情绪认知，比如，教师可以通过表扬自己和表扬他人的活动进行。但在活动中注意要采用过程性表扬，即表扬自我和他人值得表扬的做法、努力等具体方面，而不是单纯表扬个人的能力、品质、特征。这样，一方面可以培养幼儿的自信，另一方面还可以培养幼儿过程归因的能力，使之能够接受挑战和失败，能够接受他人。

本章小结

环境，是幼儿园教育过程中的重要资源，通过对幼儿园教育环境和游戏环境的有效利用，可以最大限度地促进幼儿的身心发展。通过对本章内容的学习，学习者在理论和实践上可以对幼儿园游戏活动环境的创设有较全面的认识，明确游戏活动环境创设的基本要求，获得室内室外物质环境创设的相应知识和方法，同时，也可以了解游戏心理环境的重要性，掌握构建良好师幼关系和同伴关系的基本方法。

拓展阅读

夏宇虹. 幼儿与幼儿园环境对话［M］. 北京：中国轻工业出版社，2012.

这本书共分为八章。第一章从理论的角度阐述了幼儿与幼儿园环境对话的意义；第二章至第六章是全书的主题，是从理论到具体的实践，阐述了物质环境中的室内环境和室外环境，班级活动区环境和幼儿园功能室的环境，这些环境与幼儿对话的意义及教师操作的要求；第七章至第八章从幼儿园文化和精神环境与儿童的对话来展开。这本书结构清晰、案例丰富、贴近实际，全面而真切地反映了幼儿园环境创设的现状。

思考题

1. 幼儿园游戏环境的创设应遵循哪些原则？

2. 参观一所幼儿园后进行小组讨论，幼儿园的室内外空间布局是否合理，投放的游戏材料是否合适。

3. 试论如何统一规划、布置室内的游戏活动区。

4. 试论如何营造和谐的游戏氛围。

5. 请使用下面的平面图设计任意一个年龄班的活动室，绘制平面图，并对设计意图加以说明。

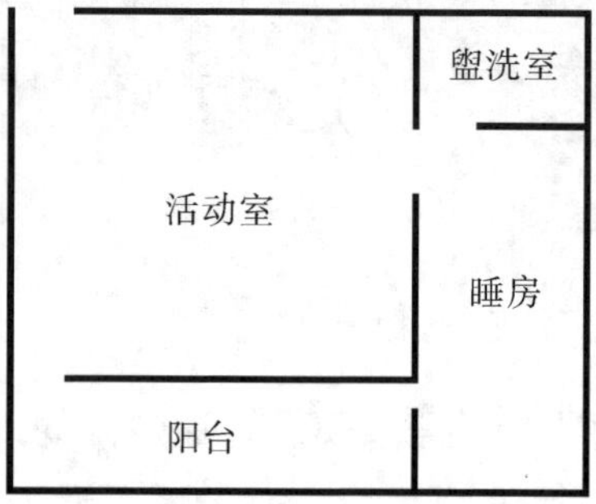

第七章　玩具与游戏材料

本章导读

玩具材料是幼儿游戏活动的物质支柱，是游戏活动正常开展不可缺少的物质条件。玩具材料不仅可以激发幼儿游戏的动机，还可以支持幼儿游戏的开展，促进幼儿游戏水平的提高。幼儿在游戏中正是通过与各种玩具材料的交互作用而得到身心发展的。但玩具材料的提供并不是随意的、主观臆想的，玩具材料投放不当不仅不会促进幼儿的游戏，相反会妨碍幼儿的游戏。因此，研究玩具材料的内涵、种类、配置、选择、投放、管理等，对于如何科学地为幼儿提供游戏材料，支持幼儿游戏的开展具有重要的意义和价值。

案例开启

某班娃娃家活动区，老师投放了丰富的玩具材料，娃娃、熊、水果、蔬菜、鱼、锅、碗、勺子、衣柜、桌子等一应俱全。老师为了漂亮，甚至还在娃娃家的桌子上放置了一瓶美丽的花。幼儿一进入娃娃家，非常兴奋激动，纷纷抢拿自己喜欢的玩具，把桌子上的花瓶都撞倒了。孩子们刚抱起娃娃，看到水果很鲜艳，他们丢下娃娃又去拿水果，拿了水果，他们看到鱼也很好玩，又丢了水果去拿鱼……待游戏结束，只见地上一片狼藉，各种玩具材料散落一地。

案例分析

老师在娃娃家里投放了种类丰富的玩具材料，很好地吸引幼儿的游戏兴趣，但由于过于丰富，分散了幼儿的注意力，使幼儿经常是拿起一物，摆弄片刻，丢弃，换另一物，无法专心地投入游戏情节中。本该是内容丰富的角色游戏，反而变成了简单的操作物品的游戏，违背了投放玩具材料的初衷。

角色游戏由于材料丰富，游戏结束后的材料整理本来就是一大问题。案例中由于娃娃家里投放的玩具材料过多，超出了幼儿的整理能力，导致这一问题更加恶化。结果不仅给老师增加了工作的负担，同时也不利于幼儿良好游戏习惯的培养。

案例建议

在投放玩具材料时，应将教育意图融入其中，做到有的放矢，加强材料投放的针对性、目的性和科学性，并依据对幼儿游戏活动的观察，定期更换与补充。

1. 材料应按需投放。各个活动区中需要什么样的材料，应该根据特定活动区的设置和幼儿的需要来定，可以将一些不是经常用到的材料放在“百宝箱”中，供幼儿选择性地使用，这样既能保证游戏的需要，又能保持活动区的整洁。

2. 材料应逐步添加。很多幼儿园在学期之初经常有类似“活动区创设评比”的活动，很多教师的做法是在评比之前做足新材料，集中投放。为避免导致幼儿分心，教师投放时应体现逐步添加的原则。

幼儿思维的具体性和形象性决定了幼儿的游戏必须以玩具为中介。巴罗尔（Baylor）大学的研究者们发现，不玩耍、不接触人和物的孩子，其大脑比同年龄的儿童小20%~30%，玩具可以刺激每个神经元多生长25%的突触。① 意大利教育家蒙台梭利认为，儿童是在与教学材料、学习玩具的相互作用中进行学习的，提出要为幼儿提供“有准备的环境”。由上可见，无论是心理学、脑科学还是教育学，都支持玩具在幼儿发展中的重要价值。玩具是幼儿开展游戏活动的物质基础，是幼儿建构知识经验的依托。幼儿就是在不断地、主动地操作材料的过程中获取信息、积累经验和发展能力的。

第一节 玩具与游戏材料概述

一、玩具与游戏材料的内涵

对于玩具，每个人都不陌生，但是对于玩具是什么，每个人可能都有自己的认

① 邱学青. 学前儿童游戏［M］. 南京：江苏教育出版社，2008：216.

识。综合人们对玩具的理解，可分为狭义和广义两种。狭义的玩具是指市场上售卖的专门为幼儿制作的、供幼儿玩耍的用具，如《现代汉语词典》中将玩具定义为："专供儿童玩儿的东西。"广义的玩具则是指幼儿游戏中所使用的一切东西。如陈鹤琴就认为："对玩具应作广义理解，它不是只限于街上卖的供儿童玩的东西，凡是儿童可以玩的、看的、听的和触摸的东西，都可以叫玩具。"

游戏材料泛指幼儿用来玩的玩具和材料的总称，既包括从商店买来的玩具，也包括由教师和幼儿利用半成品、废旧物品制作的自制玩具，还包括各种自然材料。由此可见，狭义的玩具是游戏材料的一部分，广义的玩具则跟游戏材料是等同的。

二、玩具与游戏材料的分类①

玩具品种繁多，分类的角度也多种多样，其中从玩具的功能角度进行分类是最受人们关注的，下面我们主要聚焦于这一角度所进行的游戏分类。从功能角度所进行的玩具分类包含两个维度：其一，根据玩具的功能，可以将玩具分为表征性玩具、教育性玩具、建构性玩具、运动型玩具；其二，根据玩具功能的结构化程度，可以将玩具分为专门化玩具和非专门化玩具。

（一）以功能为依据的分类

1. 表征性玩具：以社会和自然环境中的真实事物为模拟对象，其性状类似于真实的物体。这类玩具又可分为模拟实物的玩具（以人类社会生活用品和工具为模拟对象的玩具）和拟人化玩具（以人和动物为模拟对象的玩具）。这类玩具主要用于幼儿的象征性游戏中，如"娃娃家"里的娃娃、家具、炊具、餐具，"医院"里的仿真针管、听诊器等医疗器械，"动物园"里的各种动物，"汽车城"里的各种汽车等。

2. 教育性玩具：帮助幼儿学习某种特殊的概念或技能的玩具，如颜色、大小、形状、分类、序列、推理、数字与计算等。这类玩具通常包含着特定的学习任务，在设计上通常采用拼图、配对、组合等形式，对操作方式与方法也有一定的要求。这类玩具目前常见的主要有镶嵌类、拼图类、套装类、接插类、棋子类、创作类等类型。

3. 建构性玩具：可以让幼儿进行建构活动的材料，如积木、积塑、胶粒以及金属的或木制的装拆建造玩具，还包括玩沙、玩雪、玩泥塑等使用的玩具。这类玩具的玩法有较大的个体自由想象和发挥的空间。例如年龄较大的幼儿可以用许多积木来建造"火车"，年龄较小的幼儿也可以用一块积木假装当"火车"玩。

4. 运动型玩具：帮助幼儿锻炼其基本动作和发展其体能的玩具。包括大型的

① 刘焱．儿童游戏通论［M］．北京：北京师范大学出版社，2004：619-621.

体育器具，如攀爬架、滑滑梯、平衡木、蹦蹦床、秋千等；中型的体育用具如木马、自行车、跷跷板、拱形圈等；小型玩具如球、绳、沙袋、毽子、呼啦圈、铁环等。

（二）以结构化程度为依据的分类

根据玩具的外部形状及其用途，可将玩具分为专门化玩具和非专门化玩具或高结构化的玩具和低结构化的玩具。

1. 专门化玩具：这些玩具的功能不仅确定，玩具本身也包含着一定的玩法和游戏的规则，属于结构性程度较高的玩具。如表征性玩具、教育性玩具、运动性玩具等。

2. 非专门化玩具：这些玩具的游戏功能相对不确定，结构性程度相对较低，游戏者可以根据自己的想法和想象自由地使用它们。包括建构性玩具，如积木、积塑、胶粒等；废旧物品，如包装盒、小瓶子、碎布头、瓶盖等；自然材料，如沙、水、雪、泥、树叶、木棍、石头、种子等；以及某些工具，如小锅、小铲、小盆、小碗等厨房用具，扳手、钳子、起子等木工用具，小铲子、小铁锹、小木桶等种植用具。

非专门化的玩具可以促进幼儿在游戏中的想象和发散性思维。幼儿在用这种玩具游戏时，可以一物多用、随意替代或相互组合成另外一个象征物。具有较大的灵活性、多功能性、经久耐用性，为发展幼儿的想象力、活跃其思维、形成思维的概括性提供了条件。儿童在游戏中往往利用各种非专门化玩具，来满足他们不断变化的需要。非专门化玩具比较适合于幼儿园中、大班的幼儿使用，因此，幼儿园应该注意为中、大班幼儿提供多种多样的非专门化材料。

玩具的分类角度还有很多，如按制作玩具所使用的材料可将玩具分为金属玩具、木制玩具、布绒玩具、橡胶玩具、纸质玩具、陶瓷玩具、泥玩具等，按玩具的内部结构可将玩具分为静态玩具、机动玩具、电子玩具等，这里就不再一一赘述。

知识链接

不同种类游戏材料的价值①

我们把游戏材料分为两类：一类是有角色暗示的材料。如：碗、勺子、锅、炉子等；一类是无角色暗示的材料。如：布、线筒、插塑、篓子等。研究发现：无角色暗示的材料可以充分发挥幼儿的创造性，并且可以提高幼儿解决问题的能力。

---

① 严文琪，许剑莉．游戏材料对幼儿自主游戏的影响［J］．现代特殊教育，2001（12）：33-34.

以下是我们连续三次的观察记录：

有角色暗示的材料

类别	创新内容	价值所在
餐具类	三次均无任何创新，幼儿根据材料的功用游戏	无
理发用品类	三次均无任何创新	无
医院用品类	三次均无任何创新	无

无角色暗示的材料

类别	创新内容	价值所在
圆锥线筒	当冰淇淋筒玩卖冰淇淋的游戏	幼儿很喜欢，争相购买
	纸杯（用纸将圆锥的小头封住）	有许多顾客买可乐，买的时候发现纸杯是漏的，提出了问题，他们几个开始想办法，用纸将圆锥的小头封住后再次使用的纸杯，顾客更高兴
	一个套一个做搅拌机	他们认为这是做冰淇淋时不可缺少的一步程序
大插塑	插成两个电动长颈鹿玩电动玩具的游戏	他把电动玩具卖给了娃娃家，娃娃家的妈妈很高兴，赶紧拿给孩子玩
	可乐机	制作可乐
	镜子	理发店给别人理过发后，需要用一面镜子给别人照一照，问问别人满意不满意
布	床的护栏	为防止宝宝从床上掉下来而设计的。使用后，“妈妈”认为有了护栏宝宝再也没有掉下来了
	浴巾	幼儿玩浴室的游戏，当别人洗完澡后就发一条，让他们用来遮盖，先把身上擦干，再围着出来
	摇篮	他们知道，把宝宝放在小摇篮里，宝宝很舒服

三、玩具与游戏材料在游戏中的价值

（一）激发幼儿的游戏兴趣和游戏动机

玩具材料是幼儿游戏的工具，是幼儿游戏的物质基础，没有玩具材料，幼儿的游戏便无法进行下去。这是因为幼儿的思维是具体的、形象的，在没有玩具的情况下，幼儿的已有经验很难调动出来。幼儿往往受当前事物的影响来做出相应的行为，玩具形象具体、生动，正好满足了这一要求，给幼儿以刺激，使其产生联想，将生活中的经验迁移至游戏中，刺激幼儿再度体验其已有的经验。不同的玩具材料可以激发幼儿不同的游戏动机，有些易于激发幼儿团体协作的建构性游戏，如娃娃家的游戏道具组合、各类交通运输工具等。有些易于引起幼儿个体的功能性游戏，如穿珠、拼图、积木、黏土、面团、沙、水等。因此，我们要根据幼儿的年龄特点，提供不同类型的游戏材料，激发幼儿各种类型的游戏。

（二）丰富幼儿游戏的内容和情节

玩具材料可以支持幼儿游戏的开展，丰富幼儿游戏的内容和情节。玩具材料的功能是多元的，越是低结构化的游戏材料，其功能越多元化，越能够为幼儿开展更复杂的游戏提供机会。同时，幼儿通过游戏内容和情节的变化和丰富，使玩具材料的多元化功能不断实现。在游戏中，幼儿通过玩具材料与周围的人和事物发生互动。幼儿通过玩具与同伴发生联系，以玩具材料为媒介物与同伴交往，如幼儿抱着娃娃去医院看病、拿着菜篮去菜场买菜等。幼儿通过玩具材料进行象征，假想某种情节，如在娃娃家中，幼儿把橡皮泥揉搓成长条、圆饼等形状，假想成给宝宝做饭、过生日等。由此可见，以玩具为中介，通过交往和假想，幼儿的游戏内容和情节得到丰富，游戏水平得到提高。

（三）满足幼儿发展的个体差异

幼儿的发展是有个体差异的。有些幼儿的发展水平可能较高，有些幼儿的发展可能停滞不前，有些幼儿在某方面的发展甚至可能滞后。集体活动中，老师常常难以顾及不同幼儿的发展水平，而游戏允许幼儿以自己的能力去反映现实，允许有不同游戏类型的存在，尤其是其中的玩具材料可以为每个幼儿的发展提供“最近发展区”，满足不同幼儿发展的需求。不同的玩具材料对幼儿的发展有不同的价值，同种玩具材料功能的多元化也允许幼儿在自己的水平上进行操作。幼儿正是通过操作、摆弄玩具材料，不断地促进自己能力的发展。

案 例

我们的气球鼓起来了[①]

中（五）班的科学探索角正在玩“让泡泡鼓起来”的活动，教师放置了一些气球、面粉、调羹、筷子。教师让幼儿想办法将面粉放入气球中。

经过观察，教师发现：幼儿很难用筷子、调羹把面粉放入气球里。

这天，多多和毛毛来到科学探索角，他们先是自己玩自己的，可是很难将面粉放入气球中，毛毛对多多说：“我撑着气球口，你用调羹把面粉放入气球里！”他们互相协作，玩了很长时间才放了一半。

第二天，多多和毛毛没有到科学探索角，以后的几天，也没有幼儿光顾。

过了几天，教师当着幼儿的面，把一根细的、一根粗的麦管放入科学探索角。多多和毛毛来到科学探索角，多多拿了一根细的麦管，毛毛拿了一根粗的麦管，玩了一会儿，多多看见毛毛的气球比自己的大，马上用起粗的麦管。不一会儿，他们两个人拿着鼓着气的气球来到老师身边说：“老师，我们的气球鼓起来了。”

老师：“你们用什么盛面粉，这么快！”

幼儿：“我们用粗的麦管装面粉，比较快，再放入气球不会漏出来。”第二天，教师发现多多在科学探索角，只见他手里拿着小漏斗，把尖尖的一端放入气球中，左手紧紧握住气球口，右手再用调羹将面粉放入气球中，一会儿，他高兴地举着鼓起气的气球大叫起来：“我的漏斗比麦管装得快！”

教师：“多多的办法很好，希望你们都能想出更好的办法。”

案例分析

中班科学探索角开展的“让气球鼓起来”的活动，开始由于教师投放的材料不适宜，不能支持幼儿游戏的开展，因此幼儿对活动区不感兴趣，不愿光顾。当老师发现了这一问题之后，及时调整了活动区的材料投放。新的材料重新激发了幼儿参与游戏的动机，而且由于材料适宜，很好

① 丁海东. 幼儿园游戏与指导［M］. 北京：高等教育出版社，2013：156.

地支持了孩子游戏的开展，孩子在游戏中获得了成功的体验。同时适宜的材料还激发了幼儿的创造性思维，幼儿积极主动地选择尝试其他材料，取得了更好的游戏效果，有效地促进了幼儿游戏水平的提高。

第二节 玩具与游戏材料的应用

一、玩具与游戏材料的配置

关于幼儿园需要配置的玩具材料，国家有统一的文件标准，目前仍在使用的是1992年国家教委（现教育部）颁布的《幼儿园玩教具配备目录》，此文件中将幼儿园玩教具分为九大类：

1. 体育类

主要包括室内外大型活动器械和幼儿活动用的器材，共23种，可供幼儿练习走、跑、跳、跃、钻、爬、攀登、投掷和平衡等。体育类玩教具能锻炼幼儿身体肌肉和身心协调能力。

2. 构造类

主要包括积木（大型、中型、小型）、接插构建玩具、螺旋玩具、穿编玩具，共6种，可供幼儿堆积、接、插、拼、搭、穿、编等造型之用。构造类玩教具能锻炼幼儿手部肌肉群、提高手指灵活度，并启发幼儿的创造性思维和整体性思维。

3. 角色、表演类

主要包括角色游戏玩具（医院、交通、商店、工厂、邮局、家庭等自选玩具）、桌面表演游戏玩具、木偶、头饰、造型等器具，共5种，可供幼儿在游戏中扮演、模仿各种事物。角色、表演类玩教具能促进幼儿语言和社交能力的发展，增进幼儿间的感情交流，进行行为规范的教育。

4. 科学启蒙类（包括常识和数形教育内容）

主要包括现象类玩教具、数形类玩教具和种植类玩教具，共29种。现象类玩教具是指幼儿自己动手操作，演示力、重心，观察光和电的现象，还有磁性和齿轮玩具等；数形类玩教具是指供幼儿掌握空间、时间、形体，10以内加减法运算，逻辑思维能力训练等玩教具；种植类玩教具是指观察和饲养用具，玩沙、玩水等玩教具。科学启蒙类玩教具能够给幼儿一些粗浅的科学启蒙教育，启发幼儿的认知和智慧，激发幼儿对事物探索的兴趣。

5. 音乐类

主要包括风琴、钢琴、鼓、锣、钹、木鱼、三角铁、碰钟、沙锤等共15种乐器。每种乐器配备的件数是按能够完成一支打击乐曲而配备的。

6. 美工类

主要包括小剪刀、泥工板、调色板、画笔（彩色笔、油画棒、蜡笔）、美术面泥、小画板、小画架等用具共7种，可供幼儿剪、贴、粘、捏、画等。

音乐类和美工类玩教具能够丰富幼儿的情感，培养幼儿初步发现美、感受美和表现美的情趣和能力。

7. 图书、挂图与卡片类

主要是幼儿读物、教育挂图和各种卡片，共3种。

8. 电教类

主要包括电视机、收录机、幻灯机、投影仪、投影片、录像机、录像带，共7种。

图书类和电教类玩教具能够帮助教师更好地开展教学和游戏。

9. 劳动工具类

主要包括喷壶、小桶、儿童铁锹、小铲子、小锤子、幼儿工作台，共6种，主要是让幼儿自己动手进行种植、观察、饲养等活动，可从小培养幼儿爱劳动的好习惯。

幼儿园玩教具的配备目录依据我国幼儿园的特点，构建了一个较为完整的玩具分类系统。这对于克服玩具品种单一、不配套、功能不全等问题具有重要的指导意义，可以促进幼儿在游戏过程中全面发展。但有两点需要注意：其一，以上分类主要是按玩具的功能进行划分的，但很多玩具功能并不是单一的，他们具有多种功能。所以教师在使用这些玩教具时，要避免观念上的固化。其二，以上标准是一个指导标准，并非要求每个幼儿园一一比照执行。幼儿园应结合本园的条件和特点配置玩教具，既要量力而行，也要创造性运用，充分体现本园特色和风格。

知识链接

2003年10月通过的《国家玩具安全技术规范（GB 6675-2003）》，与国际通用的玩具标准ISO8124相符。新标准在对1996年玩具标准的修订上，提出了以下具体要求：

第一，玩具生产的各项细化指标。

第二，关注不同年龄段儿童的平均能力和兴趣，严格区分了不同年龄阶段儿童适合玩耍的玩具标准。将过去的“适合几岁”改变为“适合几个月的儿童使用”，使之更清晰、明确。

第三，对于3岁以下儿童使用的玩具，标准中还特别增加了安全要求——玩具中不得存在小于一定尺寸（约为人口大小）的易拆卸部件，以避免潜在的儿童将其误入口中造成堵塞和窒息的危险。厂商在醒目的地方要张贴年龄警告图标。

第四，首次要求玩具在出厂时要模拟测试各种可能受到的、可预见的滥用和损坏，以发现是否存在潜在危险。其中对于可用洗衣机洗涤的玩具要经过洗涤后，再进行模拟破坏试验。

第五，规定玩具（含试用和免费赠送的玩具）的全部材料都必须通过安全检测。用在玩具上的油漆、油墨、纸布和塑料等将全部纳入检验范围。

第六，对于儿童玩的滑板、秋千和吊架、绳索及系在横梁上的类似玩具，要附有必要的说明书，提供“正确的安装方法”、“提醒定期进行检查和维修，并指出如果不进行维修，该玩具可能存在滑落或翻倒的危险。”

第七，试用品、赠品也首次包括在标准中。

二、玩具与游戏材料的选择

（一）玩具材料要注意安全卫生

玩具材料可以给幼儿带来快乐，但劣质的玩具材料也可能成为幼儿身心发展的“杀手”，因此安全卫生是玩具材料选择的首要原则。玩具的材料和涂料必须无毒，所购买的涂有鲜艳颜料的玩具一定要注意查看其是否经过重金属（如铅、镉等）含量的检验，以免幼儿误食中毒；对于木制、金属制及塑胶制的玩具，要检查材料的坚固程度，必须无棱角、无尖刺、无裂缝、表面光滑，以免刺伤或割伤幼儿的皮肤或眼睛；配有零部件的玩具，要注意零部件一定要结实牢固，避免幼儿将其误入食管、气管，引起窒息，或将其塞入鼻孔、耳孔，造成意外伤害；电动玩具要防止漏电，机械玩具的马达或发条一定为内置，以免伤到孩子的手；玩具要易于消毒，尤其是幼儿共用的玩具，如气球、哨子、喇叭、口琴等，一定要定期消毒，避免疾病传播；皮毛制、毡毛制的玩具带菌数量高且不易消毒，具有发射能力的枪炮、弓箭、弹力橡皮筋等暗藏不安全因素，这些玩具不应给幼儿玩要；废旧材料的利用一定要清洗消毒，如饮料瓶、食品盒以及各种生活用品等，防止霉变或细菌传播。

知识链接

美国消费者安全协会（1996）和美国玩具制造商会（1997）就玩具的安全提出以下建议，以减低玩具致伤危险的发生：①

1. 选择适合于幼儿年龄、能力、技巧和兴趣的玩具。

2. 阅读玩具说明，遵循说明上列出的年龄和安全方面的指标。

3. 不要给婴儿（以及喜欢用嘴尝物体的幼儿）购买带小零件的玩具，以免吞咽造成窒息。

4. 不要为8岁以下幼儿购买带可发热元件的电动玩具。

5. 不要为较小幼儿购买带有长线或绳索的玩具，以免一不注意会勒住幼儿。

6. 将塑料包装纸扔掉，以免引起窒息的危险。

7. 定期检查玩具是否有故障或磨损，如不能检修，应立即更换或丢弃。

8. 监督幼儿的游戏，指导幼儿如何正确使用玩具。

9. 较大幼儿的玩具应储存在柜子里并上锁，或放置在较高处，以免较小的幼儿拿去玩耍。

10. 为预防玩具掉下来，应教导幼儿将玩具放在架子上或放在玩具柜子里，玩具柜子应配有可取下的盖子或安全锁，以便幼儿安全地打开盖子。

（二）玩具材料应具有教育性

玩具材料是幼儿的“教科书”。不管我们愿意还是不愿意，玩具材料都在“教”孩子学习。我们为幼儿选择什么样的玩具材料，反映着我们的教育观念和价值取向。玩具不仅可以引发幼儿的各类活动，也在向他们传达着某些信息。教师在为幼儿选择玩具材料时，不能一味地从娱乐性角度只考虑玩具材料的新颖性、趣味性，也不能单纯地从功利性角度只关注玩具材料的益智价值。玩具材料的选择一定要考虑其教育性，即幼儿能够在与玩具材料的交互作用中获得发展。玩具材料的教育性体现在：它不仅可以给幼儿带来快乐，也能够为他们提供丰富的感知觉刺激和生活经验；它不仅满足幼儿动手操作的愿望，也可以激发幼儿的想象、思维和创造性。

① ［美］约翰逊，等. 游戏与幼儿早期发展［M］. 华爱华，郭力平，译. 上海：华东师范大学出版社，2006：320.

（三）玩具材料要具有可操作性

为幼儿提供的玩具材料不管是成品的还是半成品的，都应该是活动的、可操作的。幼儿只有亲自操作玩具才能获得相关的知识和经验，才会体验到自主感、自信心和成就感。如果给幼儿的是已经装备好的电动小汽车或者已经插好的积木小堡垒，幼儿只能静静地观看成型的玩具，那么实际上是剥夺了幼儿的游戏机会。这样的玩具，幼儿刚开始可能会觉得漂亮、有兴趣，但时间一长就会觉得没意思，不愿意再玩它。但如果让幼儿从一开始就参与到小汽车的装配或小堡垒的搭建过程中，幼儿沉浸在动手操作和探索中，他就能对玩具材料维持较久的兴趣，而且还能使幼儿在与玩具材料的操作过程获得各项能力的发展。

案　例

“娃娃家”的热闹与冷落

中班娃娃家里，老师投放了丰富的玩具材料，自制的电视机、冰箱、电脑、微波炉、电磁炉等，一应俱全。小朋友们非常喜欢，游戏时间都争着往娃娃家跑。可是没过几天，老师发现娃娃家门可罗雀了。

老师：“为什么大家都不去娃娃家玩了呢？”

小朋友们：“娃娃家不好玩”，“娃娃家里的玩具都不能动”……

原来孩子们不喜欢去娃娃家玩，是因为老师制作的玩具材料虽然形象逼真，但上面的按钮都是画上去的，孩子不能按，所以很快便失去了兴趣。

案例分析

案例中，孩子之所以对娃娃家失去兴趣，是因为娃娃家里的材料缺乏可操作性。当前在提倡废物利用、自制玩具的背景下，很多幼儿园教师都积极地为幼儿制作各种各样的玩具。但结果常常是老师很累，幼儿却不领情，主要原因在于老师把制作玩具当作任务来做，幼儿只是玩具的被动使用者。我们提倡的是教师要根据孩子的需要自制玩具，同时尽可能地让孩子参与其中，制作玩具的过程本身就是孩子游戏的过程。

（四）玩具材料应当经济实惠

玩具并不是越贵越好。很多价格贵的玩具只是外表装饰华丽，但功能固着单一，幼儿很容易丧失兴趣。而越简单、便宜的玩具越有价值，因为它没有固定的功能和形状，幼儿可以根据自己的想象和需要去操作、去发现、去创造，可以一物多用，千变万化。因此，幼儿园应该首选这类玩具。同时幼儿园还可以利用自然材料以及废旧物品自制玩具，不仅经济实惠，而且环保。特别是在经济条件有限的农村幼儿园，应提倡利用当地的自然条件，因地制宜地制作玩具，虽然自制的玩具外表不如购买的华丽，但由于其具有可操作性、创造性，反而更能满足幼儿发展的需求。以下是几种自制玩具①的介绍，可供借鉴：

轮胎类：废轮胎可以做成秋千座、碰碰车、跳床等。

木料类：做攀爬架，搭建屋顶、桥面、小船的码头，铁轨下的枕木，沙池中的桌子，关小动物的笼子。

布料：拼贴人物、植物、动物及风景布贴画。

纸类：纸可以剪、折、团、贴、撕、画，进行各种造型活动。

其他自然物品：竹子、麦秸、丝瓜、蛋壳、白萝卜、野花、葫芦、高粱秆、棉花、碎布、铅笔、刨花、树叶等都可以随意制作玩具。

知识链接

玩具选择建议②

选择多种用途的玩具。

选择材料让儿童们能制作他们自己的玩具（工具、积木、建构装配组合）。

在自然的场地中以自然的材料组合成的玩具（沙、土等）。

选择可以扩展发现的玩具——种子、土壤、放大镜等。

选择安全的玩具。注意尖角、易碎的部分，会导致窒息的部分，易刺伤或割伤的部分。

选择牢固的玩具——预防被过度使用、损坏。

考虑儿童的年龄——选择那些以不同的方法在不同的发展阶段中使用的玩具。

平衡你的选择——促进身体、智能、情绪、语言、创造力的发展。

---

① 刘晓红. 学前儿童游戏［M］. 郑州：郑州大学出版社，2012：57.

② ［美］弗罗斯特. 儿童游戏与游戏环境［M］. 江丽莉，等，译. 台北：五南图书出版公司，1997：95.

配合发展兴趣的玩具（音乐、下棋）。

避免会鼓励暴力幻想的玩具或鼓励身体危害的游戏。

和儿童们讨论玩具的选择。限制所买玩具的数量和种类，特别是那些主题特别的玩具。

鼓励儿童们制造或改造玩具。

考虑让儿童们加入慈善团体的玩具捐赠活动，比如他们已长大，不适合玩的一些玩具。

确定哪些玩具能反映出道德、文化的平衡。

三、玩具与游戏材料的投放

（一）根据幼儿的特点投放适宜的玩具材料

1. 年龄特点

不同年龄班的幼儿由于其身心发展特点不同，对于玩具材料的需求也是不同的。

小班幼儿象征性水平较低，游戏容易受到玩具真实性的影响，而且选择玩具目的性不强，见什么玩什么，尤其喜欢玩跟其他幼儿相同的玩具。因此，应为小班幼儿提供逼真性程度较高，且和他的生活经验紧密联系的玩具，注意同种类型的玩具数量要多，操作要简单。

中班幼儿随着表征能力的发展，思维水平有一定提高，游戏对现实物品的依赖性逐渐减少，实物的意义比其外形更重要，过度真实的玩具会妨碍幼儿创造性的发展。同时中班幼儿兴趣广泛，喜欢各种主题玩具，会根据自己的需要选择玩具。因此，应为中班幼儿提供逼真性程度较低、开放性程度较高的玩具材料，注意要种类广泛、数量适中、操作具有一定难度。

大班幼儿象征游戏水平较高，语言描述和动作表象起主导作用，可以摆脱实物外形的限制，采用语言、动作进行替代实物。同时大班幼儿随着操作技能和认知水平的提高，能够根据游戏的需要、情节的发展有目的地选择能够代表实物特点和反映情节特点的玩具，对智力玩具具有浓厚的兴趣。因此，应为大班幼儿准备多样化、复杂化、操作性强的玩具，而且要为幼儿准备丰富多彩的半成品及废旧物品，同时还要准备一些具有一定难度的智力玩具，如棋类等。

一般来说，3~4 岁的幼儿是形象思维能力形成和发展的时期，以发展动作为重点，应为他们提供锻炼其独立性和运动能力的玩具，如简单的拼图玩具、三轮车、攀爬架、滑梯、皮球、积木等。同时该阶段的幼儿想象力丰富，要为他们提供较丰富的想象玩具，如娃娃玩具、动物玩具、医院用具、餐具等。玩具大小要适合幼儿把握，玩具零件数量要少。

4 岁以后的幼儿抽象思维开始萌芽，运动技能更加成熟，玩具重在满足幼儿智力和体育活动的需要。因此，应为其提供更复杂、活动性强、能组合、智力成分较多的结构玩具或智力玩具，如拼版、镶嵌板、插板等。这些玩具能培养幼儿的思维能力和精细动作能力，使幼儿养成动手动脑和探索创造的习惯。此年龄段的幼儿适合玩零件数量较多的玩具。

此外，还有一些玩具具有“一物多用”的特点，玩法从简单到复杂，如积塑、积木、皮球等，适合于各个年龄段的幼儿。根据幼儿年龄和发展水平的不同，对同一种玩具可以采用不同的玩法。

2. 兴趣需求

玩具材料只有通过幼儿的操作、摆弄才能发挥其价值。因此，教师提供的玩具材料一定要符合幼儿的兴趣需求。要做到这一点，教师决不能主观臆断，从自己的兴趣需求出发为幼儿提供玩具材料。实践中，有些老师费尽心思为幼儿自制精美的玩具材料，如娃娃家里面的电视机、洗衣机、冰箱、微波炉等，表演区里面各式各样的服装、头饰等……结果老师常常是吃力不讨好，玩具材料不能引起幼儿的玩耍的兴趣，只能成为漂亮的摆设。因此，教师只有深入观察了解本班幼儿的兴趣需要，才能使玩具材料的投放更具针对性，玩具材料才能起到丰富幼儿的生活经验，激发幼儿的想象力和创造力的作用。

案例

有一次，我在参观邻班游戏时，看到他们“自助牛奶站”的游戏玩得特别有意思，那是一个无人场景，墙上有老师制作的一头大大的奶牛，幼儿在取牛奶时自得其乐地跟墙上的大奶牛说话，很有创造性。回到班上，我构思我们班是不是也来一个无人场景。于是决定把菜场卖菜的两名幼儿安排到其他的游戏中，又亲自动手制作了一位非常可爱的小鹿哥哥，投放到菜场中。通过观察，孩子并没有像我想象的那样亲密地和小鹿哥哥说话，只是很机械地自言自语“我来买条鱼”，然后拿几条小鱼就走了。[1]

---

① 支丽丽. 关于游戏材料提供的一点思考［J］. 教师，2011（31）：102.

案例分析

老师武断地按照自己的兴趣为幼儿提供玩具材料，以为自己感兴趣的就是幼儿感兴趣的。但结果表明由于幼儿对新的玩具材料没有一定的经验基础，也没有一定的心理准备，幼儿对老师投放的新的玩具材料只是被动适应，不能创造性地使用，没有达到应有的效果。老师可以先带幼儿去邻班“自助牛奶站”或其他自助购物点实地参观，回来后引导幼儿展开关于“自助购物”的讨论，幼儿会自发生成在菜场或超市建立“自助购物点”的设想。在此基础上，老师就可以根据幼儿的兴趣因势利导，引导幼儿自主构建“自助菜场”。

3. 能力水平

玩具材料的投放还要考虑幼儿的生活经验和能力水平。当前幼儿园玩具材料的投放普遍存在这样的问题，各年龄班同样的活动区内投放的材料大同小异，体现不出年龄的层次性，更不用说班级的差异性。不同的年龄班，同样的活动区，玩具材料的投放是不同的。如以小班的小小医院为例，教师提供的材料有血压计、压舌板、X 光片等，幼儿只是摆弄这些玩具但由于缺乏经验不知道如何使用。这些玩具材料对于中大班的幼儿或许合适，但对于小班幼儿，教师应多提供一些听诊器和针筒，才能真正满足幼儿游戏的心理。不同的年龄班，同样的玩具，其玩具特征是不同的。如以玩具娃娃为例，不同年龄班的幼儿都喜欢玩具娃娃，但适宜于不同年龄幼儿的玩具娃娃是不同的。表 6-1 概括了不同年龄的幼儿适合玩的玩具娃娃的特征。

表 6-1　适合不同年龄幼儿的玩具娃娃的特征①

幼儿年龄	玩具娃娃特征
2~3 岁	象征性游戏所用的玩具：形象逼真；带有附属材料，例如易于穿脱的简单的衣服
	可以让幼儿自己清洗
	幼儿喜欢种植的头发、会动的眼睛。但这种娃娃不易清洗，易损坏，不适宜于托幼机构使用
3~5 岁	象征性游戏所用玩具：不同年龄的婴幼儿形象的娃娃：吃奶的小婴儿娃娃；年龄与幼儿相仿的、衣服可穿脱、换的娃娃。时装娃娃不适合托幼机构
	娃娃形象逼真，四肢会动。增加附属材料的数量
	适合幼儿抱

① 刘焱. 儿童游戏通论［M］. 北京：北京师范大学出版社，2004：624.

续表

幼儿年龄	玩具娃娃特征
6~8 岁	主体角色游戏娃娃： 各种职业的娃娃，如警察、医生、消防队员、宇航员等； 各种年龄的娃娃，如老人、婴儿等； 家庭成员娃娃，如爸爸、妈妈、女孩、男孩等； 文学作品角色娃娃：如小红帽、狼外婆等

（二）玩具材料本身的类型、特性、数量及搭配

1. 玩具材料的数量

幼儿此阶段受思维发展水平的制约，其表征能力总体不高，游戏很容易受到玩具材料外在属性的影响。这就要求为幼儿提供的玩具材料的数量要适量，过少会降低幼儿对玩具材料意义的探索兴趣与能力，过多则会扰乱和分散幼儿的注意力，两种情况都不利于幼儿游戏的深入开展。有研究表明，材料的数量、品种和幼儿社会性行为之间存在反比例关系。材料数量较少，会增加社会性行为，同时攻击性行为增多；玩具数量增多，会让幼儿社会性行为减少，同时争抢玩具等攻击性行为减少。所以，在幼儿游戏时，教师如果想增加幼儿分享合作行为，可有目的地减少一些玩具，但不能减少太多，避免冲突；当发现抢夺玩具现象较多时，可以增加玩具。

案　例

一次娃娃家游戏正在进行。小袋鼠家的“妈妈”林林今天想为宝宝过生日，为了好好庆祝，她准备去市场买一份生日蛋糕，回来请大家做客。当她把娃娃安排妥当，来到市场时，先挑了几块蛋糕，随即她看到可以用来切开的水果也很好玩，于是又拣每种水果买了一样，后来还买了捏起来“呱呱”叫的小蔬菜回家。到家以后，她开始切水果，开了又合，合了再切，如此重复，把蛋糕和庆祝生日的事忘得精光，到游戏结束，她的家里瓜果蔬菜滚作一团。①

① 支丽丽. 关于游戏材料提供的一点思考［J］. 教师，2011（31）：102.

案例分析

林林本来要在娃娃家开展“为宝宝过生日”的主题游戏，但在买生日蛋糕时，被市场上琳琅满目的商品所吸引，结果主题游戏演变为简单的操作各种物品的游戏。追其原因是玩具材料投放过多，干扰了幼儿的选择，妨碍了幼儿游戏水平的发展。老师要摆脱一次性把所有的玩具材料投放到活动区中，一劳永逸的想法。而是要根据幼儿游戏的需求循序渐进地投放玩具材料，每次投放两三种即可，如果添加新的材料，则要将幼儿失去兴趣的材料撤换掉。

2. 玩具材料的搭配

首先，为了满足不同幼儿游戏的需要，促进幼儿的全面发展，要为幼儿提供多样化的玩具材料。不同类型的玩具材料可以引发幼儿不同的游戏活动，如，运动玩具会引发幼儿运动行为；建构玩具引导幼儿建构活动等。不同类型的玩具材料在幼儿游戏中具有不同的价值，如，成型玩具能快速激发幼儿的游戏活动，但不利于幼儿操作能力、想象力和创造力的发展。而未成型玩具则能够为将要开展的游戏活动提供更大的想象和创造空间。因此，教师要为幼儿提供各种类型的玩具材料，尤其注意未成形玩具材料的投放。

教师可以根据教育意图，对玩具材料进行合理的组合搭配。如提供油泥和竹签就比单纯提供油泥更能引起幼儿的社会性交往活动，因为幼儿可以利用竹签延伸油泥的玩法，如做“鸡腿”或“雪糕”；如果提供餐具、灶台玩具，幼儿在游戏中只是对物品操作，但如果增加布娃娃，机能性操作就会退到其次，角色扮演成分会占主导等。因此，教师可以通过组合或重组玩具材料，创设能够引发幼儿某种特定类型游戏的环境。当玩具材料的种类有限时，教师还可以通过和幼儿一起开发玩具材料的新玩法，从而达到形成新的玩具组合的目的。

其次，为幼儿提供的玩具材料还要大小合适、比例协调。一般认为幼儿年龄越小，为其提供的玩具就应该越小。事实上，这是不正确的认识。年龄小的幼儿手部的小肌肉发育不完善，对细小的东西反而操作不便。幼儿大、小肌肉动作技能和手眼协调的能力发展状况影响幼儿对玩具的操作和摆弄。玩具本身的大小（包括重量、体积、长度、宽度等）会影响年龄较小的幼儿拿取、把握的方便和难易程度。因此，为幼儿提供玩具材料时一定要考虑其大小、重量等，过分细小和过重的玩具不适合给年龄较小的幼儿玩。

为幼儿提供玩具材料时，还要注意型号一致、比例协调。比如，蔬菜不能比锅、菜篮还大，灶台不能没有碗、盘子大。幼儿在选择玩具材料时无可奈何，不利于幼儿游戏的顺利开展。因此，教师在为幼儿投放玩具材料时，要考虑幼儿是否能玩得起来，餐具与食品的比例要考虑与现实生活贴近，并多为幼儿准备一些油泥、面团、纸等可供幼儿自己动手操作的东西，供幼儿玩耍。

3. 倡导投放自然材料

自然材料是指自然界可以找到的物品以及日常生活中的废旧物品，如小草、石子、沙子、泥土、树枝、树叶、种子、废旧包装盒、塑料瓶等。这些物品由于其具有很强的操作性和替代性，相比于成型玩具更受幼儿的喜爱。同时由于他们都是日常生活中幼儿所接触的、熟悉的物品，相比于专门玩具幼儿对其有着特殊的情感，更容易从中获得自由的体验。因此，我们应该把眼光投向我们生活的自然的社会，让幼儿通过游戏与自然对话，通过游戏学会学习、学会生存、学会创造。

四、玩具与游戏材料的管理

玩具材料的管理也是玩具材料教育的重要问题。良好的管理对于维护幼儿的身体，养成幼儿良好的生活和游戏习惯，激发幼儿游戏的兴趣和愿望，推动幼儿游戏的进展以及培养幼儿的规则意识等方面都有重要的价值和意义。玩具材料的管理通常包括以下几个方面：

（一）玩具材料的存放和呈现

玩具材料应该放在专门的玩具柜或玩具架上，玩具架与玩具柜应当是开放式的，且高度适宜，便于幼儿根据自己的意愿或游戏的要求自由取放玩具；玩具材料的收藏要有条理，大玩具放底层，小零件的结构玩具要放在简便、轻巧、易搬动的筐、篮或盒子里。存放玩具材料的容器最好是透明的或开放的，不透明的盒子上应贴上标志（如实物、图片或符号等）；玩具材料的摆放要有秩序，常用的玩具放置在固定的地方，便于幼儿寻找。新出现的玩具放在显著的地方，便于引起幼儿注意。

（二）玩具材料的使用和归还

玩具材料的使用和归还要建立适宜的行为规则，可以由教师制定，鼓励和幼儿一起制定。内容包括：玩具在哪里拿的，玩完以后放回哪里；不能争抢玩具，要先拿先玩，互助友爱；玩具材料使用过程中要爱护玩具，小心轻放，避免损坏；游戏结束以后要分类清理、摆放好玩具；新玩具要向幼儿介绍其玩法，共同探索等。培养幼儿正确使用玩具材料是一项细致、长期的工作，是一般常规教育的有机组成部分，因此要在日常生活当中，反复教育，经常检查，也不能因为怕弄乱、弄坏，把玩具当成陈列品。

（三）玩具材料的更换和添加

玩具材料要经常更换和添加。一则玩具材料在使用过程中会有损耗，如破损、丢失等，二则幼儿对玩具材料的兴趣维持是有时间阈限的。因此，如果玩具材料长时间不更新，不仅可能影响到幼儿的身体安全，而且会降低幼儿对玩具材料的探索欲望，从而妨碍到幼儿游戏的开展。因此，教师应结合日常游戏活动开展，经常更新游戏材料，保持新鲜感。玩具材料的更新并不必然通过购买新的玩具材料达到目的，还可以通过提供替代物、重组玩具材料以及利用废旧材料自制等方式进行。相对来说，后者不仅能够补充玩具材料，还能激发幼儿的想象力和创造力，发展幼儿的动手能力和参与意识等，因此是目前我们更为提倡的一种方式。

（四）玩具材料的维修和清洗

玩具的破损会影响幼儿对它的兴趣，并易产生不爱惜玩具的现象，因此玩具要随时进行检查，发现有破损的要及时拿开或修理，定期对玩具进行检修，保证玩具的安全。玩具还要定期清洗、消毒，防止细菌的传播，保证儿童身体健康发展。幼儿园一般每周至少一次要对玩具进行清洗、消毒。

知识链接

幼儿园玩教具老化伤害幼儿①

今年春天，我们园的一个孩子在玩大型玩具时掉了下来，脚部受伤，教师及时把他送到医务室进行治疗。后来我们到现场进行检查，发现孩子掉下来的原因是大型玩具年久失修，围栏的铁链在孩子玩时突然断了。

虽然孩子受了轻伤，没有造成严重后果，但对我这个分管后勤工作的副主任来说震动很大，给我敲响了警钟，强化了安全意识。园领导看望了孩子并对家长表示了歉意。同时，我们对园内所有玩具进行了检查，发现问题及时维修，对老旧玩具进行了更换。

这次事故的发生，主要是没有及时进行安全检查，即使检查了也不仔细。以后，每月的检查必须认真、细致，还要将平时检查和定期检查相结合，并和各班教师配合好，保证幼儿的安全。

① 蔡迎旗. 幼儿教育政策法规［M］. 北京：高等教育出版社，2014：215.

本章小结

玩具和游戏材料并不完全等同，为了准确性，文中我们采用了玩具材料的说法。玩具材料有多种分类方式，其中根据玩具的功能进行分类是最为人们所提倡的，因为这种分类方式在实践中最具实用性和操作性。玩具材料无论对幼儿的游戏还是幼儿的发展都具有重要的价值，但要发挥其价值需要我们科学、合理地应用它。幼儿园应该参考国家的玩具配备标准，依据幼儿园的实际情况，因地制宜地为幼儿配置多样化的玩具材料。幼儿教师在给幼儿提供玩具材料时，要依据安全性、教育性、操作性、经济实惠的原则，根据幼儿的特点以及玩具材料本身的特性科学、合理地投放，以满足幼儿游戏的多样需求。尤其提倡半成品材料、自然材料以及废旧物品的投放和利用，这是当前国内外关于玩具材料提倡的共同理念。

拓展阅读

［英］尼尔·本内特，利兹·伍德，休罗格斯. 通过游戏来教——教师观念与课堂实践［M］. 刘焱，刘峰峰，译. 北京：北京师范大学出版社，2009.

本书是一份探讨幼儿教师的游戏观念和实践行为的研究报告。通过研究作者发现，教师关于游戏的观念可以用六个相互联系的观念领域表现出来，包括游戏的本质、学习和游戏的关系、教师的角色、课程的组织和计划、儿童学习的评价以及影响观念转变为行动的限制因素等。不同的教师对于这些问题的看法具有惊人的相似性，在此基础上作者分析了教师观念与行动之间的关系，作者还通过对三位教师深入的个案研究，进一步深入地说明了这些关系。

这份研究报告不仅为尝试进行教师观念与行为关系研究的研究者提供了一个很好的范本，它所揭示的影响教师游戏观念转变为行动的结构性限制因素（如，来自外部系统的期望的压力、支持的系统、各种规定等），对于我们理解教师、理解幼儿园游戏的现实也不无启发。

思考题

1. 试分析专门化玩具材料与非专门化玩具材料在幼儿游戏中的价值。

2. 为幼儿选择玩具材料时应依据哪些原则？

3. 为幼儿投放玩具材料时应注意什么？

4. 选择一所幼儿园的一个班级，观察其各活动区中玩具材料投放的情况，分析其优点和不足，写一篇调查报告。

第八章　幼儿园游戏的观察与指导

本章导读

教育指导，观察先行。每个儿童都有他们独特的特点。通过观察儿童，教师可以了解到儿童能做什么，他们怎样接近问题，以及是怎样尝试解决问题的；教师还可以了解到他们已经达到了什么水平，理解儿童为什么做某事，从儿童的视角去看待事物。在此基础上，教师不仅可以有的放矢地指导幼儿的游戏，还可以评估他们的需要，拓展他们的经验，促进他们的学习。观察不仅是了解幼儿的基础，更是指导幼儿游戏的前提，只有对幼儿游戏有深入的观察，才能对幼儿的游戏进行合理、适当地指导，最终为幼儿真正获得游戏的快乐而奠定基础。

案例开启

观察内容：角色游戏——创意服装店

观察者：中班　妮妮

观察时间：2015 年×月×日上午

“创意服装店”已经开业一周了。今天，曾做服装生意的彤彤妈妈捐出了家里闲置的儿童模特儿，一大早就被安放在了班级的活动区里，这个新鲜的道具一来，小朋友们就时不时地去看看，摸摸。终于等到玩活动区的时间了，好几个小朋友纷纷拥入服装店，掰掰模特儿的手，转转模特儿的脑袋。小模特儿经不住小朋友这么亲密的接触，一会儿就倒在了地上。几个小朋友把小模特扶起来，继续和“他”玩儿起来。8 分钟后，3 个小朋友离开了小模特儿，还剩小益和甜甜在“他”旁边，大约 10 分钟过后，小益说，我们给“他”穿件衣服吧！于是小益和甜甜开始给小模特儿设计衣服。15 分钟后，小益和甜甜发现活动区里现有的衣服都小了，穿不上，请求老师的帮助，这时老师开始介入游戏，为幼儿提供新的可供做服装的大块织布。

案例分析

幼儿对角色区里新投放的材料总是充满好奇。他们不由自主地想去摸摸看看，所以，往往会造成短暂的混乱局面。但是对于这个材料可以用来做什么，并不是所有的幼儿都有想法，更多的幼儿显示出的是对材料本身的好奇。

在这个案例中，教师在活动区投放了新材料之后，并没有直接告诉孩子们这个材料可以怎么玩儿，他留给了幼儿自主发现的机会。幼儿的好奇心是很宝贵的，在上面的案例中，当小模特儿倒了以后，教师并没有立刻出现去指责幼儿，而幼儿自己也能够合作把模特扶起来。直到幼儿确实遇到需要帮助的时候，教师再提供材料上的支持，这个时候的支持是很及时而且必要的。

案例建议

1. 教师的游戏介入要在儿童最需要时，尽量多给孩子留自主探索的余地。

2. 投放新鲜的游戏材料时或突发某事件时，往往容易捕捉到幼儿的不同反应与表现，增进对幼儿个体差异的了解。

第一节　幼儿园游戏的观察

幼儿园游戏的观察是教育工作者在相对自然的条件下，通过感官或借助一定的仪器设备，在一定的时空范围内进行有目的、有计划地考察并描述幼儿游戏中的现象的一种教学科研方法。在幼儿园教育活动中，由于学龄前儿童的言语理解、表达能力和反应方式发展尚未成熟，只有通过教师的细心观察，才能够了解幼儿的发展状况及其发展潜力。

一、观察的意义

（一）对幼儿游戏进行观察是教师了解幼儿游戏行为的关键

通过对幼儿游戏的观察，教师可以获取关于幼儿游戏的丰富信息。如，幼儿喜欢的游戏类型，幼儿喜欢的玩具和游戏设备，幼儿喜欢的游戏空间，幼儿乐于参与的游戏主题，幼儿与同伴、教师互动的方式以及幼儿在游戏中表现出来的认知与社会性等方面发展的有价值的信息。研究儿童的游戏，探索儿童游戏的发展规律是十分必要的。游戏是非常复杂的，尤其是许多幼儿在一起游戏时。为了弄清幼儿在游戏过程中所发生的事件，教师必须对幼儿游戏进行系统的观察，同时，应保证观察的客观性，真实地反映幼儿游戏行为的本质。

（二）教师对游戏活动中幼儿行为的观察是指导幼儿游戏的基础

通过细致耐心的观察，教师才能观测到许多无法用其他方法测量的在幼儿发展活动中表现出的身心健康、言语表情、肢体行为方面细微的变化和发展，才能了解到何时应为幼儿的游戏提供额外的时间、空间、游戏材料或经验准备，以扩展和丰富进行中的游戏情节，何时参与游戏或同伴何时给予帮助是适时的，教师怎样参与以及同伴怎样帮助是适合幼儿游戏需要的。以此为依据，对儿童的发展状况的评价才可能恰当，为幼儿提供的支持才可能科学、合理。对幼儿的游戏进行观察也是教师有效地指导和丰富幼儿游戏的前提。

（三）观察是教师进行游戏生成调整的前提

游戏是幼儿非常喜欢的活动。幼儿在老师创设的环境中游戏，但是他们往往会玩出老师想象以外的玩法，有时候可能会把这个区角的材料拿到另外一个区角玩，使游戏变得更有意思。实际上这就是幼儿自己的创意，或者说是幼儿在游戏的过程中新生成的游戏。教师如果在观察中有这样的发现是很有价值的。由此生成新的游戏，或者补充幼儿需要的材料，满足幼儿游戏的需求，这样会比教师预设的游戏更受欢迎。

二、观察的内容

游戏是幼儿最喜欢的活动，他们可以在自由的活动中真实地表现自己，幼儿园游戏的观察贯穿于幼儿活动的方方面面。教师对幼儿游戏活动的观察内容主要包括对游戏过程的观察和个体能力发展的观察。

（一）游戏过程的观察

对游戏过程的观察主要目的在于通过仔细地观察，适时地给予帮助，使游戏得以顺利进行和延伸，使幼儿在游戏中获得发展。在游戏过程中，教师主要围绕幼儿、游戏主题、材料等方面来观察。

1. 幼儿方面

对幼儿能力发展的观察主要包括对幼儿的言语表达能力、解决问题的能力、同伴交流交往能力、情绪情感表达和控制调节能力、游戏工具使用和精细动作能力、逻辑推理能力、思维想象能力等方面进行观察和判断,① 还包括幼儿对游戏的专注程度及其兴趣和偏好等。对幼儿的观察是幼儿游戏观察中的核心内容。

2. 主题方面

起初，幼儿通常是以教师规定的主题进行游戏，但是在游戏的过程中，幼儿往往会根据自己的兴趣和近期的生活经验或者与根据近阶段教学内容，生成新的主题活动。这时，教师需要在观察的过程中，敏锐地发现。以幼儿发现的问题或者现象为契机，为幼儿做充分的准备，而支撑新的主题活动的生成。

3. 材料方面

教师在幼儿游戏的过程中要观察是否有幼儿争抢游戏材料的现象，游戏材料是否符合幼儿的年龄层需要，材料是否有安全卫生隐患。观察幼儿与材料的相互作用、幼儿与幼儿之间怎样通过材料进行交往，环境的创设对幼儿游戏的影响，然后有针对性地对材料做出适宜的调整。

（二）各年龄班幼儿游戏观察的重点

从幼儿能力发展来看，各年龄班幼儿在游戏方面的表现是不同的。因此，在观察时各有侧重。②

小班：主要处于平行游戏阶段，满足于操纵、摆弄物品，对物品的需求是别人有的，我也要有，对相同物品要求多，矛盾的焦点主要在幼儿与物品的冲突上。因此，小班观察的重点在幼儿使用物品上。

中班：随着认知能力的发展，生活经验的丰富，游戏情节较小班复杂，处于角色的归属感阶段，虽然选择了一个角色，但想做多个角色的事情，想与人交往但尚无交往技能，出现了人与人交往冲突的多发期。因此，观察的重点应该是在幼儿与幼儿冲突上，不管是规则上的、交往技能上的，还是使用物品上的。

大班：随着生活范围的进一步扩大及能力的增强，幼儿不断产生新的主题，新主题与原有经验之间的不和谐而产生冲突，运用已有经验在现有的基础上去创新，成为游戏观察的重点，同时相互交往、合作、分享、解决矛盾也成为游戏观察的另一个重点。

---

① 金彦红，祖详凯，郑勇. 信息技术在幼儿园教育观察中的应用［J］. 软件导刊·教育技术，2014（11）：29.

② 邱学青. 幼儿园游戏的观察与指导［J］. 早期教育，2000（17）：33.

三、观察的方法

观察的方法有很多，根据不同的维度可以划分成很多种方法，根据教师观察的目的性可分为有意识的观察和偶然性的观察；根据教师观察的截取点可以分为时间取样的观察、事件取样的观察等。本文主要介绍以下三种常用的观察方法。

（一）扫描观察法

这种方法是指观察者在相等的时间段里对观察对象依次轮流进行观察。扫描观察法一般在游戏开始和结束的时候运用较多，此法比较适合于粗线条地了解全班儿童的游戏情况。如，可以掌握游戏开展了哪些主题，学前儿童选择了哪些主题，扮演了什么角色等一般行为特点。选择这种方法时，教师需要首先选择一个合适的位置，保证所有幼儿均在视线之内。

扫描观察法的记录通常是进行表格记录。教师可以按照预先规定的时间间隔来进行，如 5 分钟进行一次记录，将所要观察的内容事先用表格的形式准备好，游戏开始时，就直接将所观察的内容在表格内做记号即可。这种方法简便易行，直观明了。

（二）定点观察法

观察者固定在游戏中的某一区域定点进行观察把进入此游戏区的幼儿作为观察对象。定点观察法一般多在游戏过程中使用，适合于了解某主题或区域幼儿的游戏情况，了解学前儿童的现有经验以及他们的兴趣点、学前儿童之间交往、游戏情结的发展等动态信息，并且让教师较为系统地了解某一件事件发生的前因后果，避免指导的盲目性。

定点观察一般是直接进行实况记录，或者通过影像记录的方式，其记录的内容全面而整体，且比较客观。观察者定在某一地点进行观察后，把进入此游戏区的幼儿作为观察的对象。如，在 5 分钟内，有多少孩子进入这个活动区，每个孩子在这里大约待了多长时间，他们在这里以什么方式在游戏等。

（三）追踪观察法

观察者根据需要确定 1~2 个儿童作为观察对象，观察他们在游戏活动中的各种情况，固定人而不固定地点，适合于观察了解个别儿童在游戏中的发展水平。教师可以自始至终地观察，也可以就某一时段或某一情节进行观察。

追踪观察法通常采用图示的方式记录，也可以采用图示与文字叙述混合的方式记录。追踪观察通常是定人不定点，选定观察对象之后，观察他们的游戏活动情况，被观察儿童走到哪儿，观察者就追随到哪儿。

四、观察的结果分析

教师对幼儿游戏观察的结果分析可以包括对幼儿的分析、对游戏环境和材料的分析、对主题的分析等方面。其中，对幼儿的分析一般是围绕观察的内容，进行行为层面的事实分析和精神层面的价值判断。就行为层面来说，主要是幼儿在参与活动的过程中的语言、认知、身体的精细动作和粗大动作；就精神层面来说，主要包括社会性交往方面的表现及参与游戏过程中的精神状态和情感的表达。对游戏环境的分析主要是环境是否符合幼儿的年龄特点；是否能够吸引幼儿、让幼儿感兴趣；游戏环境布局是否合理。对游戏材料的分析主要是在幼儿与游戏材料的互动中，分析材料是否为幼儿的游戏提供了很好的支撑，材料的难度是否恰当。

（一）不同观察方法对应的结果分析

虽然说观察结果的分析可以是多角度，多层面的，但是具体采用的观察方法，结果分析的侧重点也会不一样。以下将根据上文介绍的三种观察的方法来谈谈，具体如何进行观察的结果分析。

1. 扫描观察法的结果分析

教师可以根据扫描观察法的结果判断游戏空间和材料是否符合幼儿活动的需要，发现可能会引起纠纷的事件，了解游戏开展中有哪些主题，每个幼儿选择了哪些主题、扮演了什么角色、使用了哪些材料等。

案　例

表 7-1　**扫描观察的记录表**

活动区	幼儿名 A	幼儿名 B	幼儿名 C	幼儿名 D	幼儿名 E	……
活动区 1	×	×	√	×	×	……
活动区 2	×	×	√	×	√	……
活动区 3	×	√	√	√	√	……
活动区 4	×	×	√	√	×	……
活动区 5	√	√	√	√	×	……
活动区 6	×	√	√	×	√	……

该记录表是在一周的时间里，就幼儿自由选择游戏区角进行游戏的观察

记录，全班幼儿对6个区域的选择情况如何。如果进入此活动区，则用“√”表示，如果未进入此区，则用“×”表示。

案例分析

根据记录表，我们可以做以下分析：首先从6个活动区受欢迎的程度可以看出，活动区3和活动区5比较受欢迎，而活动区1被光顾的机会比较少，说明活动区3和活动区5的游戏更吸引幼儿的注意，幼儿对这两个活动区的游戏更感兴趣，反之，活动区1的游戏对幼儿的吸引力要稍低一些。从幼儿对活动内容的感兴趣程度可以看出幼儿A与C相比，幼儿C可能是兴趣广泛，对什么都很好奇，而幼儿A则是很清楚自己喜欢什么，而且对喜欢的事情很专注。

通过对扫描观察的结果进行分析后，教师一方面可以了解不同区域对孩子的吸引力如何，并根据观察的结果进行区域游戏的调整；另一方面，教师可以根据孩子的选择倾向性判断孩子的兴趣点和爱好，便于教师根据不同孩子的性格特点进行有针对性的引导。虽然上述分析结果的影响因素可能是多方面的，但是可以作为教师调整区域游戏材料、了解幼儿的个性和喜好的重要参考。

2. 定点观察法的结果分析

教师可以根据定点观察法的结果判断一个区域中幼儿的游戏情况，可以获得幼儿玩具材料使用的情况、该区域幼儿参与的人数等，有助于教师了解环境创设是否有效，是否需要投放新的材料等。

案　例

定点观察大班建构区的活动

观察日期：2015年6月9日

开始时间：上午9:30

结束时间：上午9:35

儿童数目：5个

幼儿年龄班：大班

幼儿姓名：晓宇，雨泽，熙熙，子墨，曦雅

目的：观察一群儿童在建构区是如何利用材料搭建小区的。

目标：观察并记录幼儿在搭建过程中对材料的运用及幼儿合作过程中的语言。

环境：幼儿园室内的建构区域。

观察记录：

9:30

建构区里的“小区”已经初见雏形。小区基本上呈现一个方形，小区有门，有高楼，马路两边还有树木和花。晓宇正在给小区里面装游乐设施，他看起来是要用长条木质玩具搭建一个滑滑梯。

晓宇：你快来帮我扶一下吧，这个滑滑梯总是跑！

雨泽：那我们用一个小木块儿塞在下面不让它跑。

9:31

晓宇和雨泽找来小木块儿固定滑滑梯的滑道，让滑道变得稳固。

雨泽：我去拿两个小木块放在下面。

晓宇：滑滑梯不倒了。

晓宇：耶，这个方法真管用，终于不跑了。

9:32

在另外一侧，熙熙和曦雅刚刚搭完小区里的高楼，熙熙对曦雅说我们来搭个办公室吧。

9:33

熙熙和曦雅商量着怎么样搭建办公室。

曦雅：可是我从来没有搭过办公室啊！

熙熙：我搭过的呀，我们一起来搭吧。

9:34

熙熙去架子上取材料一步步教曦雅怎么搭建办公室。

熙熙：我去拿材料，你等会儿啊。

熙熙：你先来搭地板吧，然后再搭墙。

曦雅：那用什么搭办公桌呢？

熙熙：我们用木头搭桌子吧。

9:35

子墨拿着小汽车，在小区的道路上穿梭，嘴巴里还配着音：“滴滴”。然后停在了小区的停车位上。熙熙和曦雅继续搭建办公室。

案例分析

从案例中可以看出孩子们已经不是第一次玩搭建小区的游戏了，在这一次的搭建过程中，幼儿在做新的尝试，除了基本的搭建楼房、道路，他们开始尝试搭建小区的游乐设施，开始搭建办公室。其中，关于材料的运用，他们选择木质材料的次数比较多。从搭建过程中幼儿的互动可以看出，熙熙比其他人更有组织性。而子墨对于开车游戏本身更感兴趣。

定点观察的记录不仅呈现出了某活动区的人数、时间、游戏内容，对幼儿之间的沟通和交往也有非常详细的记录，基本上是还原了游戏现场人物的活动和场景，对教师分析幼儿在游戏中的表现是非常有价值的一手资料。教师通过分析记录的结果，还可以分析孩子在运用材料上的需求和偏好，适当地增减建构区的材料，为幼儿的游戏提供更好的支撑。

3. 追踪观察法的结果分析

教师可以根据追踪观察法的结果了解个别幼儿在游戏全过程中的表现，了解其游戏发展的水平，以获得更为全面详细的信息。

案　例

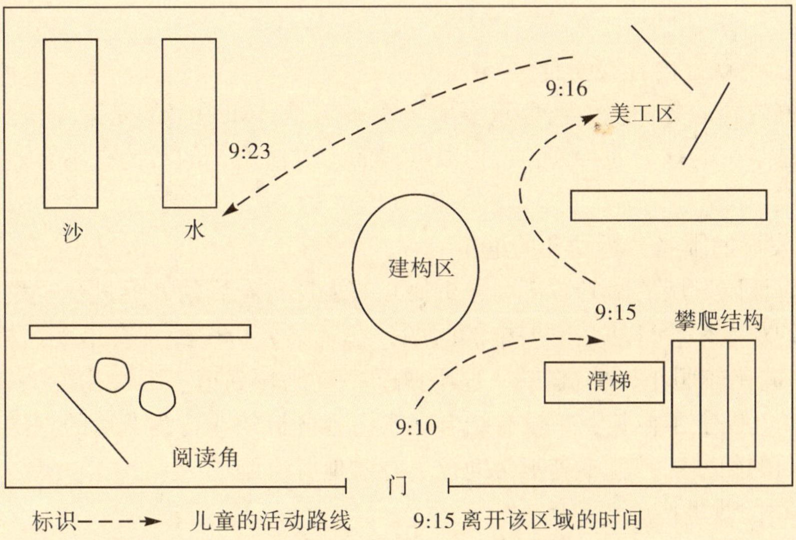

图 7-1　追踪观察法的记录图式①

① ［英］莎曼，等. 观察儿童［M］. 单敏月，王晓平，译. 上海：华东师范大学出版社，2008：8.

图中箭头表示的是幼儿活动的路线，上面标注的时间是幼儿离开区域的时间。可以看出，幼儿在滑梯处待了5分钟，在美工区待了1分钟，在玩水区一直待到活动时间结束。

案例分析

从这个观察结果可以分析出，这名幼儿明显对美工区的活动不感兴趣，从时间上来看，待了不到一分钟就离开，最感兴趣的应该是玩水区域。同时还可以发现，虽然建构区在正中间，但是他从始至终都绕开了建构区，说明他对建构区的游戏不感兴趣。

通过这个观察的结果分析，教师可以基本了解幼儿对不同区角游戏的喜好，经过多次的观察，教师可以总结出孩子的个性和对于一个事件感兴趣的持久性如何，并在需要的时候进行适度地引导。

（二）在进行观察结果的分析时应该注意的问题

对观察结果的分析是教师开展新的教育活动和因材施教的重要依据，因此，要求做到客观、有效。实际工作中，在进行观察结果的分析时应该注意以下几个方面的问题：

1. 分析与观察内容要吻合

对观察内容的分析应做到尊重事实，实事求是。如观察的是某个孩子的行为，分析的却是某一类孩子的行为，这样以点代面、以偏概全的行为是不客观的，会偏离事实依据。

2. 以发展的眼光分析幼儿的进步

教师应该以发展的眼光看待和分析幼儿的表现，看到幼儿的进步。教师若习惯于以静止的观点来看待幼儿发展中的问题，在观察分析中经常会出现这样的句子："该幼儿一向比较胆小、怯懦"，"这个孩子一直比较霸道、不讲礼貌"。教师如此简单地给幼儿贴上了标签，却没有结合观察内容分析幼儿行为背后的深层原因，并提出解决问题的办法，就不利于帮助孩子有效地解决问题。

3. 列举的改进措施要具体

教师在对观察的结果进行分析后，应该提出具体可行的改进措施。在对观察内容的分析后，如果用"准备根据幼儿的需要调整材料"类似的话来概括，至于怎么样调整，却没有结合观察事实进行深入思考和进一步的说明。这样的观察分析可能无法产生实际意义，无法取得良好的效果。

知识链接

在现实教学环境中的观察，可以根据实际观察的需要将各种观察的方法进行合理的整合，以下就是教师综合运用各种观察方法对幼儿的游戏进行观察的典型案例。

"综合图示法"在幼儿园游戏观察中的运用①

一、观察方法和步骤

1. 在游戏开始之前或游戏刚开始时，先把游戏的布局图画在纸上，标上各区域的名称，并按顺序编号，以便于观察中的记录。如："A""B""C"等，也可以用别的方法编号。见举例图示中的"A""B""C""D""E""F"。

2. 在已画好的图上分别标明每个区域的人数与性别。便于对全班幼儿选择游戏的情况有个大致的了解，帮助教师直观而及时地调整指导策略。这一步相当于"检查清单法"的运用，而记录不是在表格中，而是在图纸上。

3. 教师根据游戏情况观察不同区角的游戏进展情况，如果发现需要对哪个游戏区进行细致的观察时，则用定点"叙事"的方法进行观察描述，根据前面的编号来记录相应的游戏行为。如你在观察"娃娃家"，而你最初对"娃娃家"编的号是"A"，那记录时则只需简单地用"A"来表示"娃娃家"了。

4. 如果需要对来来往往奔跑的幼儿加以关注，则可采用"追踪法"来观察，而记录的时候把幼儿奔跑的路线直接用"直线"或"箭头"等方式标注在图上。这样可以节省许多的时间，而且事后看起来可以一目了然。

5. 如果有更为详细的信息，如幼儿之间的对话、教师的介入指导、幼儿对玩具材料的使用情况、幼儿之间的主要矛盾等，则在图纸的旁边或背面记录，作为分析时的参考。

二、观察结果的呈现

观察中的更详细的记录（根据观察者所看到的情节记录）：

A 爸爸、妈妈请舅舅和舅妈来给女儿过生日，为女儿几岁而发生争吵（这是他们游戏的特征，可引导他们自己想出解决的方法）。

B 两个幼儿各自摆弄"注射器""听诊器"，由于没有人来看病，他们无所事事（我去看病，他们说我需要住院，就再也不管了。下次是否可以让

① 邹学青."综合图示法"在幼儿园游戏观察中的运用［J］. 早期教育，2003（7）：34.

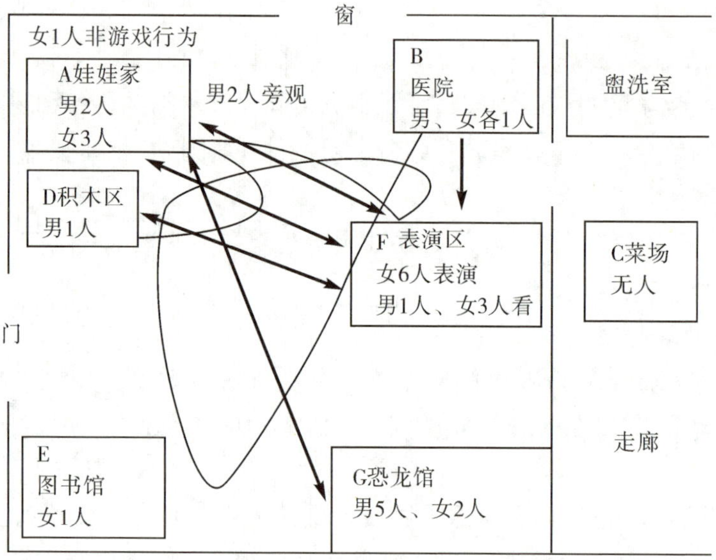

图 7-2 综合图示法的观察结果的呈现

幼儿来谈谈相关经验，或者还有其他什么办法）。

E 她一个人把所有的图书都翻了一遍，边看书边不时地瞄着表演区，似乎也想介入其中（问她，她说不想玩，想当服务员小姐，可是没有餐厅。是否可以考虑提供相应的环境）。

F6 个女孩已经能相互协调，不再为服饰而发生纠纷，自己能按材料的功能来装饰、打扮，并且第一次有了 4 名观众（这种经验值得分享）。

三、观察结果的分析

根据上面的图例，我们可以从几个方面来对此次游戏加以分析：

1. 场地的布局是否合理

从图中的场地布局来看，共设有 7 个区域，其中 6 个在活动室中，一个在走廊上。从中班幼儿的年龄特点及其游戏的主题与情节可以大致发现，“娃娃家”“医院”“菜场”“表演区”“恐龙馆”是属于一类的，幼儿往往从事一些模仿社会生活的社会性活动；而“图书馆”“积木区”则是属于相对安静的活动，与人交往的频率不如前面的社会性活动。因此，“图书馆”“积木区”应该放在相对封闭的地方，而不应该放在门口。建议“积木区”与“恐龙馆”或与“菜场”对调，“图书馆”与“医院”或“娃娃家”对调。

2. 幼儿人数的分布

由图示中所标明的幼儿人数可以分析出，幼儿在这次游戏中的兴趣点是“娃娃家”“表演区”“恐龙馆”，共有17人。这三个区域一般所提供的材料都是与幼儿的经验密切联系的，每个幼儿都可以以自己的经验来成功地玩这类游戏，每个人都有事情做，自主性能够得到体验。而“医院”“菜场”等区域却是要等待别人来，自己才能有事可做，幼儿的兴趣点是在与人的交往上，这样的区域在幼儿自发的游戏中可能不宜太多。

3. 幼儿的交往情况

图中的双箭头是表示幼儿之间的双向交流，单箭头则表示单向的发出交流的语言或做出想与对方交流的行为，而对方却没有回应；图中没有箭头的曲线则表示大部分幼儿主要的活动路线。由此看出，幼儿主要是在活动室的中央、围绕着“娃娃家”“表演区”“医院”“恐龙馆”等区域进行。中班幼儿游戏的特点就是不再满足于停留在某个区域中玩耍，而是喜欢和更多的同伴相互交往，但由于相关技能和经验的缺乏，在游戏中表现出较多的矛盾与纠纷。因此，还可以根据幼儿的经验和游戏的特点，考虑为他们创设更丰富的游戏环境，促进他们顺利度过这个时期。

4. 教师的指导路径

教师在游戏中观察幼儿的游戏，虽然有一定的目的和重点，但由于游戏的主人是幼儿，一般都会出现许多意料不到的事情，教师有时会在某个区域待上较长的时间，也就会忽略一些区域和角落，而这些并不是教师的有意识行为。因此，教师每到一个地方都做相应的记录，变无意识为有意识，这样便于游戏结束后对游戏指导行为的反思提供依据；也可以从中发现教师介入游戏的方式与方法。用“综合图示法”连续观察一周或更长的时间，就可以把每天的记录进行纵向的比较，从中得到教师的指导与幼儿游戏水平发展之间的关系等一系列相关的信息。

结合教育、心理学的内容对观察结果进行行之有效的分析，可以使我们恰当地运用观察结果指导我们的教育工作。通过对幼儿园游戏的观察和分析，明白幼儿游戏中观察的重要性，记录幼儿游戏中的表现，可以获取关于幼儿游戏的丰富信息，让我们更好地了解幼儿真实情感，同时，对结果的分析也是一种技巧，会观察、分析的教师通过观察不仅了解了孩子，还可以提高自己。

第二节　幼儿园游戏的指导

广义的指导即给予某人以帮助或者建议，尤其是那些经验丰富的或年长的人给予他人的帮助或建议。而在学前儿童游戏的活动过程中，教师要合理地对儿童施加一定的影响或干预，即游戏指导，以保证游戏发展价值和教育作用的切实实现。“游戏指导的艺术在于保持而不破坏游戏的自主性和创造性，尊重和发挥幼儿的主体性、积极性和创造性的同时把教育的意图转化为幼儿的游戏行为，从而保证游戏的目标渗透在游戏的过程中，并且以隐蔽的方式实施指导。”①

教师对幼儿游戏的指导可以从三个方面来看：游戏前的隐性指导，即教师如何为幼儿提供有准备的环境，这个环境包括游戏的物理空间、游戏的材料投放、游戏的时间保障、游戏的规则建立等方面；游戏中的参与指导，即教师在幼儿游戏过程中采用适当的方式，适时地支持和帮助；游戏后的建构指导，即幼儿游戏后，教师对幼儿游戏的评价以及对游戏的反思，包括对生成活动和材料的反思。

一、游戏前的隐性指导

环境是重要的教育资源，应该通过环境的创设和利用，有效地促进幼儿的发展。② 教师在孩子游戏前，为孩子所做的准备就是一种隐性的指导。环境中往往蕴含着教师的教育目的，孩子在游戏中自然的获得发展的各种可能性。这个环境不仅包含游戏中环境的空间布局、材料的提供，还包括充裕的时间、合理而有弹性的游戏规则以及宽松的游戏氛围的营造。

（一）游戏的物理空间

幼儿园游戏空间是幼儿进行游戏活动的主要场所。游戏空间的创设对幼儿的游戏活动有着重要的影响。空间之于儿童，应是有助于儿童诗意地居住和生活，能时时畅游在诗意的王国之中。③ 游戏空间的边界、大小、布局等方面都是应该考虑的重要方面。幼儿对游戏空间有怎样的想法和喜好呢？怎样的空间布局比较有利于儿童的游戏呢？

1. 空间的大小

---

① 曹中平. 儿童游戏论［M］. 银川：宁夏人民出版社，2000：299.

② 教育部基础教育司. 幼儿园教育指导纲要（试行）解读［M］. 南京：江苏教育出版社，2002：36.

③ 孙晓轲. 幼儿园空间设计与参与理念的演变［J］. 学前教育研究，2011（12）：10.

幼儿游戏的空间并不一定就是需要非常大的空间。在有限的空间范围内，可以尽量让幼儿可供选择的空间数量增多，而就具体的每个空间的大小而言，能满足幼儿游戏的基本空间即可。相关研究表明，将游戏空间分割成较小的区域可以降低幼儿粗暴行为的发生，并使自由活动中社会交往的机会增多。通常情况下，每个活动区间中儿童的数量越少，儿童越能安静地完成自己的活动。比如，在益智区、阅读区、科学区或者美术区这样偏个性化游戏的区角，3~4 个幼儿是比较适宜的数量，但是在某些社会交往人数要求比较多的区域，比如角色区、表演区或者建构区，则可以根据游戏的需要，增加到约 6 个幼儿。

2. 空间的布局

针对区角游戏的空间布局而言，除了要考虑每个空间本身的大小和布局外，还需要考虑到不同游戏空间之间的干扰性，以最大限度降低不同区间游戏的相互干扰为原则。比如，角色区与阅读区不宜离得太近，以避免角色区幼儿游戏时的声音和活跃的氛围影响到专心阅读的幼儿；而建构区里的幼儿一般有频繁的走动或者有讨论的声音，因此，如果有条件，可以稍微远离其他的区，或者转移到户外，有条件的幼儿园可以选择走廊等公共区域，以降低对其他区域幼儿活动的影响。

3. 空间的布置

活动区的布置应在儿童身高合适的范围内，儿童游戏活动没有“禁区”，幼儿可以较为自由地在活动室内进行游戏。教师可以将不宜儿童碰触的物品都放入高柜中，将工作时使用的资料、文件都放置于儿童身高触及不到的上方空间，教师可以较为舒适的姿势站立拿取和阅读工作材料，同时也不占用儿童的活动空间，最大、合理地利用了空间。

（二）游戏材料的投放

1. 材料的安全性

游戏材料与幼儿游戏行为关系密切，合理投放游戏材料首先是要保证材料的安全性。比如，科学区中有腐蚀性或者有污染的材料要慎用，建构区中，过于锋利易伤手的废旧材料要慎用。当然，注意材料的安全并不是说一切有安全隐患的材料都不能用。比如，剪子和刀是幼儿常用的工具，在使用的过程中也会存在安全隐患，但是不能因为这样就不放在活动区，而是应该教幼儿正确使用的方法。比如，幼儿在需要共用剪刀时，在把剪刀递给其他幼儿时，要手握剪刀尖，把剪刀的手柄对着对方，这样可以尽量避免伤到对方。

2. 材料的多样性

教师在区角中投放材料时，通常都是心中有目标的，并以此为依据在区角中投放材料，教师在投放材料的过程中，应注意材料的多样性，相同目标在同一区角中可以依托不同的游戏材料来实现，也可以在不同的活动区中来实现。比如，想要幼儿获得“排序”的概念，可以在益智区投放相应的操作材料，还可以挑选有关排序的绘本故事投放在阅读区，另外在角色表演区或者建构区也可以渗透排序的材料，让幼儿有充分的操作和演练的机会。

3. 材料的探索性

在材料的选择上，教师要注意材料的探索性。具有探索性的材料能引发幼儿动手、动脑，支持幼儿与活动环境的积极互动，引导幼儿根据自己的兴趣爱好对客观事物进行动手操作和动脑思考。材料的探索性给幼儿提供了可发挥的空间，但如果材料本身没有什么可探索的，幼儿把玩一下，就会去尝试别的材料，这种材料投放的意义就不大。

4. 材料的更新

游戏材料投放不是一成不变的，应该是动态的，材料要根据教育目标和幼儿的发展需求，定期或不定期地进行调整、补充。幼儿游戏的过程中，教师还可以观察幼儿的游戏状态，根据需要适时增添新材料，儿童的需要是不断增长的，当儿童出现了寻求新材料的动机时，适时地提供材料有助于满足儿童继续游戏的愿望。游戏具有不断生成的特点，如果教师恰当地提供游戏材料，就可以激发儿童的想象，促进游戏深入开展。比如，当教师希望儿童能在与同伴的交往中尝试解决纠纷时，可以适当减少材料，这样可能会促使儿童学会社会交往的技能。教师可以充分利用游戏环境的教育作用，把自己的教育意图渗透在环境的创设和材料的提供上，让儿童在与环境和材料的相互作用中，学会发现问题并尝试自己解决问题。①

（三）游戏的时间保障

1. 整体游戏时间的充足

区角游戏活动是幼儿园的主要活动形式，但是各个幼儿园留给幼儿游戏的时间却是各不一样。通常来讲，幼儿自主进行区角游戏的整体时间要在 40 分钟以上，再加上进入前的准备时间和游戏后的材料还原及教师的游戏评价时间，一般以 1 小时为宜。总体而言，教师应该尽量保证幼儿各类游戏的时间，尤其是应保证幼儿自由游戏的时间。如果时间过短，儿童不仅玩不出高品质的游戏，而且会慢慢放弃要玩游戏的兴趣。游戏时间的长短，直接影响儿童游戏的质量。在区角游戏的总体时间安排上，教师可以给幼儿提供充裕的时间，当幼儿确实在较短的时间内就完成了某个游戏，也可以鼓励幼儿自主选择下一个游戏。

2. 游戏时间的弹性控制

教师对每次游戏时间也需要注意科学性的安排，游戏时间的控制是有弹性的。例如，角色游戏需要分配角色、装扮，可能较长的时间才能尽兴；美术区的创作需

① 韩绮君. 幼儿园游戏中教师指导的个案研究［D］. 开封：河南大学，2006（5）：38.

要时间构思和逐步地完善作品，时间太短可能表达得不够充分；而体育游戏在较短时间就可以完成。因此，教师对于游戏时间应有不同长短的时段安排，以满足幼儿不同游戏的需要。

（四）游戏的规则建立

1. 规则的制度性

人具有社会属性。在社会大环境中生存，就会有社会规则，而且需要遵循社会规则，才能获得一定程度上的自由。在幼儿园的游戏中，游戏规则的制定在一定程度上是必须的，在一个集体的环境中如果完全没有游戏规则，就会导致幼儿游戏的随意性过大，有时候还会产生不必要的冲突。因此，幼儿游戏也是需要建立在一定的规则基础之上的。

2. 规则的形式多样性

幼儿游戏规则的建立不同于社会规则或者法律条款，它形式多样，不一定是文字形式的规章制度，很多规则是隐形的，存在于幼儿游戏的各个环节。比如，当大家都清楚在进入区角玩游戏之前，教师会通过走线的方式（走线是幼儿园过渡环节中为了让孩子情绪稳定下来而常采用的方法），让先安静下来的幼儿有优先选择区角的权利，那么在走线的时候，大部分的幼儿就会有意识地提醒自己安静下来，以获取优先权。而当收玩具的音乐响起后，大部分幼儿即使没有完成游戏，也要停下来，因为他们清楚游戏时间就快结束了，到了收玩具的时间了。这些都是隐形的存在于幼儿游戏中的规则，虽然不一定成文，但一定也是在一段时间的师生磨合中共同建立起来的规则。再比如，教室的地面上指引幼儿行走方向的箭头其实也是一种规则，这是为了避免幼儿取餐或者取放玩具时相互碰撞而贴的。这些隐形存在于游戏中的规则，可以以语言的形式存在，还可以图文并茂的方式存在，它的形式是多样的。

3. 规则的灵活变通性

在幼儿园里，每一种游戏都有一种游戏规则，遵循游戏过程中的规则，有助于让幼儿养成良好的纪律和秩序。游戏规则可以由教师与幼儿共同制定。例如，幼儿可以与教师一起共同制定选择区角游戏的规则，可以是分小组轮流进区，也可以是当天的勤劳小明星获得优先进区的机会；在区角人数的规定上面，如果老师规定每个区不能多于 4 个小朋友，但是，某一周，角色区的小朋友进行表演，需要 6 个小朋友参加，就可以灵活调整进角色区的人数，以便更好地开展游戏活动。因此，游戏规则的制定可以根据幼儿游戏的需要进行灵活的调整，旨在为幼儿游戏服务。

二、游戏中的参与指导

在幼儿游戏的过程中，教师的每一次介入和干预都应该基于对幼儿游戏的观察，以及对幼儿的深入解读与分析。幼儿的游戏不是一帆风顺的，很多时候也会遇到一些困难，在自己没有办法解决的时候，还是需要教师介入的。值得注意的是，教师介入幼儿游戏的目的在于支持幼儿的游戏，是对幼儿游戏意愿的满足，而不是为了达到了某种教育目的。因为游戏活动是幼儿自发的活动，也是幼儿自我满足的活动，是个体在游戏中获得需要的满足。驱动幼儿游戏的动因是游戏本身的内在价值，而非游戏的外在价值。游戏的外在价值是成人或教师由于教育需要而赋予它的，它必须与其内在价值相一致，否则将破坏它的本体性，即因忽视儿童需要而强加于儿童，使游戏异化为非游戏。①

（一）介入的时机

正确把握介入幼儿游戏的时机，关系到教师介入游戏的实际效果。介入的时机正确，可以帮助幼儿拓展游戏内容和层次，提升游戏水平，反之可能会抑制幼儿的游戏。通常，教师可以在以下几种情境下进行介入：

1. 当幼儿主动寻求帮助时

幼儿在教师为他们提供的环境里快乐地游戏着，但是他们在游戏的过程中肯定会遇到这样或者那样的问题，不能及时地解决，有的时候幼儿会尝试自己解决，但更多的时候他们会直接选择寻求教师的帮助，这时，教师应迅速判断是否应该给予帮助，以及选择给予他们怎样的帮助。

案　例

我们需要两把椅子

“燕子老师，我们需要两把椅子！”

娃娃家里，小朋友们正在扮演烧烤的游戏，有 1 个厨师、有 1 个服务员、还有 4 个客人，烧烤做好了，发现客人太多了，没有椅子坐了。于是甜甜来求助老师了。

燕子老师故意说：“不是有两把椅子了吗，还要椅子做什么啊？”

---

① 曹中平. 儿童游戏论——文化学、心理学和教育学三维视野［M］. 银川：宁夏人民出版社，2000：17-18.

甜甜心急地说："我们的客人太多了，椅子不够了怎么办?"

燕子转移了话题说："你们的生意可真好啊，四个客人，只有一个厨师，一个服务员，他们可真辛苦啊!"

甜甜若有所思地转向角色区，边走边说："对了，我可以帮他们找个帮手。"于是，她迅速回到娃娃家里，跟小伙伴儿耳语了一阵。只见厨师多了一个帮手，服务员也变成了两个，剩下的两个客人分别坐在凳子上等着美味的烧烤了。

案例分析

游戏中，幼儿常常会碰到这样那样的问题，当遇到问题的时候他们会频繁地求助。对教师而言，此时可能存在迅速判别"诉求"的复杂程度以及怎样回应这两方面的问题。很显然，上述案例中幼儿的要求并不高，他仅仅是需要提供两把椅子。教师在观察了具体的情况以后，通过提问的方式鼓励幼儿想了其他的办法解决。事实上，当教师面对幼儿的求助时，可能会有多种可能性，如果是比较简单的"求助"，教师可以给出小小的建议，并鼓励幼儿尝试自己解决问题；如果明显是幼儿无法达到了，比如需要给标识牌写个名字，教师则可以直接帮助孩子解决；如果是幼儿提出一些难以实现的求助内容时，如"想要用望远镜看看天上的星星"，教师便可明确地告诉孩子在教室里可能没办法办到，但是可以去展览馆看看。

2. 当幼儿的游戏行为有安全隐患时

在游戏过程中出现分歧、遇到困难或者遇到安全问题时，教师则应该果断地给予及时的反馈和快速的反应。

案 例

都是食物模型惹的祸

幼儿园里，娃娃家里的玩具越来越丰富多彩而且逼真，小朋友们真是爱不释手。各色形象而鲜艳的食物模型成了他们的新宠，他们时常拿在手里摸摸看看，有时候还忍不住要亲一口。小班的小朋友常常会直接把食物模型放在嘴里咬一咬，舔一舔。虽然他们发现咬不动，还是会吐出来，但是这样的过程既不卫生也不安全。

案例分析

技术带来的新事物给小朋友们带来了丰富的元素，但是其中隐含的危险，教师也应该敏锐地察觉到，特别是对于小班的孩子，他们可能会将假想与现实混淆，进入角色情境之后，模型可能就会以假乱真，给孩子带来安全隐患。这时，教师应该毫不含糊地阻止幼儿的行动，明确告诉他“这是假的，不能真的吃进嘴里”。同时，教师对于这些模型可以增加消毒的频次，确保孩子使用的卫生，预防安全隐患。

3. 幼儿游离于游戏情境之外或者不断重复原有的游戏行为时

幼儿的游戏进行到一定的阶段后，可能会出现茫然不知所措的状态，根据之前的经验，他们似乎很熟悉这些材料的玩法，而且在很短的时间内就可以完成，看起来就是在重复做前几次的游戏。完成后的眼神似乎会进入游离的状态，他们的眼睛可能会去观察别的小朋友在做什么，但却不愿离开现有的游戏场地。这个时候或许需要教师的帮助。

案 例

建构区里教师的介入

在建构区里，教师首先作为幼儿游戏的旁观者去观察和分析幼儿已有的游戏经验和游戏水平，结果发现幼儿已能凭借对真实事物的印象，对物体外形特征进行再现，并具备了交叉连接、对称、垒高等搭建技能，同时也出现了搭建的瓶颈。于是教师有目的地将包含连接、延长、加高、螺旋等新经验在内的“翻滚列车”搭建任务抛给幼儿，这同时也是契合幼儿兴趣点的，所以幼儿欣然接受了挑战。①

案例分析

这个案例中，教师将幼儿游戏出现重复甚至停滞、游戏中出现争议、搭建过程中遇到困难等情况作为介入和干预的时机，并采取了相应的支持性策略。这种适时的介入让教师干预行为的有效性得以提升，也促使幼儿获得了发展。

① 万中，刘敏. 幼儿游戏中教师的干预与干涉［J］. 学前教育研究，2013（8）：56.

可见，教师是否要介入以及介入的时机，全在于对幼儿游戏行为的观察，在于对这些行为意义的分析。①

（二）介入的方式

教师对幼儿游戏的适当介入能够促进游戏功能的发挥。把握住介入的时机同时，适宜的介入方式和方法是关键因素。

1. 根据教师在游戏过程中影响活动的形式划分

（1）平行式介入

幼儿教师在幼儿附近和幼儿玩相同或不同材料的游戏，目的在于引导幼儿模仿，幼儿教师起着示范指导的作用，这种指导是隐性的。当幼儿对幼儿教师新提供的材料不感兴趣或者不会玩、不喜欢玩、只会一种玩法时，幼儿教师可用这种方式介入进行指导。如，教师投放了一些废旧的纸盒在美工区，目的是想让幼儿自己动手进行装饰设计，结果许久无人问津。这时，教师可以用这些材料制作出漂亮的展示台，温馨的小房子，紧接着就会有小朋友围拢来，活动便可以继续下去了。

（2）交叉式介入

当幼儿认为教师有参与的需要或教师认为有指导的必要时，由幼儿邀请教师作为游戏中的某一角色或教师自己扮演一个角色进入幼儿的游戏，教师通过与幼儿角色间的互动，起到指导幼儿游戏的作用。当幼儿处于主动地位时，教师可扮演配角。如，有一个幼儿开着用纸箱做的火车头，后面的车厢空无一人，教师就可以扮演“旅客”加入游戏中，并告诉幼儿：“我要去博物馆，找谁买票呀？”这时，这名幼儿又赶紧去找小伙伴们扮演售票员，开始玩了起来。当教师发现，幼儿玩得越来越开心的时候，就可以巧妙地退出游戏了。

（3）垂直式介入

幼儿游戏出现严重违反规则或攻击性等危险时，教师直接介入游戏，对幼儿的行为进行直接干预，这时幼儿教师的指导是显性的。如，在游戏当中，幼儿因争抢玩具而发生争执冲突，或者是玩一些如“比力量、比武、比倒立时间”等内容的游戏中出现暴力倾向或者安全隐患时，应直接干预，加以引导。然而，这种方式易破坏游戏气氛，甚至使游戏中止，因此，教师要建立在观察的基础上，视情况而定。

2. 根据教师在游戏过程中介入媒介的不同划分

（1）语言介入

教师在幼儿游戏的过程中，可以用语言介入，用于了解幼儿游戏的现状、了解幼儿的想法或者启发引导幼儿等。发问、提示、鼓励与赞扬等都属于语言干预的形式。比如，在幼儿对自己的作品显出不满意的神情时，教师可亲切地询问幼儿：

---

① 华爱华. 介入和不介入都是教育干预的手段［J］. 幼儿教育（教师版），2004（9）：26.

“你做的是什么呀?”当幼儿表达后，教师可告诉幼儿：“你的手真巧，做的真可爱。”在幼儿遇到进行不下去的环节时，教师可以给出提示性的语言，比如：“我们一起来给房子加点漂亮的装饰吧!”在幼儿遵守规则或者克服了困难自己解决问题之后，教师也可以多给予鼓励和表扬的话语。

(2) 非语言介入

除了言语上的介入方式以外，教师还可以采取非语言的方式介入。而非语言的干预方法以行为暗示为主，教师可利用身体语言、动作示范以及通过材料提供、场地布置等给予幼儿游戏支持。① 如，在观察孩子游戏的过程中，教师用动作、表情、眼神等对幼儿游戏行为作出反馈。教师还可以在幼儿光顾的较少的区角中适当增添游戏材料，增添新的玩法，不断地激发孩子游戏的兴趣。在角色表演区里，教师还可以用动作示范，激发起幼儿的表演欲望，将各种表演技巧展现给幼儿，供幼儿模仿，还可以与幼儿一同表演，调动幼儿的积极性和表现的丰富性。

事实上，在教学活动实践中，教师的介入是多种方式综合运用的。在幼儿游戏的介入过程中，关键在于巧妙的点拨。

案　例

区角游戏活动里的教师干预

在“味漫江湖”火锅店，看着“服务员”悦悦尽职地为“顾客”们忙前忙后，教师也忍不住坐了下来。“请问您想吃点什么?”悦悦问到，并递上菜单。不一会儿，教师需要的“菜品”一切就绪，悦悦端上一口“火锅”放在桌子中间，顺手放了两把塑料勺子在锅里，并盖上盖子。“咦，悦悦，你搞什么哟?怎么把勺子放在锅里呢?你就这样接待顾客呀?”教师故意拧紧了眉头说。望着老师充满责备的眼神，悦悦一下子涨红了脸，喃喃自语了两句就走开了。而看到悦悦的表现，教师突然意识到自己的失误，于是立刻微笑着询问道：“服务员你为什么要放两把勺子在锅里呢?”悦悦马上开心地解释道：“那两把勺子是用来打泡沫的。”这下，教师恍然大悟：对啊，火锅店里是会提供一把汤勺和一把漏勺用来打捞汤面上的泡沫呀，正是有这样的生活经验，悦悦才用了两把塑料勺子来替代。“原来是这样啊，悦悦你真是一个优秀的服务员。”教师不禁伸出大拇指表扬她。

① 万中，刘敏. 幼儿游戏中教师的干预与干涉 [J]. 学前教育研究，2013 (8)：56.

案例分析

从上述案例中，教师的介入方式体现为垂直式介入与交叉式介入的综合运用，案例中的教师从开始的“质问”调整为“询问”，从“制止”调整为“了解”。教师在介入的过程中，既用了语言介入，也用了表情介入的方式，用微笑挽回了孩子对游戏的持续兴趣。指导方式的略微改变就收到了不同的效果。

（三）介入的程度

游戏具有促进幼儿发展的功能，但在自然的状态下，幼儿的思维灵活性较弱、操作和探索的持久性较弱。因此，为了最大限度地发挥游戏的功能，促进幼儿的发展，教师往往需要对幼儿游戏进行不同程度的介入。就介入程度的深浅不同大致分为以下三种：

1. 蹲点型介入

教师长时间在一个固定游戏区进行指导，并以自身为中心，对进入该区域的幼儿进行放射状介入。当幼儿对游戏本身还不熟悉、或者游戏遇到了困难靠自身无法解决时，教师需要对每个从事该游戏的幼儿进行一对一的指导时，蹲点介入出现的概率较大。蹲点型介入是一种非常态的介入，往往出现在教室内新增的游戏活动中。蹲点型介入对特定游戏情景中的幼儿行为有较深入的了解，指导的针对性强。但同时存在单位时间内关注的人数较少，可能会有过度帮助幼儿的倾向的缺点。

2. 巡视型介入

巡视型介入即教师边走边介入，主要发生在教师巡视的路线上。教师在巡视的过程中，关注的主要是与自身位置相近的幼儿的游戏行为。这种介入对掌控班级的活动进程、了解每个幼儿的游戏状况都是必须的。教师一般以“指导者”的身份进入幼儿游戏，采用直接介入的方式。这种介入较为随机，与教师在教室内某一区域出现的概率有关。教师巡视型介入在单位时间内教师的关注面较广，能够全面了解每个幼儿游戏的一般状况的优点。缺点是对幼儿整个游戏进程的了解比较肤浅、介入行为容易产生武断的倾向。

3. 回应型介入

当幼儿不停地请求、告状和求助时，教师就要采用回应型介入，这类介入行为往往由幼儿发起，教师跟随不同幼儿介入不同的游戏活动。选择回应型介入与班级的特点和幼儿年龄特点有明显的联系。小班和中班幼儿受自身能力限制以及有需要教师支持的心理，游戏中出现的求助和告状行为较多，教师为了保证幼儿游戏的正常进行不得不回应幼儿。回应型介入的主要优势表现在能够及时应答幼儿的问题，满足幼儿的即时需要。但有可能不能深入了解幼儿的游戏状况，介入内容局限于表层。

上述的三种介入策略类型可能本身并没有对错之分，只有适合与不适合。当然，幼儿的游戏水平和游戏体验并非与教师介入的频率和深度成正比的关系。有的教师介入频率很高，但幼儿的游戏热情未必很高。教师的过度介入往往会干扰、转移或替代幼儿原来的活动意向，降低幼儿的自信心，挫伤幼儿的积极性。在实际操作中，需要教师具有敏锐的观察能力、决策能力和随机应变能力，掌握好介入的度，适时适宜地介入幼儿的活动，不断调整和反思，使游戏活动真正成为幼儿自主探索的学习活动。

三、游戏后的建构指导

在组织幼儿结束游戏时教师也起着关键的作用。孩子的认知水平决定了他们还不能准确地认识和评价自己和同伴的行为，因而，游戏结束时的游戏评价就显得非常重要。教师要根据游戏的开展情况，引导幼儿分享和提升游戏经验，为下次游戏做准备。

（一）评价的目的

评价的最终目的是为了更好地帮助每个幼儿，使他们在原有水平上得到提高，评价游戏活动是否促进了幼儿主体性的发挥。评价中，教师与幼儿进行交流、讨论，从而将零散的经验进行梳理、提炼，将错误的做法进行修正，并相互分享成功的经验，使幼儿在游戏中所获得的经验得以系统化，从而获得更多的游戏经验。

此外，游戏中的评价不仅可以帮助教师更多了解幼儿对自己游戏过程的元认知，还可以帮助教师发现没有关注到的游戏过程中的问题，如果听了幼儿的表述后发现是材料方面的问题，则可以对材料进行及时地改进或者更新，以便为幼儿下一次更好的游戏提供支持；如果在评价中，教师发现了幼儿新生成的游戏，还可以鼓励幼儿大胆地尝试。

（二）评价的内容

游戏评价的内容可以涉及游戏中幼儿的语言表达、认知发展、社会性交往、情绪情感等多个方面，但具体评价的内容需根据幼儿具体的游戏视情况而定。一方面，游戏的评价的内容与游戏的类型有一定的关系。如：角色游戏中侧重语言表达和社会性交往方面的评价；而益智区可能更侧重幼儿认知发展的评价；美术区或许更侧重幼儿情绪情感的评价。另一方面，游戏评价的内容可以根据游戏阶段的不同而有所侧重。如，对于角色游戏，在前几次的游戏中，可侧重评价角色扮演的语气、动作、表情、性格特征等；到了游戏后期，可侧重评价游戏是否具有想象力和创造力。对于建构游戏，开始可以侧重于评价建构的效果；而到了后期则可以着重评价游戏中孩子们的合作情况。

（三）评价的方法

评价的方法可以有很多，常常是多种方法的综合运用。以下将详细介绍谈话法、情境再现、作品分析三种方法。

1. 谈话法

谈话法是通过语言表达的方式直接评价游戏。可以在游戏活动中进行，也可以在游戏活动后进行。这种方法比较灵活，可以在幼儿游戏的过程中根据需要及时使用，此时主要是教师的评价；而在游戏后用谈话法进行评价则更能增加幼儿的参与度，可以引发幼儿间经验的分享和交流，同时对幼儿语言表达能力和情绪的释放具有非常积极的作用。谈话法引发的幼儿互助是对幼儿游戏经验提升的有效途径。

2. 情境再现法

情境再现法是对幼儿游戏情境的再现，着重帮助幼儿共同总结经验。既可以通过录像的方式再现游戏情境，也可以让幼儿再次表演。重点是启发幼儿在具体形象的视觉感知中，欣赏同伴游戏的过程，对某些问题自主地进行判断，而不是老师直接说了算。在这个过程中，间接地锻炼幼儿解决问题的能力。

3. 作品分析法

作品分析法常用于幼儿艺术作品的分析中。幼儿的语言表达尚比较稚嫩，但事实上他们的情感并不贫乏。幼儿美术作品可以从一个侧面反映幼儿内心丰富的世界，可以帮助我们更好地了解幼儿的想法和需要。如，在一次以“我的一家”为主题的绘画活动中，妮妮画的是一家三口坐在餐桌上吃饭的情景，当老师问她：“妮妮为什么会画一家人在一起吃饭的情景呢?”妮妮的回答是：“爸爸经常在外面吃饭，昨天爸爸在家里跟我和妈妈一起吃饭了，我好高兴，真希望爸爸每天跟我们一起吃饭。”

（四）评价的重点

评价的形式和方法要根据幼儿的年龄特点和当时的游戏状况综合决定，可以是教师评价，也可以是幼儿自评，还可以是幼儿他评。就不同年龄班的评价而言，需把握以下重点：

1. 小班游戏评价

小班幼儿游戏的评价应贯穿在幼儿游戏的过程中，等游戏结束后再进行评价效果往往不佳，且评价应借助有关的道具、角色扮演，以游戏的口吻进行。此外，小班幼儿以平行游戏为主，联合或协作的游戏较少，所以对游戏过程中普遍存在的问题，教师可以直接互评为主，少用讨论式的评价；教师更多的是针对每个幼儿的情况，在指导幼儿游戏的过程中，进行个体评价，评价面向小组和整体的评价较少为宜。

2. 中班游戏评价

中班幼儿游戏评价的方式、方法可以多种多样，可以灵活地采取集体、小组、个别的组织形式进行评价，也可直接讲评与幼儿讨论评价、自我评价相结合。在评价的过程中，可启发幼儿把自己在游戏中的所见所闻、情感体验表达出来。中班幼儿游戏水平较小班有较大的提高，思维的直观形象性增强，想象逐渐变得活跃、丰富，认识的范围不断扩大，经验有了一定的积累，游戏中交往增多，合作游戏开始发展，因此，这些方式更适宜。

3. 大班游戏评价

幼儿到了大班，游戏的评价可以以小组或全班集体评价为主，每次游戏结束后，都可进行，更多的是采用讨论式的评价；除进行自我评价外，还可以评价他人的游戏情况。在游戏评价前，可事先交代评价的内容。在评价的过程中，教师可以引导幼儿相互交流游戏的经验体会，发表各自的意见。如“你在游戏中遇到了哪些困难?”“你是跟谁一起解决的?”“你们用到了什么方法?”这样可以帮助幼儿获得游戏中问题解决的间接经验。

（五）评价中需要注意的问题

1. 发挥幼儿在评价中的作用

评价不仅限于教师对幼儿游戏表现的评价，幼儿的自评和他评也是重要组成部分。在游戏的过程中，幼儿不仅对自己的游戏有切身的感受，他们清楚地知道自己在游戏中遇到了哪些问题，解决了没有，是怎么解决的；他们同时还可能会对同伴的游戏有所观察，同伴有没有遵守游戏规则，搭建的作品是不是结实、漂亮，都有可能成为他们关注对象。因此，评价过程中，幼儿的表达不可忽视，这往往可能成为教师进行游戏指导的关键信息来源。

2. 评价容量适度

由于受人员、时间限制，每次的评价内容不能太多，可根据需要有所侧重。一般情况下，若面向大多数幼儿，可根据幼儿的实际情况选择一项或两项评价内容；若面向个别幼儿，可选择多项评价内容。

3. 抓住评价的重点

教师应抓住游戏的共同价值和特殊价值来评价。教师在评价时，既要看到它们的共同价值，主要表现在发挥幼儿的主动性、独立性、创造性、社会性等方面的教育功能上；又要抓住它们的特殊价值，主要表现在游戏的技能上。这样在评价时就不会眉毛胡子一起抓，做到心中有数，有的放矢。

4. 营造和谐的评价氛围

游戏结束后，教师要营造一种良好的评价环境，以平等身份与幼儿共同讨论，评价游戏的过程与效果，共享成功的喜悦。切忌把幼儿对游戏的自由讨论变成教师对幼儿游戏与行为好坏评价判断，更不能变成一种说教。

本章小结

本章主要从幼儿游戏的观察和指导两个方面进行了详细的介绍。一方面，介绍了观察的意义、内容、方法、观察的结果分析，其中，借助案例重点介绍了不同观察方法在实践中的运用。另一方面，详细地介绍了教师在幼儿游戏前、游戏中、游戏后如何进行指导。学好本章，对教师在实际教学中观察和指导幼儿的游戏有实质上的借鉴意义。

拓展阅读

［英］莎曼，等．观察儿童［M］．单敏月，王晓平，译．上海：华东师范大学出版社，2008.

书中介绍了为什么要观察儿童，如何呈现观察的内容，书中举了很多实际观察的案例，而且有详细的对案例的分析。本书适合所有对0~8岁儿童成长感兴趣的人阅读。这本书可以让你知晓儿童的发展状况、帮助你评判儿童的发展水平、指导你设计儿童的发展目标、提醒你关注超常儿童的发展需要。其中有很多关于儿童行为的分析，可以帮助读者认识幼儿行为背后的本质。

思考题

1. 幼儿游戏观察的意义是什么？
2. 教师介入幼儿游戏时应该注意哪些方面？
3. 论述教师在评价幼儿游戏时应该注意哪些方面？试举例说明。
4. 请在幼儿园的区角活动中尝试运用一种方法观察孩子的行为，并写观察记录。
5. 在幼儿园中观察教师是如何进行游戏评价的，并分析教师的评价是否恰当。

第九章　幼儿园各类游戏的指导

本章导读

爱玩是孩子的天性，而游戏对于幼儿的身心各方面发展都有重要的作用，幼儿园以游戏为基本活动的教育理念也已日渐为幼教工作者接受，但在日常工作中教师应该如何指导幼儿开展有意义的游戏活动，是值得我们思考的问题。幼儿园常见的游戏有角色游戏、结构游戏、表演游戏和规则游戏，不同的游戏该如何进行指导？每种游戏开展过程中的常见问题是什么？该如何处理？不同的游戏之间有何异同？这些问题的探讨对于幼儿园教育实践具有重大的意义。

案例开启

角色游戏——“宝宝商店”①

背景：小班——游戏的进行流程。

“宝宝”商店的生意很好，周围的三个娃娃家的成员不停地购物，争先恐后地挤在柜台前告知售货员自己要买的物品，商店的墙被挤倒了一堵。售货员招架不住了，胡乱地往篮子里装东西，递给顾客。有的顾客因为售货员拿错东西而不满意地叫了起来，老师注意到这边的混乱场面连忙过来，说：“这么多人怎么办？”（没人理睬）。接着又对售货员说：“没有排队的顾客不要卖给他们，这么多人你要怎么说？”售货员终于开口说话

① 关少英. 幼儿园创造性游戏活动中的教师指导研究［D］. 福州：福建师范大学，2007：26.

了："请排队买东西。"和前面一样，大家拿到东西就要走，手中的卡片都没有交给收银员。教师又说："你们忘记什么事了?"小朋友们没有反应。教师只好对收银员说："你们在这里做什么，他们拿完东西就走了，你该怎么办?"见收银员一言不发，教师做了个刷卡的动作，收银员还是不吭声，这时售货员开口了："请到这边结账。"只有一两个顾客过来刷卡，收银员接过卡刷完后还给顾客，其他的顾客都由老师拦着，结算完才能离开。

案例分析

从案例中可以看出，在发现孩子们购物没有排队时，教师先是启发引导："这么多人怎么办?""他们拿完东西就走了，你该怎么办?"当教师发现买完东西的孩子没有刷卡付钱就离开，于是就用刷卡的动作暗示，当暗示没有奏效时，就采取直接以教师身份的垂直式介入，要求顾客结算完才能离开。教师在这里采取的一系列指导措施表面上使游戏的结果较为圆满，但实际上却破坏了游戏氛围，幼儿在教师的直接干预下也没有得到较多的经验提升。

案例建议

对此案例进行分析给出建议：

1. 做好前期的游戏准备工作。首先应该引导幼儿熟悉购物、付款和收银的流程，回顾和提炼生活经验，并且强调游戏的规则要求。其次，做好充足的环境材料的准备，满足幼儿游戏的需求，根据情况设置适当空间的游戏区域、材料等，并且引导幼儿正确使用进区卡以控制游戏人数，防止拥挤、秩序混乱现象发生，确保游戏的质量。

2. 观察先行，智慧介入。观察幼儿游戏情况，发现问题并思考问题背后的原因以及可能的解决方案，选取适当时机以适当的方式介入。比如教师可以充当商店的"收银员"，以游戏者的身份平行介入，引导幼儿学习模仿收银员的职责行为。或者灵活增设"保安"岗位，维持商店的购物秩序。

3. 充分利用游戏后的评价环节。引导幼儿自评、互评，讨论游戏体验，提升游戏经验，并且总结游戏过程，表扬鼓励遵守规则的游戏行为，说说不遵守规则会带来哪些不好的影响，强调一些不当的游戏行为。

4. 反思幼儿游戏情况，预测下次游戏情景，调整游戏环境。案例中，游戏结束后教师可以增加帮助“顾客”排队的护栏，扩大游戏的空间等，利于下次游戏的顺利开展。

第一节　角色游戏

一、角色游戏的内涵与结构

（一）角色游戏的含义与特点

角色游戏是幼儿通过模仿、想象而扮演角色，从而创造性地反映现实生活的一种游戏。① 角色游戏是幼儿园常见的也是非常受幼儿喜爱一种游戏，是幼儿了解生活的重要手段，对于幼儿的语言能力、社会交往能力、认知能力等多方面的发展有着重要影响。

角色游戏最为突出的特点就是游戏内容基本都来源于幼儿的生活经验，是幼儿对现实生活的积极再现。如果教师仔细观察幼儿的角色游戏活动就会发现，从游戏的内容到游戏材料、游戏规则等都与幼儿的生活经验有着密切联系，比如在“超市”里，扮演收银员的孩子会用“扫描仪”收银，甚至对“顾客”说：“请排好队依次付款!”这些行为表现都来源于其在日常生活中的亲身经历以及游戏过程中对同伴行为表现的观察回应，幼儿的生活经验越丰富、游戏环境越丰富，角色游戏的水平可能就越高。

角色游戏的另一个特点就是过程充满想象，如游戏中将自己想象成“医生”，将木棒想象成“魔法棍”，将放了小床、小桌子的空间环境想象成“娃娃家”等，随着年龄、生活经验的增长，想象中创造想象的成分会增多，想象的内容也会更丰富。

（二）角色游戏的结构

一般来说，角色游戏由角色、材料、游戏情节、游戏规则四个基本要素组成。

角色要素即幼儿在游戏中扮演的角色，通过语言、表情、动作来表现角色特点。角色游戏中幼儿可选择的角色非常丰富，一般可以归为三类：生活角色，如妈

① 邱学青. 学前儿童游戏［M］. 南京：江苏教育出版社，2008：292-293.

妈、爷爷、叔叔、妹妹等；职业角色，如老师、医生、警察、售货员等；虚拟角色，即幼儿假想虚构的角色。

材料要素指游戏中幼儿进行假想替代生活中真实物品的材料，如以纸条代面条，以纸盒代冰箱，即以物代物，而随着幼儿年龄的增长、想象力的丰富，可以一物代多物，一物多玩，比如以小棍子代替鼓棰，代替魔法棒，代替筷子等。

游戏情节指在角色游戏中反映的故事情节，如“宝宝”肚子饿了，“妈妈”来喂“牛奶”，两个好朋友去“餐厅”向“服务员”点餐等。由于受幼儿原有经验和想象能力、注意力的影响，游戏情节相对现实生活要简单、可控，情节难以长久持续的发展，游戏的情节往往是简单的、概括化的系列动作，比如取奶瓶——冲牛奶——喂奶，检查——挂吊瓶——打针，而不会像现实生活中情节的丰富、发展变化。

游戏规则一般来源于幼儿对现实社会的经验获得，多为隐性规则，表现为游戏内在的情境性和秩序感。① 情境性可以理解为相对于现实生活的虚拟性，即所有的角色、情节、道具都是虚拟或替代的。幼儿为了扮演某种角色必须按照角色的特点有意识地控制自己的语言、动作、表情等，这就是游戏内在的秩序感，如“医生”要先给“病人”做检查然后再“打针”，而“病人”要听从“医生”的建议接受检查和治疗，“交通警察”站岗时要身体站直而不能随意乱动等。

二、角色游戏的整体指导

（一）角色游戏的前期指导

1. 丰富幼儿生活经验

角色游戏是幼儿对已有生活经验的创造性再现，因此，通过多种手段对幼儿进行家庭生活、幼儿园生活、社会交往等经验的丰富，能有效地充实角色游戏的内容，促进角色游戏的顺利开展。

（1）教师可以通过日常教学、生活活动、游戏活动等帮助幼儿观察周围世界；

（2）通过家园互动，指导家长安排好幼儿的家庭生活，请家长带幼儿去银行、理发店、邮局、超市等多种社会环境与不同的职业人物接触；

（3）通过与社区互动，走进社区或者将社区资源请进来开展大型活动等，丰富和加深幼儿对周围世界的认识，比如参观社区医院、社区敬老院、图书馆，去动物园、公园出游，观摩消防演习等。这些活动都会对幼儿的生活经验、社会认知、交往能力等潜移默化，产生一定的影响，教师可以有意识地进行引导以帮助幼儿经验的提升，但是注意不可操之过急，过于功利化。

---

① 吴云. 对幼儿游戏规则的探讨——兼谈幼儿规则游戏［J］. 学前教育研究，2003（1）：20.

2. 创设游戏环境

良好的游戏材料和环境能有效帮助幼儿萌发想象，激发幼儿游戏的兴趣，是游戏的物质保障，也是幼儿创造性再现生活经验的重要介质。教师在创设游戏环境时应注意：

（1）游戏材料的丰富、趣味和儿童化，能有效吸引幼儿激发其游戏的兴趣。同时应注意，游戏材料的准备要符合幼儿的年龄特点和游戏需求，如小班投放高结构即更美观、更形象、操作方式较为固定的材料，而中大班材料可以考虑低结构的，便于幼儿创造性思维的拓展，满足其改变游戏材料、丰富游戏内容和规则的需求。

（2）游戏场地、游戏时间的固定，帮助幼儿形成良好的游戏习惯和常规。教师可根据班级情况与幼儿一起制定游戏规则，比如每周的什么时间开放角色区，能安静吃完饭的孩子才有资格玩角色游戏等。

（3）游戏环境的教育化。体现在三个方面：一是游戏材料要服务于积极向上、健康有意义的游戏内容；二是游戏材料和情景的创设要体现游戏的规则，方便幼儿自主取放，便于培养幼儿良好的游戏习惯；最后让幼儿参与环境创设，幼儿是游戏的主人，有意识地让幼儿参与游戏环境的创设和材料的准备，这个过程本身就具有良好的教育价值。

（二）角色游戏中的指导

1. 善于发现幼儿角色游戏的需求，尊重幼儿的兴趣、愿望和现有经验，把握游戏契机，协助幼儿提出游戏主题。幼儿的角色游戏需求会受阶段性生活经验的影响，也会受幼儿生活常态的影响，比如圣诞节期间，幼儿在商场、超市、公园看到圣诞树和圣诞老人，就有可能产生扮演圣诞老人的角色游戏愿望；或者每天回家，看到爸爸看球赛，妈妈做饭，爷爷看报纸，幼儿在娃娃家中可能会重现同样的情节。幼儿的角色游戏需求还可能受当时环境中的某些因素影响，比如发现教室里有围裙，幼儿可能会产生扮演妈妈的游戏愿望。因此，需要教师对幼儿的心理特点以及外显的语言、动作、表情进行捕捉，发现幼儿的兴趣点，作为幼儿游戏的支持者、促进者和引导者，而不是游戏的导演者和控制者。同时要注重不同年龄段的幼儿特点和个体差异，结合预设游戏计划，运用环境中的物质材料隐性地刺激、干预、引导幼儿进行角色游戏主题的确定。

2. 指导幼儿选择、分配和调整角色。小班幼儿受自身经验和思维水平的制约，可自主选择的角色常常较为单一、固定，常因为角色分配出现纠纷。教师可以帮助幼儿拓展角色，比如“医院”里不仅有医生、患者，还可以有护士、收银员甚至保安等，提供更多的角色选择。中大班幼儿可以适当培养其自主解决问题的能力，引导幼儿通过协商、猜拳、轮换等方法选择角色。同时，教师应关注到个体差异，如胆小、内向的幼儿可鼓励其扮演活动性强的角色，如警察、收银员等，活泼、外向的幼儿可扮演较安静一点的角色，如宝宝、保安等。

3. 关注游戏情况，适时指导。教师以观察者的身份随时关注幼儿行为表现及角色游戏情况，判断是否需要介入以及介入的时机、方式。关于教师介入指导的方式有很多种，但针对角色游戏的特点，我们一般鼓励教师采取以游戏角色身份介入的间接指导和灵活增减、更换游戏材料的隐性指导两种，以免破坏角色游戏的情节。

（三）角色游戏的后期指导

1. 指导幼儿适时、愉快地结束游戏。教师可以以教师的身份结束游戏，如播放收拾玩具的常规音乐，或以游戏角色的身份结束游戏，如提醒幼儿到“下班时间了”等。

2. 请幼儿按照要求收拾、还原游戏材料。教师不仅可以通过口头提醒，以身示范，还应注意做好游戏材料的还原标志和规范，方便幼儿取放，这个环节不仅是培养幼儿游戏习惯、更是培养幼儿生活习惯和自我服务意识的良好契机。

3. 总结、评价游戏情节、游戏行为和游戏规则等情况。评价的侧重点应该放在幼儿的行为是否遵守游戏规则，强化良好的游戏习惯；以及游戏情节是否合理，并且帮助总结和提升幼儿的经验。

三、各年龄班角色游戏的特点与指导

（一）小班角色游戏的特点与指导

小班幼儿处于具体形象思维阶段，思维多依靠动作和表象，生活经验不足，游戏受情绪影响大。

1. 角色扮演离不开高结构材料

小班幼儿的思维多依靠动作和表象，角色的扮演离不开具体的事物，游戏内容受玩具材料的影响大，需要形象的、高结构的材料为媒介，帮助其产生联想进而开展游戏。

针对这一特点，教师要多提供形象的游戏材料，刺激幼儿联想、想象，激发幼儿游戏的愿望。并且多创造机会让幼儿观察、体验生活中的各种物品，丰富生活经验，游戏过程中启发幼儿“以物代物”和“一物多玩”，发展其想象力和创造力。

2. 游戏目的和角色意识不强

小班幼儿角色游戏往往没有明确的游戏目的，游戏行为较随意，角色意识不强，不能积极主动地安排游戏角色，不明确自己承担的角色职责，容易受情绪、环境、同伴的影响。

尽量减少无关刺激物的影响，比如在游戏前请幼儿拉尿、喝水，做好准备工作；创设良好的心理氛围，注重游戏导入的方式方法，比如儿歌、故事等，营造一种安静、有童趣的游戏氛围，吸引和激发幼儿的活动兴趣；在活动区域设置上注意动静分开，以免相互干扰等。

3. 混淆游戏情节与现实生活

想象多停留在对原生活经验的记忆上，几乎无创造性想象，且思维转换的能力有限，常常将假想的游戏情节与现实生活情节弄混淆，如“吃饭”时将玩具面包放嘴巴里咬等。

教师要理解、尊重幼儿这一特点，为避免不良后果的产生，定期检查和整理材料，保证幼儿游戏材料的安全、卫生、清洁。

4. 不明确角色间的联系

小班幼儿不能完全理解现实生活中人与人之间的多种关系或联系，因此也不明确游戏角色间的联系，所以在角色游戏中多为单独游戏和平行游戏，同伴之间的交流互动以及实质性的合作不多，且交流的深度有限。

随着生活经验的丰富，幼儿对人物角色间的联系理解加深，会逐渐出现有效合作。教师可以利用生活活动和教学活动，多启发、引导幼儿思考人与人之间的社会关系，比如引导幼儿说说我们的食物是从哪里来的，是谁做的，理解种粮食的农民伯伯和做饭的食堂伯伯与小朋友之间的关系。多开设一些需要合作互动才能有效游戏的环境，鼓励幼儿交流合作，比如在“公交车游戏”和“小司机”中选择多人游戏的“公交车游戏”，比如将“家庭厨房”改造成“美味餐厅”等。

5. 简单模仿、重复游戏动作

小班幼儿动作能力有限，常常满足于动作本身，对角色认知不足，喜欢重复扮演角色的典型动作，或者模仿同伴的游戏行为。比如扮演医生时，重复给“病人”打针，而不会做检查、开药等其他游戏行为。

在游戏前期，应做好前期经验的铺垫和相关经验的提炼，多与幼儿展开讨论，帮助其丰富角色的动作特点。同时在游戏中适时地提供不同的游戏材料，引发幼儿对角色的行为的联想，比如“医生”重复给“病人”打针，教师可以适时地投放“听诊器”，幼儿发现新的玩具材料会思考怎样玩，进而引发新的游戏行为。

（二）中班角色游戏的特点与指导

中班幼儿仍然处于具体形象思维阶段，但认知水平、生活经验较小班幼儿已经有较大提高。

1. 基本能按照角色的职责游戏

中班幼儿角色意识增强，逐渐能有意识地选择游戏角色，安排游戏内容，基本能按照角色的职责游戏活动，但是在角色分配上容易发生矛盾。

针对这一特点，教师可以结合生活活动展开游戏角色的探讨，拓展游戏主题，丰富游戏角色，认识不同角色的特点，比如通过消防演习，了解消防员的多种职责，通过视频欣赏，了解餐厅中不仅有厨师、服务员，还有配菜员、收银员等。为幼儿提供丰富的角色选择，减少因角色分配产生的矛盾冲突。与幼儿一起制定完善游戏规则，增强规则意识，遇到问题时，为幼儿提供协商、轮流、合作等不同解决问题的方法。

2. 角色分配时出现有性别意识的选择行为

随着幼儿性别意识的增强，在角色分配时出现有性别意识的选择行为，如女孩多喜欢扮演“妈妈”“教师”，男孩多喜欢扮演“爸爸”“警察”等，这其实是幼儿社会性发展中出现的性别刻板印象。

利用角色的外表特点帮助幼儿强化性别角色认知，比如“爸爸”“爷爷”应该是短头发的，“妈妈”“奶奶”可以穿裙子。同时，教师也要注意开展双性化教育，比如鼓励胆小、内向的孩子多扮演“警察”“服务员”这类需要多与人互动的角色，建议外向、好动的幼儿多扮演“厨师”“医生”等安静点的角色。

3. 可以利用低结构游戏材料

随着中班幼儿思维能力的发展，角色游戏对形象材料的依赖性降低，逐渐可以利用低结构的材料进行游戏，甚至出现“一物多玩”。

教师可以启发幼儿创造性地使用玩具、材料，引导幼儿自制一些简单玩具。

知识链接

双性化人格理论对于幼儿园教育的启示①

研究发现，儿童在7岁前不仅发展性别同一，而且也在进行性别角色行为的选择。所以，儿童早期是双性化人格形成的关键阶段，我们应该创设一种有利于儿童双性化人格发展的教育环境。在当前现实情况下，幼儿园进行合理的适宜的性别教育显得尤为必要。

（一）因性施教，培养集两性优点于一身的儿童

理想的“双性化”性别模式从个性角度来讲，应体现为男性以阳刚为主，刚中有柔，而女性则以阴柔为主，柔中见刚；从知识能力的发展来讲应强调男女共进，取长补短，既具有性别特色，又能优化整体心理水平。这样，健康的性别心理就应该是：一个个体既具有男女之共性，也具有男女之

① 姚伟，宫亚男. 双性化人格理论及其对幼儿园性别角色教育的启示［J］. 大庆师范学院学报，2010（30）：140.

个性，既可以摆脱性别角色标志的束缚，又不失自己的性别本色。因此，提倡双性化教育模式，就是要结合“因性施教”来进行。传统的刻板教养方式、教育观及文化因素，使得男性和女性按照各自既定的性别角色行为规范去成长。在审视传统的性别观念时，我们并不否定男女存在差异，特别是在生理上。我们在幼儿园教育中创设有利于儿童双性化人格发展的教育环境，也并不是说要忽视男女的两性差异。恰恰相反，我们要承认这种两性差异，实质上这也是承认男女两性在社会生活中具有相互不可替代的独特价值。承认男女有别，这也是客观性的价值事实。幼儿教师要转变传统的性别观念，培养集男女两性优点于一身的儿童，淡化成人世界固有的性别框架，使每一个儿童有更广泛的发展空间和选择。对于儿童出现的“异性”特质也不要觉得惊异，也不能妄下结论，更不能予以贬斥，应多赋予儿童一些社会自由度，使得儿童获得多种社会角色体验，增进对人、人生和社会的理解，让他们对男女优秀的人格品质“兼收并蓄”，让儿童的个性得到充分的发展。

（二）以游戏为切入点，找寻双性化人格培养的契机

在幼儿园的日常生活中，游戏是儿童主要的活动形式。儿童的性别角色意识几乎都是在与同伴进行的游戏活动中实现的。笔者观察过的角色游戏活动中就有这样一个例子：一群小朋友在玩“医院”的游戏，男孩子扮演医生，女孩子扮演护士与病人。其中，有一个女孩子对医生的角色很感兴趣，要求大家让她当医生。这时候，一个男孩子说，“你是女孩子，就应该做护士！”另外一个男孩子说，“对呀，我们男孩子是不能当护士的！”这个小女孩无奈地又回到了她原来的位置上。女孩的行为实际上是对同伴群体所坚守的性别文化的“叛逆”行为，但是最终迫于成为“异己”的压力和威胁，以放弃尝试作为获得同伴认可的条件。这个例子是偶然的，但确实值得我们反思。幼儿在游戏中所表现的某些“出格”行为正是驱除性别偏见、实现双性化人格培养的契机，因此幼儿教师应当从这种契机中寻找性别教育变革的出路。

首先，教师要鼓励幼儿不分性别地在游戏中尝试更多的生活经验。男女幼儿由于生理原因在游戏活动中确实存在着差异性。但是，幼儿教师在组织活动时应将性别公平教育引入儿童的游戏和活动中。既要发挥他们各自的优势，同时也要尽量减少在游戏活动中的差异。幼儿教师在游戏活动的安排上应尽量使游戏的内容和形式变得更加全面，如教师再安排游戏角色时，可以让女孩子扮演一些通常是男孩子扮演的角色“警察”“猎人”等，使他们能够获得各自不同的情感体验。

其次，教师应鼓励幼儿玩传统意义上的异性的玩具。当男孩子选择布娃娃、女孩子选择手枪等这种传统意义上的异性玩的玩具时，幼儿教师应该给予鼓励和支持。使孩子能够获得不同的情感体验。要尽可能地避免人为地造成心理差异，消除性别偏见，使幼儿的个性得到充分的发展。

（三）大班角色游戏的特点与指导

大班幼儿创造性思维能力发展，开始摆脱对具体事物的依赖，对社会生活体验越加丰富，规则意识增强。

1. 角色意识强，能有效表现角色特点

大班幼儿角色游戏时表演更加投入，对于角色行为的扮演更为形象化、精细化、完整化，关注“隐性规则”以及角色行为是否合乎生活经验。

鼓励幼儿多观察、体验生活中的各种物品，丰富生活经验，运用讨论、观察、统计等多种方法更全面、精细地了解角色特点。

2. 游戏目的性和计划性强

游戏活动的自主性、目的性、计划性增强，不再追随同伴、教师的游戏安排，有自己的角色选择意识。

尊重幼儿的教育主体地位，鼓励幼儿按照自己的意愿提出游戏的主题，选择游戏的角色，保障足够的游戏时间供游戏情节的展开。

3. 角色间能有效互动

大班幼儿能够有效与同伴互动、合作游戏，交叉游戏变多，但容易出现“小团体”现象，几个固定玩伴游戏并且排斥他人的加入。

丰富角色数量和类别，创造合作游戏的条件，进行角色选择、分配的干预，鼓励幼儿多与他人互动，减少“固定游戏玩伴”现象。

4. 角色游戏情节丰富，创造性游戏成分多

大班幼儿想象丰富、思维活跃，出现创造性游戏，能灵活利用游戏环境和材料展现自己的创造力，丰富游戏情节。

鼓励幼儿有目的地选择和替代游戏玩具，鼓励幼儿依据游戏需要自制相关玩具。

四、幼儿园角色游戏中的常见问题及指导

（一）幼儿的游戏内容消极不健康时该怎么办？

幼儿角色游戏是对生活经验的反映，这其中也包括其对实际生活中一些消极的、不健康的经历体验，这些游戏可能会强化其负面影响。教师应该随时关注幼儿

的游戏内容，在出现这类情况时，能敏锐发现，并且灵活、适当地介入，避免不良后果的产生，但是同时要注意保护幼儿的游戏兴趣，不打扰、打断幼儿的游戏，引导游戏向积极的方向发展。

案　例

扮演爸爸的浩浩对扮演妈妈的小雨说："我去抓一只小羊来，我们一起吃羊！"于是浩浩拿着绳子对雯雯说："你来当小羊，我来抓你好不好？"雯雯答应了，于是乖乖地被"绑起来"带到了小雨面前，浩浩说："我们一起来吃羊吧！"可是小雨突然被这两天老师新做好投放进活动区的"冰箱"吸引过去了，说："爸爸，我们把小羊放进冰箱里冻起来吧，等小宝宝放学回来一起吃！""好啊，好啊！"浩浩说，于是他们俩准备把雯雯推进"冰箱"。这个时候老师走过来："爸爸妈妈，你们怎么能把刚抓到的活羊放进冰箱呢？谁进冰箱里都会被冻死的！冻死了小羊，小宝宝可就吃不到新鲜羊肉了！"于是两人只好作罢，"那好吧，我去找小宝宝来！"浩浩把"小羊"交给小雨就出门了。

案例分析

幼儿思维能力有限，还不能有效区分现实和虚拟的世界。现实生活中幼儿模仿电视中的情节躲进冰箱、跳楼飞翔等事故时有发生，案例中的幼儿也是这样，试想如果这个小游戏发生在没有成人监护下的家里，很有可能酿成悲剧。案例中的教师抓住故事背景，提醒幼儿"冻死了小羊，小宝宝可就吃不到新鲜羊肉"，一方面告诉幼儿进入冰箱会被冻死，告诫幼儿冰箱的危险性，另一方面又保护了幼儿的游戏兴趣。

（二）角色游戏材料越逼真越好吗？可以以真代假吗？

为了帮助幼儿想象，进入角色，不少幼儿园的角色游戏材料中会出现一些仿真的道具甚至是真的生活物品，比如娃娃家里用纸浆做的饼干、甜甜圈、蛋糕等，甚至出现真的水果供幼儿玩鲜榨果汁。但是前文我们已经了解到，角色游戏具有过程中充满想象的特点，特别是随着年龄、生活经验的增长，想象中创造想象的成分会增多，想象的内容会更丰富，那么我们应该要考虑到满足幼儿创造性思维发展的需求，不可过分追求角色游戏材料的真实性，限制了幼儿思维。

知识链接

角色游戏材料以真代假好不好①

前不久，去几所幼儿园观摩角色游戏，发现教师投放的材料中有一些是真的食品，如水果店里的水果、娃娃餐厅里的糕点，并在游戏过程中引导幼儿食用，以此增加游戏的趣味性。我觉得这种做法不妥，理由有三：

一是不卫生。在游戏过程中，孩子要接触大量的玩具材料，手上难免要沾染上尘土、细菌，这时孩子去抓取食物放入口中，极不卫生，也不利于孩子养成良好的卫生习惯。

二是不利于对孩子的想象力、创造力和思维能力的培养。角色游戏的一大特点是以物代物，孩子在游戏中以这一物品代替另外的物品，如板凳代马、木棍当枪，从而发展想象力、创造力 、思维能力和解决问题的能力。若投放真实的物品，就达不到以物代物对儿童发展的作用了。

三是阻碍了游戏的进展。幼儿注意分配能力较差，当他在吃东西时，思维受到干扰，往往会不自觉地退出游戏角色，甚至中止游戏行为。

因此，角色游戏材料以真代假不好。

（三）当幼儿出现同一角色的反复游戏时该如何指导？

在角色游戏时，幼儿因为年龄小、生活经验缺乏或者游戏环境的限制等原因，常会出现同一角色的反复游戏，这可能不能有效帮助促进幼儿的发展，并且可能会引起其他幼儿对角色分配的不满。当出现这种情况时，教师不应该盲目介入，而是观察在先，观察思考幼儿反复游戏背后的原因，其游戏兴趣是否得到满足，游戏行为动作是否有提高，经验是否得到提升，如果答案是否定的，教师可以采取适当方式进行介入。当然，如果因此引发了幼儿间的矛盾冲突时，教师应该本着公平公正的原则适当干预，让其他幼儿也有扮演角色的游戏机会。

案　例

在角色区玩游戏时，洋洋戴上警察帽当起了交通警察，高兴地指挥交通，一开始“小司机”们也很开心地配合洋洋的指挥停车等待，靠边行驶

① 章群弟. 角色游戏材料以真代假好不好［J］. 幼儿教育，1999（5）：26.

等，不一会就有“小司机”找到洋洋想跟他换角色，可是洋洋不干，继续当他的交通警察。一连好几天他都想办法最先进入角色区“抢占”警察帽，当交通警察，洋洋的指挥动作一直只是简单的停止、前行这两种，指挥交通的游戏持续时间越来越短，渐渐地其他孩子也不愿意做“小司机”了，游戏都快无法开展了。

这天，老师“开车”故意堵在洋洋的交通岗，说：“警察先生你好！我想向左转弯行驶，可是为什么你只有停止、直行两种手势呢？你是不是太累了，忘记左、右转弯的手势信号了？”洋洋不好意思地低下头，不说话。老师说：“没关系，交通警察也需要休息和学习的，等你学了更多的手势信号，我再来按照你的信号行驶好吗？”洋洋点点头，把警察帽子让给了其他孩子。

案例分析

当洋洋反复地重复某一种角色进行游戏时，教师不是马上进行介入指导的，而是有意识地在观察判断。因为幼儿反复游戏有可能是幼儿游戏需求还未得到满足的表现，我们应该尊重幼儿的发展需求，但是教师通过观察发现，洋洋一直在单调地重复游戏行为，而没有经验的提升，并且他的单调行为也对其他幼儿游戏的造成不良影响。确定需要介入时，教师以游戏者的身份提出洋洋需要学习更多的指挥方法，同时保护孩子的自尊心，以“累了”“忘记了”为理由请洋洋将角色让给他人，这是一种智慧的指导方式。

第二节　结构游戏

一、结构游戏的内涵与结构

（一）结构游戏的内涵

在幼儿园，我们经常会看到孩子们用积木、雪花片、纸盒子、奶粉罐等材料进行拼搭、排列、接插、黏合等操作，建构出他们熟知的各种造型，这就是我们本节要讨论的结构游戏。结构游戏又称建构游戏，是指幼儿操作各种材料（积木、积塑、金属结构材料、沙土、冰、石头等）进行物体构造的活动。①

（二）结构游戏的结构

结构游戏由三大要素组成，第一要素是幼儿的表征思维。体现在活动过程中需要幼儿的想象力和创造力，幼儿可以根据自己的想象、意志有针对性地选择合适的材料进行建构，将自己思维中想象的物体具体化，直接或间接地将自己的生活经验和内心活动反映到游戏中。

第二要素是以素材玩具为载体。结构游戏以结构材料为载体，没有材料游戏就无法开展，一般来看，幼儿园的结构材料有以下四大类：②

1. 专门的结构材料：积木、积塑、胶粒、雪花片等；
2. 自然的结构材料：沙、石、水、泥土、冰、竹制材料等；
3. 废旧材料：饮料瓶、挂历、纸盒、编织袋、奶粉罐、鞋盒、饮料盒等；
4. 半成品的结构材料：用饮料瓶、卡纸做成的树，用皱纹纸做成的草等。

第三要素就是让思维与材料发生关系的操作行为。结构游戏需要幼儿通过操作、构造来将生活经验和内心活动表现在物质材料的造型上，比如对操作积木材料时的平铺、垒高、架空、围封、组合；对雪花片材料的一字插、十字插、花形插、几何形体插、组合连接、整体组合插法等；③ 对沙、土材料的挖、堆、印、捏等。

二、结构游戏的整体指导

（一）结构游戏的前期指导

1. 丰富幼儿生活经验

结构游戏是在幼儿原有认知基础上的一种创造性游戏，只有丰富幼儿的生活经验才能推进结构游戏的有效开展。如幼儿只有观察过房子才知道房子有哪些结构，需要什么形状的材料，怎样将这些材料组合起来建构房子。为丰富幼儿的生活经验，教师需要引导幼儿用多种方式、方法观察生活中的事物，并鼓励幼儿大胆表达自己的所看、所想、所感。既可以通过课堂教学、春游、参观等专门组织开展的活动进行，也可以通过幼儿园一日生活中、日常生活中的观察活动来实施。在这些活动中，指导幼儿利用视觉、触觉等多种感知觉，整体感知、部分感知、对比感知等方法积累经验。

---

① 王忠民. 幼儿教育辞典［M］. 北京：中国大百科全书出版社，2004：992.

② 彭俊英，魏婷，等. 幼儿园游戏活动的组织与指导［M］. 北京：教育科学出版社，2014：114.

③ 董旭花，王翠霞，等. 幼儿园创造性游戏区域活动指导［M］. 北京：中国轻工业出版社，2014：68-73.

2. 引导幼儿的观察行为

在丰富幼儿生活经验的同时，我们还要注意针对具体的建构主题引导幼儿的观察行为，对建构主题或对象有一定的有效观察，进而建构造型反映物体的外形特征。

（1）引导幼儿多角度、多渠道地观察

最简单有效的观察是将建构对象提供给幼儿进行摆弄、玩耍，通过多种感知觉，从各个角度直接观察感知物体。比如建构汽车造型，可以提供给幼儿大量汽车玩具，在与汽车玩具互动的过程中观察其形状、颜色、结构以及空间位置关系，形成汽车造型表象。如果面对建构大型的建筑物、街道、公园等建构对象时，除了依靠生活经验中的记忆和印象来游戏，还可以为幼儿提供一些图片、影视资料进行观察。比如幼儿要建构一座房子，可以为其提供房子正面、侧面、背面、顶部的造型图片、影像等。

（2）引导幼儿整体—局部—整体的认知

教师引导幼儿观察建构对象时，需根据一定的认知顺序。首先，幼儿对观察对象会有一个整体的初步印象，物体大概是什么形状、颜色、大小的，接着不同的幼儿会关注到不同的局部细节，这个时候教师要抓住关键的局部细节，不能随着幼儿的思维随意发散，对于幼儿没有关注到的重要细节要进行挖掘、引导，最后又回到整体的认知。

案 例

今天，孩子们结构游戏的主题是“我喜爱的公园”，老师开始导入游戏主题，先让幼儿回忆公园的整体印象，接着出示一些公园的图片供孩子们观察讨论，这个时候孩子们的兴趣来了，开始七嘴八舌地讨论起来。茜茜：“有好多小树和小花，红色、黄色……还有石头，喷泉，水池……”小熙：“公园里的路都是歪歪扭扭（弯弯曲曲）的，不能走大汽车，汽车要在直直的马路上跑!”贝贝：“还有很多人跳舞的，我奶奶每天晚上都会去公园跳舞!”依鸣：“公园里也有滑滑梯哦！但是没有我们幼儿园的滑滑梯漂亮。”

孩子们讨论了几分钟，老师开始说话了：“是的，小朋友们的小眼睛可真是厉害！找到了这么多东西。问问小朋友们，公园是供人们做什么的?”

幼儿：“玩的……”

老师："是的！给小朋友玩的，不光是小朋友，爸爸妈妈、爷爷奶奶都可以来玩。如果要给小朋友玩，那公园里要有什么？我们来回忆下或者观察下图片。"

幼儿："滑滑梯，秋千……"

老师："公园可以给爸爸妈妈散步，那里面有开得很快的大汽车吗？路是怎样的？"指出图片上的路，请幼儿观察。

幼儿："没有！汽车会撞到人的，公园里的路是弯弯曲曲的小路。"

老师："公园可以给爷爷奶奶跳舞用，那就需要有一块平整的空地，对吗？如果他们跳累了，或者太晚了看不见该怎么跳呢？"

幼儿："累了可以坐在椅子上休息，天黑了路灯会亮的！"

老师："小朋友们真棒！既然我们观察了公园里的多种设施，现在我们就开始建构了，我们是要先搭外面的围栏，还是先搭里面的滑滑梯、小树呢？"

幼儿："先搭围栏，再搭滑滑梯……"

案例分析

这个案例中教师是以总—分—总的模式对公园进行感知的，先让幼儿回忆对公园的整体印象。接着教师不是随着幼儿的观察发现随意发散，而是有意忽略了幼儿说到的石头、喷泉、水池等设施，因为这些不是公园里最主要、最明显的设施，并且因为建构材料、幼儿的建构精力和能力有限，不能面面俱到。所以教师以公园的功能为线索引导幼儿观察公园内的多种主要设施，重点观察与人们息息相关的细节，最后又回到整体的框架建构。

（3）引导幼儿进行对比性观察

对于同类型的事物，教师可以引导幼儿使用对比观察法，这样既可以帮助幼儿理解这类事物的共同点，又能区别其各自的不同特征，加深对事物的认知，同时还可以帮助幼儿迁移经验，建构其他同类事物。比如在建构"开心牧场"时，要求幼儿使用对称拼插的方法进行牧场小动物的造型，孩子们开始学会了拼插做小鸭子，之后做鹅的时候，就可以以鸭子的身体制作方法为基础，再建构更长的脖子，加上红色的肉冠，很容易就完成鹅的造型了。

3. 合理投放材料

（1）室内材料投放

结构游戏材料的量和种类并不是越多越好，是否能满足幼儿游戏发展的需要才是衡量成功与否的标准。特别对于小班幼儿，材料的种类太多反而导致幼儿选择的盲从性，影响幼儿对结构材料的专注探索。我们除了要投放一些常规的材料之外，还要投放一些辅助材料，如纽扣、纸筒等，并且适当控制材料材质的种类，避免材质的不统一影响建构效果，也避免过多的可选择性导致幼儿游戏的盲目无从。

（2）室外材料的投放

室外结构游戏材料的投放主要指沙子、泥土、石头、水等自然材料的利用和相关工具的投放，这些自然材料的投放要从幼儿的健康出发，最好建在向阳、空旷的位置，能保持阳光的照射消毒以及干燥、干净的效果，同时考虑便于幼儿取水的方便性。注意定期翻动、清理、排除异物，平时加盖保护等日常护理。建构工具如勺子、铲子、小桶、筛子等的投放和收纳也应从幼儿的健康角度和教育意义出发，选择健康、安全的材料，或者增设安全保护工具如鞋套、围裙、帽子等。注重教育意义是指从是否有利于幼儿的建构能力、思维能力的发展出发，有目的地选择工具，例如动植物模具类的投放，是否适合幼儿年龄特点，是否会限制幼儿创造性思维等。

4. 共同制定游戏规则，保证游戏质量

师幼共同制定游戏规则，融入幼儿想法，让幼儿意识到规则的制定是出于对其切身利益的维护，有利于规则的遵守保证游戏的质量。常见的结构游戏规则有：

（1）持进区卡进区，并按照自己的实际情况填写记录表；

（2）爱惜玩具，任何时候不乱扔玩具，需要多少取多少，不要一次取太多，轻拿轻放，按要求在固定位置取、还、摆放材料；

（3）珍惜大家的劳动成果，不随意破坏他人建构的作品；

（4）先到先得，不争抢玩具，需要别人正在使用的材料时，要征得别人同意。

（二）结构游戏过程中的指导

1. 观察了解游戏情况

（1）结构材料的使用频率情况——反映幼儿兴趣程度和是否满足发展需求；

（2）是否容易出现冲突——反映环境设置是否合理，空间、材料是否不够，游戏规则是否需要调整；

（3）出现幼儿求助现象的频率——反映结构主题选定难易程度是否合理；

（4）幼儿之间合作情况——反映幼儿的社会性发展情况和交往技巧是否需要提高。

2. 选择合适的方式适时介入

选择适当的方式进行介入时，教师应注意把握以下几点：

（1）根据幼儿年龄特点和个体差异有侧重点地指导，避免整齐划一；

（2）尊重幼儿原有的生活经验和游戏水平，适当帮助；

（3）灵活转变角色，指导要适可而止，适时放手，将游戏权利还给幼儿，保证幼儿游戏的主体性。

（三）结构游戏后的指导

1. 按照要求归还回收材料

强调幼儿遵守规则按要求归还材料，保持良好的行为习惯，可以根据类别引导幼儿分类、归还材料。

（1）室内结构材料

幼儿园室内结构游戏最常使用的就是积木、雪花片等专门的结构材料，还有废旧材料如饮料瓶、编织袋等，半成品结构材料如加工过的纸盒、剪好的纸条等。教师可以利用常用的标志还原法，在筐子、篓子等盛装材料的容器以及玩具柜上贴上实物照片做标记（大班可以用图形、色块、数字等代替），用这些标记引导幼儿自主分类、归还。

（2）室外结构材料

室外结构材料如沙、石、泥、大型竹制材料等，在区域设置时就划分好游戏区域，一般不需要分类归还材料，甚至不需要将“作品”拆开还原，便于下次游戏继续完成。但是游戏后需要教师引导幼儿按要求回收建构辅助工具，比如沙铲、小桶、袋子等。同时教师要注意清理游戏场地，减少安全隐患。

2. 进行成果展示、欣赏

请幼儿将自己的建构材料放在展示活动区，或者拍成照片、制成作品集，放在结构区环境中，供幼儿欣赏、学习，并鼓励幼儿大胆表达介绍自己的作品及其制作方法。这个过程不仅能增加幼儿的成就感、游戏兴趣，更能锻炼幼儿的表达能力、倾听能力和社会交往能力。

3. 多元评价，强化良好的游戏行为

通过对结构游戏的评价，游戏经验的分享，不仅能帮助幼儿进行经验的提升，也能帮助教师了解幼儿的游戏水平和兴趣动态，为适时调整计划提供依据。从评价的内容来看，可以有对结构技能的评价、对认知经验的评价、对游戏行为习惯的评价，教师应注重多维度、多元化的评价，不可仅仅局限于对幼儿结构技能的评价。

三、各年龄班结构游戏的特点与指导

（一）小班结构游戏的特点与指导

1. 无明确游戏目的

没有明确的游戏目的，建构能力有限，喜欢没有计划地摆弄结构材料，重复简单的搭建造型。

教师可提供色彩丰富结构稍简单的游戏材料，搭建一些简单的造型作为参考范例，注意游戏的导入过程，调动幼儿积极性的同时唤起前期生活经验。

2. 游戏主题不明确

容易受同伴干扰，随意转换建构主题而模仿他人的建构行为。

准备足够的游戏场地和结构玩具，保证幼儿游戏的空间和游戏材料的充足，开始时可以 1 至 2 个人玩一种游戏材料，培养游戏常规互不干扰。

3. 规则意识薄弱

规则意识薄弱，游戏时候存在争抢、破坏行为，游戏前取放玩具的方式不对。

与幼儿一起讨论制定简单易懂的游戏规则，布置游戏环境时候贴上提示标识，教给幼儿正确的整理、爱护玩具的方法。

4. 合作行为少

小班幼儿更倾向于单独游戏，合作建构行为较少，小班后期逐渐出现平行游戏和游戏交流。

为幼儿提供丰富的游戏材料和环境准备，鼓励幼儿合作游戏。

（二）中班结构游戏的特点与指导

1. 建构的目的性增强

对游戏材料的材质、特性有一定认知，能初步根据建构目标选择相应材质的游戏材料，但在游戏技能上能力不足。

引导幼儿运用多种感官感知材料的形状、颜色、大小、硬度、材质等特性，认识高低、宽窄、厚薄、轻重、长短、前后等空间方位，为建构技能的提高打基础。

2. 能长时间专注游戏

对游戏的有意注意能力、坚持性提高，常常出现游戏时间到了幼儿还不愿离开未完成的作品的现象。

提供充足的游戏时间，对还未完成的作品留出专门的空间存放，方便幼儿继续完成。

3. 同伴合作变多

游戏中合作行为逐渐增多，出现“小组游戏”现象。

适当组织幼儿进行小组（3~4 人）活动，注意根据幼儿特点进行组合和人数控制，进行商讨、制定游戏方案和游戏分工。

4. 开始关注建构成果

认知水平及感受、欣赏美的能力提高，开始关注建构成果，愿意与人交流、分享游戏成果。

多提供建构图片、成品展示图片供幼儿欣赏、学习，活动前交流帮助幼儿明确自己的设计主题和方案，设置展示区展示幼儿作品。

（三）大班结构游戏的特点与指导

1. 游戏目的明确

结构游戏的目的明确，能按照游戏目的和游戏计划围绕主题进行游戏。

融合各领域开展教学，利用生活活动、家园互动丰富幼儿生活经验，促进对常见物品的造型结构认知。

2. 解决问题能力增强

集体观念增强，能有效进行游戏中的分工合作，集体构造物体，能集体商议探索解决问题。

提供多样化的材料，鼓励幼儿选择不同的材料，以小型活动为基础，引导幼儿展开参加人数多、结构复杂、持续时间长的大型建构活动。

3. 喜欢挑战有一定难度的建构任务

随着认知能力、生活经验、动作能力的提高，建构能力迅速发展，重视建构作品的细节，喜欢尝试新鲜、复杂有挑战的建构任务。

顺应幼儿发展需求，提供材质、形状、颜色、大小等多样化的材料，争取家长资源搜集大量生活废旧材料，并指导幼儿认知掌握各种材料特性。

4. 建构的细节逐渐完善

建构主题的选择越来越丰富、多样，建构的内容越来越丰富、完整，在游戏的过程中会逐渐衍生出越来越丰富的细节，甚至生成新的建构主题，但共同商议、设计细节的能力有限，往往是个别幼儿主导。

指导幼儿用讨论、选择协商、集体协作制订游戏计划，包括游戏的主题内容、材料选择、实施步骤、人员分工和游戏规则等多方面，大家集体合作创造性地开展大型结构游戏，并且帮助幼儿挖掘衍生出的主题活动。

四、幼儿园结构游戏的常见问题及指导

（一）结构游戏的技能要不要教？教什么？怎样教？

很多教师在指导结构游戏时，往往关注幼儿游戏行为的延续情况，而不重视对结构游戏技能的培养，幼儿如果只有建构的愿望和目标，而没有一定的建构技能的支撑，是无法有效完成建构作品的创造的，因此，我们说结构游戏的技能学习是有必要的。当然，结构游戏的技能学习相对于单纯的游戏无疑是枯燥无味的，这带给我们一个思考：教什么结构游戏的技能？怎样教？一般来说，幼儿的结构游戏技能发展要经历六个阶段：探索——重复/堆高/平铺——搭桥——围合——模式与对

称——装扮。幼儿园结构游戏的技能因材料的不同也有很多种，教师可以用平行示范、角色介入、启发诱导、图示展示等方法，进行结构游戏技能的培养。

知识链接

幼儿结构游戏的基本技能①

幼儿在结构游戏中的技能因材料的不同而不同，主要技能有：接插、镶嵌、排列、组合、黏合、穿插、编织、旋转、敲击。

（一）接插、镶嵌技能

“接插”就是将一块积塑的一端插入另一块积塑中，使之连接在一起，成为一个整体。“镶嵌”是把一个物体嵌入另一物体内。接插、镶嵌都是把两个或者两个以上结构部件相互连接，形成一个整体的结构方法。幼儿在进行连接的，可以是面的连接（如桌子、房子等），也可以是各部件的交叉连接，形成不同的立体形状，或者围合成一个图形（如城墙等）。

利用积塑材料进行接插建构时，主要的技能包括：一字插、十字插、米字插、环形插、正方形插、三角形插等，以及各种技能的组合。

（二）利用积木等块状材料的排列、组合技能

排列、组合技能是用积木材料进行建构时经常使用的一种技能，排列是幼儿将积木材料按一定的规则排列形成自己需要的形状，组合是将排列好的各个部分连在一起形成一个整体。

积木是幼儿园常用的结构材料，它不能像插接玩具一样进行插接组合，而是通过排列、组合的方法进行建构，其主要建构方法有：铺平、延长、加高、对称、堆积、间隔、围合、盖顶、搭台阶、拼图排列（利用积木自身的几何形状如三角形、正方形、长方形等排列形成一种平面图形）。

（三）编织、黏合、穿插技能

1. 黏合

黏合指用黏合剂将一般方法无法建构、组合的结构部件进行连接的一种方法。幼儿园常用的黏合剂有橡皮泥、胶泥、双面胶等。在使用时需要注意

① 彭俊英，魏婷，等. 幼儿园游戏活动的组织与指导［M］. 北京：教育科学出版社，2014：141-152.

黏合剂自身的黏性以及幼儿的安全。

2. 穿插

幼儿园中进行穿插活动的材料一般有串珠、穿线板、线、绳、布条等。串珠材料各式各样，如玻璃珠、竹制珠子、陶瓷珠子、布珠子等；串珠造型也各具特色，如动物造型、植物造型等。幼儿可以使用有孔的几何图形、纸板、纸盒、塑料板等穿孔材料，进行“穿”的游戏活动。教师也可以为幼儿提供一些串珠辅助材料，如吸管、亮片、塑料片等，鼓励幼儿自由造型。常见的串珠作品有手链、项链、窗帘、门帘、头饰等。

在有关“穿”的活动中，有时也根据幼儿的年龄特点，设置一些科学教育的内容，如按照一定的规则、顺序进行串珠，这就需要幼儿对排列、循环等概念有一定的了解。

3. 编织

编织最常见的方法就是日常生活中的编辫子，除此之外还有穿插编织法、圆心编织法等。

（四）旋转、敲击技能

旋转是日常生活中经常用到的一项技能，拧瓶盖、拧螺丝等也是幼儿每每跃跃欲试的一项活动，在旋转这一建构活动中，可以满足幼儿模仿成人劳动、体验成人生活的愿望。旋转是利用螺丝和螺帽将结构部件进行连接的一种造型活动，它对幼儿的操作能力要求相对较高。目前，幼儿园以塑料盒木质的螺丝、螺帽居多。在旋转活动中，还可以根据幼儿游戏的情况，为幼儿提供扳手、螺丝刀等辅助工具来支持其游戏。

（二）结构游戏的时候，幼儿互动合作较少，要不要进行干预？

在进行结构游戏时，我们往往会发现幼儿常常专注于自己的独立操作，很少关注旁边幼儿的操作，更极少与其他区域的幼儿有互动行为，这种现象在小班尤为明显，面对这种情况教师要不要打断进行介入或干预呢？幼儿的游戏发展过程中同伴间的互动行为会逐渐增多，一般情况下我们鼓励幼儿坚持专注地操作，不轻易打扰、打断幼儿的游戏行为，但是教师可以创造一些机会帮助幼儿互动合作。特别在游戏导入阶段，教师可以多鼓励幼儿讨论、商量建构游戏的主题、内容、方法，在游戏评价阶段，创设机会让幼儿大胆交流游戏经验，而在游戏进行中可以利用游戏情景将幼儿注意力转移到合作游戏中。

案　例

在区域活动的时候，明赫在用纸盒子专注地堆砌“围栏”，可是他在做“门”的时候似乎遇到了问题，不知道选择什么材料。而在角色区玩游戏的西西和依依正扮演着好朋友做客的游戏，西西装作“敲门”：“噔噔噔！有人在家吗？”

于是，老师突发奇想：“呀！依依家怎么没有门啊？这没有门不是很容易进小偷吗？”

依依：“对啊！这没有门呢……该怎么办？”

老师：“明赫，要不你来想办法帮助依依家做个围栏或者门吧！但是要注意征求她的意见，看她需要什么样的门哦！”

于是他们三个人开始商量：“我家的门是向这边推的……”“把这个盒子放在这可以当门吗？”“进去的时候可以这样……”他们开始搬盒子做门，不一会门就做好了。

案例分析

这个案例中教师创设一个帮助依依家做门的情景，吸引明赫的热情帮助，鼓励他与依依商量，征求她的意见，将结构游戏与角色游戏进行渗透、结合，使游戏更加有趣味，也增加幼儿之间的互动频率，创设一个社会交往、合作学习的机会。

（三）结构游戏的时候，幼儿只专注于某一种物品的模仿建构怎么办？

通过观察我们不难发现，很多男孩子喜欢模仿建构枪、望远镜、汽车类造型，而女孩子喜欢建构城堡、魔仙棒、蛋糕等造型，这是由性别、年龄特点、生活经验等不同所导致的幼儿关注点、兴趣点的不同。建构游戏是一种训练幼儿注意力、观察力、思维能力和创造能力的有效方法，不仅仅是因为建构游戏本身的趣味性，同时也在于与材料间的互动能激发幼儿的主动思维和系列的操作反应。所以一般情况下，我们建议尊重幼儿专注操作的需要，不随意干预。

但是如果幼儿长时间只专注于一种物品的模仿建构，并且没有明显的经验提升，那么教师可以适当干预，重点应放在帮助幼儿前期生活经验的积累。一方面可以吸引、转移幼儿的注意，比如让男孩子关注、观察房屋城堡造型，女孩子关注、观察汽车造型等，丰富建构游戏主题。另一方面深化幼儿的生活经验，比如当幼儿长时间关注于城堡造型，可以引导其观察比较不同年代、地域的城堡，从城堡的房顶、窗户、外围装饰、内部结构等多方面着手，深化建构游戏主题。同时也要注重游戏前建构主题的引导、丰富，游戏后期的评价总结、经验提升等。

第三节　表演游戏

一、表演游戏的内涵与结构

（一）表演游戏的内涵

表演游戏是指儿童按照童话或故事中的情节扮演某一角色，再现文化作品的内容的一种游戏形式，它以儿童自主、独立地对作品的理解去展开游戏的情节。[①] 幼儿喜欢听故事，也喜欢想象，假装自己就是故事中的人物，通过扮演角色满足自己想象和表演的欲望，同时体现自己对文学作品的理解，它给幼儿带来童年美好快乐的生活体验。在这里我们要注意，表演游戏中的文学作品不仅包括童话、故事、儿歌等，也包括幼儿自己创编、续编的内容情节。

幼儿园表演游戏是一种不同于戏剧表演、幼儿自娱自乐的活动。戏剧游戏是在教师的指导下按照一定的“剧本”进行表演的活动，其本质特点是表演性。而表演游戏则兼具有“游戏性”和“表演性”的特点，需要教师对幼儿提供一定的指导，从而帮助他们完成从一般性表现提升到生动性表现，从目的性角色行为回归到嬉戏性角色行为。[②] 幼儿在活动中的游戏体验才是最重要的，因此我们要注意侧重点在游戏性，避免“为了表演而表演”，否则幼儿在活动中的快乐体验就会大打折扣。

（二）表演游戏的结构

表演游戏由三个基本要素构成：表演游戏的角色、材料、游戏情节。角色是幼儿在游戏中扮演表演的角色，主要来源于故事、童话、儿歌、动画片等文学艺术作品中的人物角色，如公主、王子、小魔仙、小红帽等。表演游戏的材料是幼儿表演所需的物质支持，比如舞台、背景、服装、头饰、道具等。表演游戏的情节来源于

① 邱学青. 学前儿童游戏［M］. 南京：江苏教育出版社，2008：13.

② 刘焱，李霞，朱丽梅. 幼儿园表演游戏现状的调查与研究［J］. 学前教育研究，2003（3）：3.

故事、童话、儿歌、动画片等文学作品中的情节，也可以是幼儿改编、续编的。

（三）表演游戏的分类

根据游戏内容的不同，可以将表演游戏分为三大类：语言类、音乐类和简单的形象装扮。常见的语言类表演游戏有童话剧表演、故事表演、儿歌歌谣表演、电视播报表演等。音乐类表演游戏有歌曲表演、节奏乐演奏、韵律表演等。歌曲表演在音乐活动中常常运用到，即幼儿带有表演动作地说唱来叙述故事，表现角色特点；节奏乐演奏即幼儿在节奏图谱提示下，用打击乐器或者声音动作演奏出歌曲或乐曲的节奏变化；韵律表演是幼儿随着乐曲的节奏做生活性动作、律动模仿动作或者舞蹈动作，表现自己对音乐的理解和感受。形象装扮是小班常见的表演游戏，幼儿按照自己的意图和喜好，将自己装扮、想象成文艺作品中的角色，如喜羊羊、光头强等进行游戏，其目的在于满足其简单的穿衣打扮、化妆装饰的乐趣中，不在于表演技巧的展现，甚至可以没有角色间的互动。

而根据游戏场景的规模或者场地的不同也可以将表演游戏分为四类：小剧场表演、故事盒表演、沙盘表演和木偶剧表演。小剧场表演是最具代表性的表演游戏，教师与幼儿共同创设表演剧场，幼儿运用道具进行童话剧、语言故事、动画片等内容的表演。故事盒表演是对包装盒内部进行一定装饰制作成微型背景剧场，幼儿操作、移动盒子内的人偶或物体进行故事表演和讲述。沙盘表演与故事盒表演类似，但表演游戏在沙盘上进行。而木偶剧表演指幼儿将木偶套在手上或手指上，让木偶活动起来，并给其配音，进行动画、寓言、童话、乐曲等的表演。①

二、表演游戏的整体指导

（一）表演游戏的前期指导

1. 利用多方资源，创设文化氛围

表演游戏的角色、情节、内容等均来源于文艺作品，表演游戏是幼儿在对这些作品理解基础之上的创造性再现，我们应该利用多方资源创设良好的文化氛围，让幼儿在潜移默化中接受文化熏陶。

（1）教师可以通过日常教学、生活活动、游戏活动，展开故事欣赏、绘本阅读、儿童剧欣赏等方式，帮助幼儿多接触不同主题和形式的文学作品；

（2）通过家园互动，指导家长多抽出时间科学选择优秀的儿童文学作品，开展

---

① 董旭花，王翠霞，等. 幼儿园创造性游戏区域活动指导［M］. 北京：中国轻工业出版社，2014：119-122.

亲子阅读、睡前故事，在休息时间带幼儿欣赏儿童剧、绘本剧、木偶剧等多种形式的舞台剧，甚至可以在家自导自演满足幼儿的表演欲望；

（3）通过与社区合作互动，联合社区资源开展文化演出，在更大的舞台上表演可增加幼儿的成就感和表演兴趣。

2. 科学选择表演游戏主题

文学作品中丰富有趣的故事情节，形象鲜明的角色特点是幼儿表演游戏内容的来源，也是幼儿想象创编、仿编、续编的源泉。作为一名教师，我们要能科学地筛选优秀儿童文学作品，帮助幼儿选择表演主题。

（1）内容要积极健康，富于教育意义，既符合幼儿的思维、认知特点又满足当前社会对幼儿的教育要求，能给幼儿传递积极健康的思想观念；

（2）情节丰富起伏变化，富于童真童趣，情节变化明显又简单易懂，帮助幼儿理解、记忆故事内容，又童趣可爱；

（3）角色性格特征明显，形象鲜明，易于幼儿掌握模仿、创编、续编对话和动作，并方便表演展示出来；

（4）作品呈现方式可操作性强，道具、场景等布置可操作性强；

（5）考虑幼儿当前年龄特点或阶段性心理需求，比如小班幼儿表现能力有限，刚刚从家庭进入幼儿园的集体生活，对妈妈的依恋心理严重，音乐表演游戏《小兔子乖乖》，情节简单又跌宕起伏，人物角色丰富，对话语言模式化，易于熟记，动作形象生动并且在音乐的节奏配合下，降低了表演的难度，非常符合小班幼儿的年龄特点和兴趣爱好。

同时注意，选择故事主题时尊重幼儿的兴趣、爱好，充分保证和尊重幼儿选择的权利，大胆放手，同时鼓励幼儿根据生活经验大胆想象自编故事和游戏。

3. 帮助幼儿学习理解文学作品的故事内容情节，抓住人物角色性格特点和行为特点

在一日生活中重复播放音频、动画、PPT课件等，通过提问、讨论、仿说句式等方法，帮助幼儿理解文学作品的内容、情节，掌握角色的主要特征，体验角色的心理活动，甚至可以和幼儿讨论角色表演的方法或者故事发展的创编、续编等，进一步巩固加深对角色人物性格特点和行为特点的掌握。

4. 创设表演游戏的良好环境和心理氛围

良好的环境和心理氛围是幼儿进入角色，提高游戏质量的保障，是表演游戏必不可少的准备工作。对表演游戏环境和材料的准备，教师可以完全根据幼儿的能力和兴趣来布置和投放，一方面是尊重幼儿的主体地位，增加其责任意识，更能爱惜、爱护游戏材料。另一方面也能锻炼幼儿的思维能力和动手能力，要思考、决定表演游戏需要什么样的场景、材料，该怎样做，用什么做。特别对中大班的孩子可以鼓励其按照自己的理解和意愿准备简单道具，装扮角色，布置场地，创设场景。

（二）表演游戏中的指导

有效的观察是科学指导的前提，针对表演游戏的不同类型和游戏的进程，观察的侧重点也不一样。

1. 针对表演游戏的不同类型有侧重点地观察指导

（1）音乐类表演游戏中，幼儿肢体动作、语言对话或唱词表现了其对音乐故事、乐曲节奏、音乐角色形象的感受、理解程度，应重点观察该幼儿的肢体动作、语言对话或唱词是否符合乐曲的节奏，是否符合音乐角色的形象特点。让幼儿充分感受、理解音乐非常重要，不仅要熟悉音乐的节奏特点，还要理解音乐的变化、结构关系，教师可以利用故事帮助幼儿理解，利用歌词提示幼儿动作变化。比如音乐表演游戏《洞口的小兔》，可以利用故事帮助幼儿理解，开始时小兔在愉快的音乐中悠闲地休息、玩耍，那么小兔的动作应该是快乐、悠闲的；突然听到猎人的脚步声，小兔害怕得缩紧身体，紧张得不敢动，也不敢发出声音，但是可以有表情动作转动眼睛想办法；最后在快节奏的音乐中，小兔快快跑进洞中躲起来。在游戏中注意观察，运用语言提示或动作暗示幼儿，根据不同阶段音乐的节奏变化进行动作、语言的变化。

（2）语言类表演游戏中，重点应观察幼儿对对话内容的熟悉程度，语气、语调的运用情况，相应的心理活动、肢体配合是否到位等。当幼儿对对话内容不熟悉时，我们不应该拘泥于作品本身，不能苛刻地要求幼儿完全按照剧本背诵台词，而应该帮助幼儿理解记忆，提示、启发幼儿表达情景中角色的需求，在故事情景中灵活运用语言，甚至可以自己组织语言来创造性表达。同时可使用材料介入，运用道具材料增加幼儿的角色意识，丰富肢体动作。

（3）形象装扮类表演游戏，主要目的是让幼儿通过按自己的意图和喜好扮演文学作品或想象中的形象角色，比如喜羊羊、小魔仙、解放军等，满足其穿衣、化妆等角色装扮的活动兴趣和欲望，特别常见于小班。观察的侧重点应该是幼儿的参与度、专注度和情绪状态，以及兴趣是否得到满足，而不应过度追求表演效果。在这类表演游戏中，为避免打扰幼儿的表演兴趣，教师可多采取合作游戏的方式进行干预，扮演相关角色，与幼儿互动以实现对幼儿游戏的指导。

2. 针对表演游戏的不同阶段有侧重点地观察指导

（1）在表演游戏开始阶段或最初几次，观察的侧重点应该是幼儿对游戏内容情节的理解和游戏的兴趣。游戏中可以利用故事、音乐，鼓励和表扬，有趣的道具材料等激发幼儿的游戏兴趣，在出现选择角色的冲突，台词错误、动作不到位等问题时，以亲切、友好、喜爱等正向情感取向和态度，运用建设性提示，促进游戏的开展，避免挫伤幼儿游戏的积极性。

（2）在表演游戏的后期，观察的侧重点应该是角色与角色之间的互动，情节的衔接，幼儿对游戏内容的拓展和创造，即兴发挥式的创编和续编。指导重点应放在提高幼儿表演、表现能力和创造能力上，并且多鼓励幼儿合作、协商克服困难、处理问题。比如在几次表演音乐游戏《拔萝卜》后，幼儿已经基本掌握了游戏的要领，教师就可以带领幼儿回顾之前的游戏《小熊请客》的经验，引导幼儿集体讨论和续编拔萝卜后，老爷爷、老奶奶怎样制作各种萝卜美食，怎样与小动物们分享等情节，进而提升游戏经验。

不论教师通过哪种方式介入和指导幼儿游戏，都要注意把握指导的“时机”和“度”的问题，不可过度指导，也不能过度放手。

（三）表演游戏后期的指导

1. 表演游戏的材料的整理、回收

不同于可反复使用建构多种造型的结构游戏材料，表演游戏的材料性质、规模等差异较大，重复利用率不高，同样的道具材料可能只适用于某种表演游戏，因此我们鼓励不以班级而以幼儿园集体为单位进行表演材料的管理，各班级之间可以交替使用。游戏结束后教师要引导幼儿将服装、道具、材料按性质特点的不同进行整理、清洁，并回收放置在固定位置，比如按角色分类，小兔子、大灰狼、小狗等的道具分类存放；按用途分类，背景材料、角色道具分类存放。教师可提前做好图片标签，贴在不同地方，训练幼儿自主分类的思维能力和动手能力。

对于发现破损的材料，教师也可以抓住教育契机引导幼儿讨论破损的原因，爱护材料的方法，以及共同修补维护，这个过程也可以与评价环节相结合。

2. 分享与评价过程的指导

有质量的游戏交流与评价是丰富幼儿表演经验和能力的有效手段，从不同的角度出发评价游戏中不同方面：

（1）对表演游戏内容、情节进行是非价值观的讨论评价。如对《龟兔赛跑》中兔子骄傲行为的评判。表演游戏是基于对文学作品的理解而延伸的游戏，我们要挖掘、利用文学作品的内涵、价值，这种评价不仅可以包含礼仪教育、科学常识教育还可以有安全教育、性格养成等。但这种评价不应该是抽象的幼儿难以理解的，而应该从具体的言行或者特定的故事背景展开，比如评价《孔融让梨》中孔融的谦让行为，延伸到生活中要向谁谦让，谦让什么，而不是一味口头说教抽象的谦让精神。

（2）对活动中幼儿表演行为的讨论评价。比如讨论《三只小猪》中“猪小弟”该上场了，可是他还在玩弄手中的玩具，这样做对不对。鼓励幼儿把自己在游戏中的体验、感受表达出来，让幼儿理解他的“不当”行为对他人以及整个游戏造成什么样的影响，进行移情换位思考。同时可利用游戏前制定好的游戏规则，引导幼儿对照规则要求评价，一般我们可以将感性的体验分享和理性的规则判断二者结合起来综合评价。

(3) 对整体舞台效果的评价，这对幼儿整体欣赏水平，表演能力技巧的提高有一定帮助。教师可运用现代化技术手段拍下游戏片段重复放映，或者请幼儿现场再现，有目的、有针对性地引导幼儿进行评价。

三、各年龄班表演游戏的特点与指导

(一) 小班表演游戏的特点与指导

1. 对故事内容理解能力有限

小班幼儿对故事内容理解能力有限，不能完整认知故事的内容情节，通常只对故事中重要的或有趣的片段有印象，喜欢简单重复主要对话和动作。

在游戏前期有意识地利用生活活动、过渡环节等讲故事、回忆故事、讨论剧情，创设良好的氛围，帮助幼儿理解故事内容。语言类表演游戏中选择内容简单易懂，有情节起伏的故事脚本，语言简洁，可以多选择有韵律感的童谣、儿歌等有趣味性的作品。在音乐类表演游戏中选择篇幅简短，故事性强、段落重复的音乐，例如《洞口的小兔》故事有趣、篇幅短小，《小兔子乖乖》段落重复有助于幼儿理解记忆，都非常受小班幼儿欢迎。

2. 喜欢表演重要角色

小班幼儿的关注点通常在故事中的重要角色，对其他角色关注少，因此他们喜欢表演故事中的主角，对主角的对话、动作更熟悉，而对其他角色较陌生、表演兴趣少，这可能导致幼儿间角色选择的矛盾。

在游戏前期讲解故事内容时候，可以多展开各角色特征的讨论，强调不同角色各自的职责及重要性。改编、精练角色的语言、动作，增加趣味性，以便于幼儿记忆、表演。

3. 同伴互动较少

受社会性发展水平的限制，小班幼儿的表演游戏行为中合作互动较少，常常是单独表演，简单重复对话和语言。小班幼儿对表演游戏的整体感知有限，情节衔接不到位，需要他人提示出场时机，且常常一次性表演完自己的内容就结束了。

从不同角色角度出发，帮助幼儿理解故事发展中各角色的行为、对话和心理，明白角色间互动对故事情节的推动作用，从而增强对故事的整体感知。同时根据需要对角色语言、动作以及表演内容进行修改，更口语化趣味化，帮助幼儿理解的同时使表演更加自然、活泼、有趣。

（二）中班表演游戏的特点与指导

1. 表演游戏的目的性、计划性不强

中班幼儿有一定的表演经验，游戏更加自主、大胆，但常常容易被表演游戏的道具、头饰材料等吸引转移注意力，出现打闹、游戏中断现象，他们常常满足于表演的趣味娱乐性，表演游戏的目的性、计划性不强，任务意识薄弱。

针对中班幼儿这一特点，教师可以选择任务意识强的角色，激发幼儿的表演欲、游戏欲和任务意识，例如《鲸鱼回家了》，孩子们喜欢扮演帮助鲸鱼的小螃蟹、小乌龟、小狗，因为他们聪明、能干、乐于助人。并且游戏前烘托游戏氛围，让幼儿多熟悉游戏材料，避免注意力被游戏道具等无关刺激吸引。

2. 角色意识和表演能力有限

中班幼儿受语言能力和移情能力的影响，角色扮演能力和技巧普遍不强，角色意识和表演能力不够，缺乏舞台经验，语言和动作表现接近于日常生活，平淡无奇，动作幅度不够。

提高幼儿的表演游戏参与度，在参与中提高表演能力，教师可适当请幼儿观看、欣赏优秀表演，或者以自身参与示范引导幼儿游戏。

3. 创造性思维能力有限

中班幼儿创造性思维能力有限，表现为不能灵活运用道具材料，刻板、单调地使用道具。另一方面受语言能力发展的限制，他们不能用自己的语言大胆表达对作品剧情的续编、创编，表演的灵活创造大打折扣。

与幼儿一起制作或再加工简单的低结构材料，在游戏前期鼓励幼儿大胆想象，说一说这些材料可以当作什么道具，打破其对特定形状道具的刻板印象。多选择接近幼儿生活的文学作品，让幼儿可以结合自己的生活经验来创编、续编故事表演游戏，例如《小猪胖胖去野餐》《小熊看外婆》等，幼儿大多有野餐和看望外婆的经历，能结合自己的生活经验续编。

4. 游戏评价能力有限

中班幼儿能感受、理解文学作品中表达的情感、艺术氛围，但是评价、表达能力有限，特别是自我评价方面。

运用现代多种教学手段以及家长资源创造丰富机会，观看欣赏经典儿童文学作品的舞台展现，鼓励幼儿大胆表达自己的想法。

（三）大班表演游戏的特点与指导

1. 游戏目的明确，计划性强

大班幼儿表演游戏中的嬉闹行为、无所事事的现象和受无关刺激物的影响明显较中班减少，表演游戏的目的明确，能按照游戏目的和游戏的计划围绕表演内容进行游戏，再现故事情节。

创设良好的表演环境，营造积极的心理氛围，鼓励幼儿积极参与表演游戏中，提高参与度，特别关注表演能力弱、表演目的和计划性不强的幼儿，请其他幼儿多带动游戏。

2. 角色意识强

能有意识地选择、协商分配角色，表演意识较强，能自觉耐心等待自己上场的时机，甚至能关注同伴的表演行为和整体的表演效果，对同伴做出场提示或表演指导。

引导幼儿学会与同伴协作商议分配角色合作游戏，积极正确地处理游戏中的纠纷。

3. 表演能力提高

随着大班幼儿的表演经验的丰富，其表演意识和能力得到较大提高，开始会注意语气、语调、动作与日常行为、语言动作的区别以及表演过程中的变化，根据自己的理解表演再现故事，但在表演技能上还有待提高，不能自如、生动地表现角色。

活动前期充分熟悉故事内容，讨论理解故事角色的特点，适当放手将尊重幼儿的主体地位，以幼儿的自主探索为主，给幼儿充分的探讨、协商和表演的自由的空间，以平等的地位（如游戏者身份）指导幼儿游戏。

4. 有一定的表演鉴赏、评价能力

大班幼儿参与表演、观看欣赏过一定量的表演，因此也具备一定的欣赏、鉴赏能力，同时语言表达能力的提高帮助其能简单评价自己和他人的表演情况。

运用现代多种教学手段以及家长资源创造丰富机会，观看欣赏经典儿童文学作品的舞台展现，并科学引导幼儿欣赏，提高幼儿鉴赏能力。利用活动后的评价环节鼓励幼儿自评、他评，引导幼儿从故事剧本、情节发展、服装道具、角色的语言、动作、表情等多角度展开评价。

5. 能有创造性地表演游戏

大班幼儿的创造能力得到一定发展，能根据日常生活经验发挥表演，有一定的创编、改编故事并表演的能力。

可根据实际情况适当放手让幼儿设计游戏场景，学做简单道具，鼓励幼儿创造性使用替代材料。引导幼儿根据自己对作品的理解，发挥想象大胆创编，同时注重对角色的塑造，从语言、动作、表情等方面大胆表现角色的特征。

四、幼儿园表演游戏的常见问题及指导

（一）表演游戏的材料不够丰富、舞台效果不够理想怎么办？

游戏的材料、舞台效果对幼儿表演游戏的顺利展开起着至关重要的作用，材料

要求不仅要数量充足、种类丰富还要功能多变，但是因为现实条件原因教师常常会苦恼，材料不够丰富怎么办？我们可以：

1. 多观摩、多学习、多思考，开阔视野转换角度自主搜集、制作材料；
2. 利用美工活动时间与幼儿一起讨论、设计、制作材料；
3. 利用家长资源，发动家长搜集废旧材料亲子制作；
4. 回收利用幼儿园各种演出、比赛活动后现成的道具、材料；
5. 争取幼儿园资源出资购买。①

（二）表演游戏中的幼儿音乐、对话声音影响其他区域幼儿游戏怎么办？

表演游戏是幼儿非常喜爱的游戏，幼儿在游戏中有强烈的情绪体验和情感共鸣时往往难以控制自己的语言、行为，对其他区域游戏的幼儿产生干扰。首先在区域设置时，教师应考虑不同区域动、静的特点，可将表演区与其他区域分隔开来，或者与音乐区等“动”的区域相邻，但是也要注意区域的划分明显和空间的控制；其次，在材料设置和投放的时候，注意考虑材料的材质特性，尽量选择使用轻盈且不易发出声音的材料；再次，注意减少表演游戏中情节过渡时的消极等待，避免引起幼儿的喧哗和打闹；最后在导入环节或评价环节注意引导幼儿学习控制自己的声音。

（三）表演游戏中的幼儿出现“差错行为”，影响游戏的顺利开展，该如何指导？

表演游戏中，容易出现幼儿忘记台词、动作，或者被丰富的材料吸引而转移注意力，针对这种无意识的“差错行为”，教师应该以包容、谅解的心态加以介入指导。利用动作、表情、眼神对幼儿暗示，或合作游戏，教师扮演角色在与幼儿的互动中实现对游戏的直接指导，鼓励、表扬，启发性提问引发幼儿对生活经验的回顾，营造一种宽松、愉悦的氛围，促进幼儿换位思考，联系自己的生活经验大胆自由发挥。

幼儿也常常会被游戏中有趣的动作、音乐所干扰而出现嬉闹行为，影响游戏的顺利开展。针对这种有意识的“差错行为”，教师应以尽量不打击幼儿游戏积极性为前提介入指导，可以以游戏者身份平行介入，或者出示游戏道具将幼儿的注意力转移回来。同时，在游戏的评价环节共同讨论这类问题，增强幼儿的规则意识，尽量避免有意的“差错行为”。

---

① 董旭花，王翠霞，等. 幼儿园创造性游戏区域活动指导［M］. 北京：中国轻工业出版社，2014：132.

案例

孩子们在玩《三只小猪》的表演游戏时，“大灰狼”小宇来到“猪大哥”豪豪家门口说：“哈哈！一个稻草房子而已，难不住我，看我把它吹倒！”于是狠狠地吹了两口气把“房子”“吹倒了”，可是豪豪不仅没跑，反而握紧拳头向小宇冲过去，大叫起来：“我不怕你！来啊……”在一旁的“猪二哥”睿睿和“猪小弟”子祥也被“热闹”吸引，一起向“大灰狼”冲撞过来，于是出现“小猪”追“大灰狼”逃的追跑嬉闹。这个时候，扮演“猪妈妈”的老师说：“哎呀！我还没住过猪二哥的木头房子和猪小弟的砖头房子呢！小猪宝宝们快来，你们不想去看看木头房子吗?”于是“猪宝宝”们停止追跑，跟着老师走进“木头房子”，游戏继续推进。

在评价环节，教师也将这个行为提出来供幼儿商讨，引导幼儿从情节的合理性和游戏规则方面讨论，总结经验，“猪宝宝”们也表示以后不会出现这种情况了。

案例分析

这个案例中教师以“看木头房子”为借口吸引幼儿兴趣，引导幼儿重新回到游戏中，这表明教师是以一个宽容、包容的心态在理解幼儿的“差错”行为，同时注重了心理氛围的维护，而避免严厉的指责、批评可能会导致的幼儿情绪紧张，中断游戏减少快乐的游戏性体验。同时，教师将这个问题放在了评价环节，上升到面向全体幼儿的高度，大家一起来讨论，评价这种行为的不合理性，提醒大家共同维护、遵守游戏规则。

第四节 规则游戏

一、规则游戏的内涵与结构

（一）规则游戏的内涵

维果茨基认为“规则是游戏本质的特征”，不论是表现为游戏内在情境性和秩序感的内隐游戏规则，还是游戏前约定好的，可见或可直接感知的外显游戏规则，可以说没有规则就没有游戏，因此广义来说，真正的游戏都是有规则游戏。然而从狭义来说，以突出游戏的规则性，旨在培养幼儿规则意识和行为习惯的专门的游戏活动，我们称为“规则游戏”。① 受苏联教育理论的影响，我国幼儿园游戏理论中又将规则游戏划分为体育游戏、音乐游戏和智力游戏。

狭义的规则游戏，有其明显的特点。一是有明确的、预设的规则。无论游戏的规则是由设计者预设好的，还是长期以来约定俗成的，抑或是现场临时创编、改编的，都会在游戏前明确下来。二是规则必须被遵守。只要是规则就有制约性，人的行为是要在一定的范围内才能得到许可的行为。规则游戏中的规则也限制了游戏者的行为，可以做什么不可以做什么都是规定好的，游戏者必须理解并遵守游戏规则。

正是由于规则游戏的这两个特点，对幼儿的认知能力、规则意识和意志力有一定的要求，因此一般认为规则游戏是幼儿游戏的一种发展的高级形式，常见于学前中晚期。

（二）规则游戏的结构

规则游戏一般可分为四个构成部分：游戏任务、游戏玩法、游戏规则、游戏结果。

（1）游戏任务，指游戏参与者最终需要达到的目的，最典型的就是竞赛性游戏，比如体育游戏“接力赛跑”，各个游戏小组要完成的游戏任务就是在最短的时间内接力跑完赛程；再如智力游戏“大家来找茬”，游戏任务就是找出相似图片中的不同点。

（2）游戏玩法，是游戏过程的实施计划，包括游戏要在怎样的游戏情景下开展，游戏者需使用何种材料、做什么动作等。比如智力游戏“挑小棒”的玩法是两人一组各持同样多的小棒，撒开后在不碰动其他小棒的前提下挑小棒。

（3）游戏规则，是规定游戏的方式和要求，起到对游戏者规则要求提醒作用和评价标准的作用。

比如同样的智力游戏“挑小棒”，玩法一样，但是可以有多种游戏规则开展游戏：

“得分”法——规定不同颜色小棒代表不同分数，谁的积分多谁获胜；

“变色”法——挑小棒时必须按照固定的颜色顺序（如红蓝红蓝顺序）依次挑小棒，挑得多者获胜；

---

① 吴云. 对幼儿游戏规则的探讨——兼谈幼儿规则游戏［J］. 学前教育研究，2003（1）：20.

“定色”法——规定每名幼儿只能挑某种固定颜色的小棒，挑得多者获胜。①

（4）游戏结果，指游戏结束时的游戏情况，比如谁获胜，谁不遵守规则要“扣分”等。相对于创造性游戏，规则游戏更强调游戏的结果，对于游戏结果的预设和期望正是调动幼儿积极性，提高参与度的重要影响因素。

二、规则游戏的整体指导

（一）规则游戏的前期指导

1. 规则游戏内容的选择

民间有很多规则游戏可供我们选择，在各种游戏书籍、资料以及网络资源中我们也能找到大量的规则游戏，然而即便如此，我们仍然要保持一个科学理性和负责任的态度，依据现实情况和需要对游戏进行一定的筛选，依据幼儿发展的基本规律，当前幼儿已有的认知经验和近期教育目标进行筛选或改编。

一是要保证游戏的教育性，并且有效地将游戏整合到课程中；二是提高游戏的趣味性，只有令幼儿感兴趣的游戏才能吸引幼儿的积极参与；三是游戏要结合幼儿生活实际，帮助幼儿联系生活经验理解游戏内容和规则玩法，比如民间体育游戏“炸碉堡”，对于现在的孩子们来说，不太容易理解游戏的情节背景，孩子们游戏时不易被带入游戏氛围；四是注重规则游戏的多元化选择，比如音乐游戏、体育游戏、智力游戏、语言游戏等，促进幼儿各个方面的均衡发展。

2. 规则游戏的自主设计

教师对规则游戏的设计可以源于园本课程或者课程实施的延伸，可以源于幼儿感兴趣的事件，也可以根据现有材料设计而来。规则游戏的关键因素就是游戏的规则，在制定游戏规则时我们要考虑以下几个关键点：

（1）游戏的规则要有明确的评价标准和奖惩制度，判断胜负的标准应该公正合理，简单明确，易于幼儿作出评价和判断；

（2）因为规则游戏对幼儿的认知发展、规则意识和意志有一定的要求，特别对于小、中班的孩子，规则要简单、清晰，易于幼儿理解、记忆和操作，不能多、杂，要让绝大部分幼儿都能理解、参与游戏，人人都有参与和获胜的机会。

（3）游戏的规则要对幼儿有一定的难度挑战。规则决定了游戏结果的评判标准，类似于维果茨基的最近发展区理论，规则游戏也是一样的，将难度设置在适当

---

① 郭善瑗，王红芳. 幼儿园新游戏大全（大班）［M］. 武汉：湖北少年儿童出版社，2011：111.

的高度，需要幼儿付出一定的努力才能完成游戏任务，这将更能吸引幼儿参与到游戏中，在游戏中证明自己的能力，收获快乐与成功感。

3. 提升游戏经验

游戏开展前期，帮助幼儿熟悉游戏背景故事、游戏相关的音乐、儿歌等，丰富相关知识经验，确保游戏的开展能达到预期效果。

4. 游戏场地和材料的准备

规则游戏的场地和材料要充足，保证足够的游戏空间和操作材料，减少幼儿的消极等待。场地和材料要有可变性，便于游戏中循序渐进的调整和游戏的推进。规则游戏相对于创造性游戏如角色游戏、表演游戏，对于场地和材料的要求较为简单，准备和调整也相对简单、灵活。但对于不同类型的规则游戏，场地和材料的需求不同，比如体育游戏一般需要大而空旷的场地，而智力游戏只需要一套桌椅；音乐游戏需要音乐的支持，而一般智力游戏只需要安静的环境。教师要根据现实游戏情况适当安排。

（二）规则游戏中的指导

1. 游戏规则的讲解与示范

规则是游戏的本质，游戏规则是幼儿顺利进行游戏活动实现游戏性体验的前提条件。很多时候，幼儿违反游戏规则不是因为他们不愿意遵守或故意违反规则，而是因为他们不明白规则是什么或者该怎样遵守。除了选择规则简单的规则游戏，规则的讲解与示范应该是分层次、有重点的。

（1）从时间上分层指导

当完整游戏的时间较长时，一次性讲解、示范对于幼儿较难理解和接受，可以根据时间分层进行规则的讲解与示范，这种方法常见于音乐游戏，比如音乐游戏“猫和老鼠”的规则学习过程中，教师可以分时间段来欣赏音乐、讲解示范游戏的规则，第一个时间段是小老鼠偷偷出来活动，第二个时间段是大花猫醒了，小老鼠不能动，第三个时间段是大花猫发现并追捕小老鼠，小老鼠逃回洞中。

（2）从内容上分层指导

规则游戏可以按照游戏的任务、玩法、规则、预期结果分层讲解示范。比如音乐游戏中，可以先掌握游戏儿歌的节奏点，再讲解动作要求，最后结合起来，讲解规则要踩音乐节奏做什么动作。

（3）从角色上分层指导

不少规则游戏都有相关的故事背景，幼儿扮演角色参与规则游戏，常见于体育游戏和音乐游戏，比如体育游戏“老鹰捉小鸡”，音乐游戏“牧羊人和小羊”“猫和老鼠”等。以“老鹰捉小鸡”为例，教师可以根据角色的不同分别指导，分别讲解“老鹰”“母鸡”“小鸡”的行为要求，而后讲解不同角色间的互动要求，“母鸡”要保护“小鸡”，“老鹰”则想办法抓“小鸡”，最后讲解大家共同要遵守的规则，谁输了谁就在旁边安静等待下一次游戏。

2. 教师的观察和介入

规则游戏本身的规则性特点，使得幼儿在游戏时一般能自然有序地开展下去，特别是大班的幼儿，有一定的规则意识和行为判断能力，不太需要教师的过多干涉。但是游戏的规则不是一成不变的，在游戏实施过程中，教师和幼儿可以根据现实状况调整、改变游戏规则，所以教师还是应该多观察注意，是否需要教师的介入，游戏的规则是否需要调整，比如：游戏材料的安全性不够时；游戏规则难度不适宜不能保证游戏有效进行下去时；发现游戏规则存在漏洞时；前期相同游戏次数过多幼儿出现厌倦情绪时等。如果这些时候需要进行游戏规则的调整，我们提倡启发幼儿发现问题，开动脑筋商讨、试玩、改变游戏规则。这不仅有助于幼儿语言能力、思维能力、社会交往能力的发展，还能让幼儿感受到自己是游戏的主人，是游戏规则的制定者，能更好地理解和遵守游戏规则。

3. 指导幼儿适时、适当地使用图表记录

（1）在规则游戏中可以引导幼儿通过图像或文字符号记录幼儿讨论的玩法和规则，发现问题和解决方法。一方面可以作为幼儿评价游戏行为的直接依据，另一方面也能帮助幼儿理解、熟悉和遵守规则。

（2）引导幼儿通过图像或文字符号记录游戏的过程和结果，提高幼儿观察能力、做记录的前书写能力。

（三）规则游戏后期的指导

1. 公平公正地评判游戏结果

游戏规则对所有的幼儿都应该是公平公正的，对于游戏结果的事实我们可以首先请幼儿自我评价、相互评价、他人评价等，而后对幼儿没有考虑到的部分教师进行补充评价，引导幼儿站在游戏规则的角度公正评判。但是在这个过程中，教师要注意照顾幼儿的情绪，特别是游戏失败幼儿的不良情绪，不当面点名评判，鼓励其总结经验。

2. 合理的奖惩

游戏规则和秩序是需要大家遵守维护的，如果没有相应的奖惩制度，也就难以保证规则的约束力。教师需要耐心地讲解奖惩的原因，帮助幼儿树立起遵守游戏规则的观念。在游戏结束，结果评判后我们可以采取适当的奖罚措施，奖励不仅仅针对游戏胜利者，还应特别针对能严格遵守规则的幼儿。

而对于违规，特别是为了取得胜利忽略规则要求，甚至故意违反规则的幼儿，我们也应采取适当的惩罚措施，更重要的是要让幼儿理解自己的何种行为是违规的，是与惩罚有直接关联的。

三、各年龄班规则游戏的特点与指导

（一）小班规则游戏的特点与指导

小班幼儿身心发展水平有限，注意力时间短，受情绪影响大，规则意识薄弱，因此有人认为小班不能开展规则游戏。但其实不然，只要把握好小班幼儿的年龄特点，也可以开展适宜的规则游戏。

1. 理解能力有限

小班幼儿的理解能力有限，规则意识淡薄，行为控制能力不足，不能很好地遵守游戏规则，容易出现无意识违反规则的现象。

选择内容和情节都比较简单的规则游戏，并且可以创设有趣的故事情景，运用故事角色帮助幼儿理解游戏规则，提高参与兴趣。并且教师要减少口头的说教而多进行完整、规范的示范，注重游戏中的观察指导，前几次的规则游戏结束后，对游戏中出现的问题及时进行讨论总结，帮助幼儿进一步掌握规则。

2. 游戏专注时间有限

小班幼儿注意力控制能力不足，容易受其他刺激物的干扰，有意注意时间短，并且行为受情绪影响大，对同一个规则游戏的兴趣持续时间较短，专注游戏的时间有限。

教师应该注意创设良好的游戏气氛，减少其他刺激物的干扰，开展简单短小的规则游戏，游戏过程中教师可以适当灵活调整生成新的游戏，刺激幼儿的兴趣。并且多运用音乐、口号等辅助手段帮助提醒幼儿理解、遵守规则。

3. 满足于游戏的趣味性

小班幼儿容易满足于游戏的趣味性、娱乐性，不完全理解输赢的意义，因此不太在意游戏结果。比如在小班体育游戏《赶小猪》中，大部分幼儿满足于自己动手赶小球进网的趣味性，而不在意是否比他人快，对自己组最后的比赛结果也没有明显情绪反应。

针对小班幼儿这一特点，教师应该把重点放在提高幼儿的参与度上，不必太强调游戏结果，开展一些趣味性的规则游戏，让幼儿享受游戏的过程。

（二）中班规则游戏的特点与指导

中班幼儿较小班幼儿各方面有较大变化，规则意识和行为控制能力都有一定增强。

1. 规则意识增强

中班幼儿对规则的理解能力增强，注意力、自我控制能力都有提高，有一定的规则意识和规则执行能力，基本能按照要求展开游戏。

中班开始可以逐渐开展一些无故事情景的规则游戏，教师分层有侧重点地讲解、示范游戏规则，帮助幼儿理解。同时可以增设一些竞赛环节比如个人比赛、小组比赛等，增加游戏的趣味性。

2. 开始注重游戏结果

中班幼儿明白了输赢的含义，开始有一定的取胜心理，注重游戏的结果，甚至可能出现为达到完成游戏任务的目的而故意违反规则的行为。

注重培养幼儿的规则意识，鼓励、表扬遵守规则的良好行为，强化幼儿的规则意识。不过分表扬赢的幼儿，保护游戏失败幼儿的自尊心，安慰并且表扬其表现好的方面。

3. 游戏能力差异性大

由于幼儿的认知能力、规则意识和意志发展的差异，规则游戏的能力出现个体差异大的问题，部分幼儿能很好地参与游戏，部分幼儿规则意识淡薄，游戏能力不足。

针对这一特点，注意保护幼儿的游戏兴趣、积极性，减少游戏失败带来的不良后果，可以根据游戏内容、幼儿游戏水平采取小组游戏的方法。比如小组竞赛时保证各组幼儿综合水平平均；或者让能力强的幼儿组玩难度大的游戏，能力弱的幼儿组玩难度小的游戏。

（三）大班规则游戏的特点与指导

大班幼儿对社会生活体验越加丰富，规则意识增强，注意力和行为控制能力增强，是规则游戏能力发展的更高级阶段。

1. 自主游戏能力增强

大班幼儿社会性能力得到很好发展，开始具备组织能力，生活经验更丰富，并且能较长时间控制注意力和游戏行为，自主能力较强。

教师应适当放手，请幼儿自主组织游戏，但是也应注意观察、适当干预，避免个别幼儿过度主导。

2. 规则意识强

大班幼儿生活经验更加丰富，观察、理解、分析和辨别是非能力提高，能进行简单的语言评价游戏情况。根据皮亚杰对儿童道德认知发展的理论研究，6 岁的幼儿处于绝对道德状态，即认为规则是有趣的规定而不可更改，但其规则实践发展则处于最初合作阶段，即有依据共同规则游戏的愿望，但对规则的实际掌握还是模糊的。① 他们开始有集体主义的道德意识，注重规则的公平性，学会关心集

① 张莉. 儿童发展心理学［M］. 武汉：华中师范大学出版社，2006：219-220.

体、维护集体利益，特别在竞赛类规则游戏时，会对他人违反规则的行为强烈批评、指责。

不一定需要教师的完整规则示范，但可以有重点、有针对性地讲解游戏规则，适当使用图表、符号等方式讲解，发展幼儿的前阅读能力。教师要尊重幼儿的想法，通过讨论、商量、总结等方式请幼儿参与到规则的制定中来，并且在游戏结束时的评价阶段，多鼓励幼儿自评、互评，引导幼儿学习不同的评价方式和方法。

3. 会创造性地开展游戏

大班幼儿积累了一定的规则游戏经验，开始学会调整规则生成新的游戏，能自创简单的规则游戏。

可以增加游戏难度，给幼儿挑战性和获得成功的愉快感，吸引幼儿的广泛参与，同时为幼儿示范多种游戏步骤和模式，鼓励幼儿大胆尝试创新不同的规则游戏。

四、幼儿园规则游戏的常见问题及指导

（一）如何正确处理规则游戏与幼儿创造性发展的需求？

似乎我们一谈到规则就会认为欠缺创造性，规则性强的游戏不能有效满足幼儿的创造性发展的需求。然而事实上，规则在一定程度上为幼儿创造性的发展提供了契机，幼儿对规则的认知是其创造性发挥的前提。游戏的不同规则，不同玩法造就了游戏的多样性，幼儿通过对游戏规则的认知可以根据游戏需要变通游戏的规则，这个过程会让他们拥有意外的收获和快乐。同时我们要认识到，游戏的快乐可以吸引幼儿全身心地沉浸在游戏中，专注于游戏的操作，这种高度专注、忘我的状态是激发幼儿产生创造火花的最佳状态，可以使其将现实世界和虚拟世界融合起来，建构新的世界。

因此，不是规则限制了创造性，而是我们缺乏善于发现和把握教育契机的能力！

（二）如何判断游戏中规则、任务或内容是否需要调整？

规则游戏的规则需要参与者共同维护和遵守，但是规则毕竟是人为规定的，首先我们要明白游戏是为幼儿服务的，是为教育服务的，所以在游戏中可以适当调整规则或玩法，以帮助游戏的继续开展。

很多游戏是幼儿自发组织的，带入幼儿园自主游戏的，可能会出现游戏安全性问题，这个时候教师应该具有敏锐的观察力，及时介入调整游戏的内容或者规则、任务。安全性要从场地、材料、游戏方法等出发考虑，比如大班体育游戏“摸脚”，

幼儿站在台子上，一名幼儿去摸台上幼儿的脚，可能会出现台上的幼儿掉下来摔伤的可能性，因此可以对游戏场地或规则做调整，在平地上画一个圈圈当作台子。

当游戏规则难度不适宜而不能保证游戏有效进行下去时；当游戏难度过低无法提高幼儿游戏能力，不能激发幼儿游戏的积极性时；当游戏难度过高或者规则过于繁琐时，幼儿能力达不到，很难体验到游戏成功的快乐时。教师应该根据实际情况适当调整，以保证游戏的顺利开展。

当同一游戏幼儿玩的次数过多时，幼儿容易出现厌倦情绪，这个时候我们可以采取干预措施，比如增加游戏难度，改变游戏材料，改变游戏规则、玩法，增加新鲜因素。一方面能够吸引幼儿的参与度，另一方面也是对游戏能力的更高层次要求。

当游戏规则存在漏洞，出现游戏结果无法评判时，教师可以引导幼儿商量对策共同提出游戏规则修改方案。

案 例

“老鹰捉小鸡”是孩子们非常喜爱的游戏，一次在户外玩的时候，孩子们轮流换角色游戏，这次轮到乐乐当“母鸡”，铭铭当“老鹰”。乐乐个子很高，一张开手臂“小鸡们”就暴露出来了，铭铭是个个子小而机灵的男孩子，瞄准机会就从乐乐手臂下捉到一只“小鸡”，一会儿又捉到一只，甚至从乐乐手臂下钻过去，不一会游戏就以“老鹰”胜利而告终。可是很明显“母鸡”和“小鸡们”都非常愤愤不平。

乐乐说：“老师！他总是从这下面钻过去抓小鸡，这样不对！”

妞妞也说：“是的，太不公平了！”“小鸡们”也都说铭铭不对。

可是铭铭却说：“怎么不公平了？老师说是捉小鸡，又没有规定不许这样捉！”

老师说：“是的，我们游戏之前的规定是说要老鹰捉后面的小鸡，我们没有规定捉的方法，按规则铭铭这样的玩法也没有违反规则，但是你们讨论下，如果所有的老鹰都这样玩，合不合理？”

孩子们都说：“不合理！这样就不好玩了！”

老师：“好！我问问小朋友，母鸡的翅膀上羽毛多不多？”

孩子们：“多！”

老师：“是的，所以母鸡的翅膀一打开，小鸡就全部被遮住了，老鹰根本无法从翅膀下抓到小鸡。所以我们应该怎样修改规则呢？”

果果："老鹰不许从翅膀下抓小鸡！"

老师："好的，你们都同意吗？铭铭同意吗？"

铭铭点点头。孩子们按照新增的游戏规则又继续游戏了。

案例分析

这个案例中教师没有按照孩子们的思路将责任归咎到"钻空子"的铭铭身上，避免矛盾的激化，而是启发幼儿思考游戏角色的特点：母鸡的翅膀能不能钻过去？引导幼儿思考游戏规则的问题，以及怎样修改游戏规则，使得游戏能更好地开展下去。

（三）游戏中有幼儿不遵守游戏规则怎么办？

幼儿规则意识发展有限，在游戏过程中，常常会出现违反游戏规则的行为，面对这一情况，教师首先应该冷静、理性、耐心地分析，幼儿的这种行为背后的动机、原因是什么，再采取合适的处理方式。如果是幼儿不清楚游戏的规则，那教师应该再次讲解示范。如果是明白游戏规则而没有规则意识，那教师应该强调规则的重要性，设置采取适当的惩罚措施让其明白游戏规则是必须遵守的。如果是因为嬉闹违反规则，或者为了达到取胜的目的故意违反规则，那应该采取惩罚措施，改正不正确的游戏行为，也对其他幼儿产生一定的惩戒作用。

第五节　幼儿园各类游戏间的比较

一、角色游戏与结构游戏

角色游戏和结构游戏二者同属于创造性游戏，但是从游戏角色、材料、规则和游戏指导的角度上我们可以比较出两者的不同点：

（一）从游戏角色上比较

角色游戏中幼儿的角色源于生活，是一种虚拟、假扮的角色。结构游戏中幼儿的角色可以是从故事情景出发即扮演某种角色（多见于小班），比如当建筑工人、扮小猪做房子等展开游戏，更多的是幼儿本身参与到操作游戏中，无虚拟、假扮的角色身份。

（二）从游戏材料上比较

角色游戏中的游戏材料是作为替代物，假想为生活中的某种物品的，因此游戏材料多为高结构的材料（特别是在小、中班阶段），随着年龄的增长，可增设一些半成品材料、低结构的材料供幼儿创造性地使用。而结构游戏中的游戏材料一般为低结构的材料，甚至在小班阶段也多为半成品的结构材料，供幼儿想象、建筑和建构。并且，角色游戏中的材料单纯从数量上要少于结构游戏，比如“医院”里只需要两个“听诊器”，两个“输液器”，而结构区里的一种材料的其中一个则只是一个结构单位，要达到一定数量才能满足幼儿的建构需求。

（三）从游戏规则上比较

角色游戏和结构游戏的规则都有外显性规则，比如轻拿轻放玩具，按需取物，按要求还原等。而角色游戏中还有大部分规则是隐性规则，是源于幼儿对现实社会的经验获得，如“医生”要先给“病人”做检查，然后再“打针”，“交通警察”站岗时要身体站直，不能随意乱动，而结构游戏中这种隐性规则成分较少。

（四）从指导策略上比较

幼儿园游戏源于生活，在前期的指导上都要让幼儿多从社会生活中得到体验的提升，但二者的侧重点不同，角色游戏侧重于社会性交往的生活体验，结构游戏侧重于了解生活中客观存在的建筑物等物品的物理结构，以及这些物品与人类生活的关系。在游戏中的教师都应该多观察，发现幼儿的需求矛盾，进行合理干预指导。游戏后期的指导环节中，结构游戏较角色游戏有一个建构结果的呈现，便于幼儿展示、欣赏和评价。

二、角色游戏与表演游戏

角色游戏和表演游戏都是幼儿的创造性游戏，幼儿都是假扮他人再现角色的生活，但二者也有不同：

（一）从游戏主题、内容来源上比较

角色游戏的主题和内容源于现实社会生活，反映的是幼儿在现实生活中所经历的或者所见过的人和事，比如再现爸爸、妈妈的家庭生活，消防员、警察、医生等社会职责。表演游戏的主题和内容则源于故事、童话、儿歌、影视作品等文艺作品，可以是单纯地模仿再现这些文艺作品的情节，也可以是幼儿根据这些内容、角色特点进行的续编、创编的表演。

（二）从游戏角色上比较

角色游戏的角色来源于现实社会生活，幼儿根据原有生活经验自主决定游戏的内容和情节。而表演游戏因为其“表演成分”的影响，幼儿的语言、动作、表情都受主题、内容的来源——文学作品的影响，要求符合角色的特点，虽然有改编的成分，但是角色的塑造自由度相对于角色游戏要小。并且角色游戏一般由幼儿亲自扮演角色，而表演游戏如小剧场表演可以是幼儿亲自扮演角色，而故事盒表演、沙盘表演和木偶剧表演可以是玩偶表演，幼儿配音。

（三）从游戏材料上比较

二者的游戏材料都属于“替代物”，即用于假想成某种物品。表演游戏中包括游戏成分也包括表演的成分，游戏中幼儿需要借助于表演的道具运用一定的表演技巧创造性地表现故事中的角色，但角色游戏更多注重游戏成分，不注重表演。因此表演游戏的材料需要更夸张以凸显舞台效果，而角色游戏的材料用于替代生活中的物品，更简单朴实。

（四）从指导策略上比较

角色游戏侧重于社会性交往的生活体验，在前期指导上教师注意引导幼儿回忆、提炼生活经验以帮助游戏开展，表演游戏则需要多创造机会，让幼儿多接触丰富内涵的优秀儿童文学作品，接受良好文化氛围的熏陶。

在游戏过程中的指导上，角色游戏注重幼儿的游戏情节合乎生活经验，而表演游戏根据不同的类别侧重点不同，比如音乐类表演游戏重点应该观察指导幼儿的肢体动作、语言对话或唱词是否符合乐曲的节奏，是否符合音乐角色的形象特点；语言类表演游戏中，重点应观察指导幼儿对对话内容、语气、语调的使用，相应的心理活动、肢体配合是否到位；形象装扮类表演游戏中重点应该是观察幼儿的兴趣是否得到满足等。

三、规则游戏与教学游戏

教学游戏是教师利用游戏形式为完成一定的教学任务而编制的用于作业教学的游戏，按照学科区分教学职能，又可以分为体育游戏、语言游戏、智力游戏和音乐游戏。[①] 在幼儿园活动中，往往有教师为传授、巩固复习知识将教学内容以游戏的形式融入课堂，并冠以规则游戏的名称，比如“分类游戏”“计算游戏”“对诗游

---

① 关少英. 幼儿园创造性游戏活动中的教师指导研究［D］. 福州：福建师范大学，2007：10.

戏”等。事实上教学游戏与规则游戏存在交叉成分，但是教学游戏不等同于规则游戏。

（一）从游戏的目的进行比较

教学游戏是以游戏的形式来完成特定的教育教学目标的活动，同时让幼儿能在活动中有游戏的愉快情绪体验，帮助教学活动的开展，从客观上说具有一定的功利性，目的性比较强，可以说教学游戏只是为了达到一定教育目标的教学手段，注重游戏结果。而规则游戏一般是幼儿自主性的游戏，出发点是满足幼儿的游戏需求，没有明显的功利性目的，重在幼儿的游戏性体验，游戏的结果可以刺激幼儿参与游戏的积极性，但更注重游戏过程。并且，规则游戏中的游戏情境是贯穿始终的，因此更具有情境性、趣味性和体验性。

（二）从游戏的组织者比较

教学游戏是一种教学手段，因此一般是以教师为主导组织发起的游戏。而规则游戏可以是教师组织发起也可以是幼儿自主发起的，特别是在中班后期、大班阶段，幼儿游戏能力、社会交往能力增强，能自主协商组织游戏，也有一定的处理简单的问题矛盾的能力，教师可适当放手，让幼儿自主发起游戏。

（三）从游戏的规模上比较

教学游戏是为教育教学目标服务的，因此一般用在课堂集体教学中，多是集体性的游戏。而规则游戏可以在两个或两个以上幼儿间进行，可以是小组游戏，或者小组间的平行游戏，也可以是集体游戏，因此规则游戏的规模可大可小，较教学游戏更为灵活。

本章小结

角色游戏、结构游戏、表演游戏和规则游戏是我国幼儿园中常见的游戏类型，这些游戏对于幼儿的身心发展具有重要的价值和功能。对于每种游戏类型，我们不但要理解其内涵和结构，能够正确地区分不同类型的游戏。更重要的是掌握其指导方法，即如何指导才能更好地发挥其对幼儿发展的价值。对于每一种游戏，我们不但要把握其普遍性的指导方法，还要能够根据具体的游戏内容、幼儿的年龄特点以及实际情况灵活、适宜地选择指导方法，从而帮助幼儿获得情感的满足、身心的发展、认知的发展。

拓展阅读

郭善瑗，王红芳. 幼儿园新游戏大全［M］. 武汉：湖北少年儿童出版社，2011.

全书按小、中、大班三个年龄段分编三册，每册均包含角色游戏、结构游戏、表演游戏、智力游戏、音乐游戏、体育游戏和娱乐游戏，近200个游戏案例。每个都是经过幼儿园实践操作考验过的成熟案例，是一套适合幼儿园一线教师使用的游戏实用手册。当然我们主张教师和幼儿共同决定和选择游戏，共同准备游戏材料，协商制定游戏的玩法和规则，尊重幼儿的主体地位，这也是这本书编写中所提倡的观念。

1. 怎样才能让家长认识到幼儿游戏的价值，转变“玩不如学知识”的观念？

2. 角色游戏是幼儿非常喜爱的一种游戏方式，针对不同年龄段的角色游戏指导都有哪些方法策略呢？

3. 有人认为，幼儿玩结构游戏时，教师是最为轻松的，因为只要把结构材料给幼儿，他们总能自己游戏而不需要老师操心指导。请你结合结构游戏的知识谈谈对这一观点的看法。

4. 请观察几则幼儿园的规则游戏，看看老师是否能够根据游戏情况调整游戏玩法或规则，你有什么好的建议？

5. 案例分析：

请你根据表演游戏指导的方法，分析下面案例中老师做法是否妥当。如果是你，你该怎样指导幼儿完成这个表演游戏呢？

老师和小朋友在阅读完《懒惰的蟋蟀》的故事之后准备表演，老师请小朋友选择自己喜欢的角色，最后大多数角色都有人选了，唯独核心角色——“蟋蟀”没有人愿意扮演。弋涵说：“蟋蟀好吃懒做，我不想扮演蟋蟀。”伊翔撇嘴说：“蟋蟀没有东西吃，没有地方住，还要去讨饭，最后死掉，我也不要当蟋蟀。”老师生气地说：“你们都不愿意当蟋蟀，这个游戏还怎么表演啊！你们是不是都不想玩了？”小朋友们说：“我们想玩。”老师说：“陈川，你来当蟋蟀，等下一轮再让别的小朋友当蟋蟀。”陈川只好低着头慢慢走到老师面前，拿起了蟋蟀头饰。①

① 关少英. 幼儿园创造性游戏活动中的教师指导研究［D］. 福州：福建师范大学，2007：38.

附　录

附录一　幼儿园环境创设评定标准

一、室内环境创设的评价

室内环境创设的评定标准①

美国发展适宜性整合课程对室内环境创设的评定标准如下：

1. 你的环境创设是否支持你为室内外活动设定的目标？

2. 学习区角的定义是否清晰，划分是否明确？

3. 是否有足够大的活动空间，但又不足以激发幼儿来回跑动？

4. 各个区角的位置是否合适？是否充分利用窗户设立适宜的区角？

5. 玩水游戏和美工区是否靠近水源？在美工桌附近是否有衣钩提供儿童绘画用的罩衫？

6. 动态活动区是否与走廊过道分开，以免他人来回走动时会打扰儿童的游戏？

7. 活动区角是否与走廊过道分开，以免他人来回走动时会打扰儿童的游戏？

8. 儿童和教师能否自由走动？

9. 是否为坐轮椅的儿童准备了宽阔的走廊？

10. 房间是否既整洁有序，又温馨舒适？

11. 器械和家具是否可以移动，环境布置是否灵活，是否可以根据需要的变化而变化？当你收拾房间吃饭或午睡时，你是否每天都以同样的方式与儿童交往，让他们感到舒适和安全？

12. 家具是否适合儿童的身体高度？

---

① 夏宇虹. 幼儿与幼儿环境对话［M］. 北京：中国轻工业出版社，2012：37-38.

13. 环境是否灵活，是否适应有特殊需要的儿童？

14. 浴室设备是否使用方便？

15. 电源插座是否在合适的位置？不用时，是否有东西盖上？

16. 照明度是否合适？

17. 儿童是否能看见并能自由取放各个区角的材料？各个区角的规则要求是否明确，是否具有年龄适宜性？

18. 是否控制了每个区角的人数？是否有明显标志说明人数限制？

19. 每个区角的材料数量是否适度，既提供了丰富的机会，但又不过剩？

20. 每个区角是否有明显的标志说明物品的摆放位置以帮助儿童收拾物品？储存物品的箱子是否有图片、照片或内容提示等标志？

21. 对于幼儿，学习区角是否是有组织的、适宜的、有吸引力的？它们是否体现了文化多样性，而没有成见与偏见？表现出来的可见的文化是否体现了现实世界的多元文化，而非仅仅局限于本班？

22. 学习区角的安排在鼓励小组合作学习或独自学习时是否能培养儿童的社会性技能？

23. 儿童是否有独处的空间？

24. 图片和布告牌是否放在儿童的高度？

25. 每个儿童是否有自己的小柜子放东西？

26. 环境是否欢迎家长进入教室？

室内活动设置评价表[①]

评价项目	评价标准	得分
1. 占用面积	与室内总面积相比 达 50%以上 达 70%以上 达 80%以上	 1 2 3
2. 活动区内容的丰富性 （不同活动区的数量）	4 个区 6~7 个区 8 个区以上	1 2 3
3. 活动区内容的合理性 （活动区总体特征）	符合班级特征 符合教育要求	2 2

① 王坚红. 学前教育评价——理论 · 方法 · 实践［M］. 北京：人民教育出版社，1994：341.

续表

评价项目	评价标准	得分
4. 活动区数量的适宜性（与班内人数与可使用面积之比）	数量适宜 数量较适宜	2 1
5. 活动区的外部结构	有区域划分，但不明显 有明显的区域划分 区域安排合理 有明显的交通要道，利于幼儿活动交往 无教师观察上的死角	1 2 1 1 1
6. 活动区的内部结构	材料物品的设置具有层次性、系统性 材料与物品的设置便于儿童取放及游戏开展 具有暗示性 有封闭，但程度不合适 有适宜的封闭 具有相应的游戏心理气氛	1 1 1 1 2 2
7. 活动区的安全、卫生	区内设备及材料与其空间大小相匹配 区的性质与其所处的位置相匹配 区内没有锐利、有毒、易破碎、易造成幼儿身体伤害的物品	1 1 1

注：1. 根据实际情况选择分值，除1、2、4项外，其他可多项选择。

2. 最高得分为29分。

二、室外环境创设的评价

室外游戏场地评价体系①

美国学者弗罗斯特制定的关于游戏场地的安全性和适宜性评价项目表如下：

指导语：

运用从0~5的五个等级标准来评价每个项目。第一部分可能出现的最高分为100分。第二部分为50分，第三部分为50分，而且可能得到的总分为200分。所得分数除以2就是最后的评价得分。

① 邱学青. 学前儿童游戏（第4版）[M]. 南京：江苏教育出版社，2008：212-214.

第一部分：游戏场地上有些什么？

以 0~5 的等级标准来评价每个项目的现有情况和它发挥作用的程度（0=没有；1=有，但没有发挥作用；2=差；3=一般；4=较好；5=所有的元素都存在，而且都极好地发挥着作用）。

1. 地面为坚硬车道。

2. 可供幼儿玩沙的区域和设施。

3. 可供幼儿开展角色游戏的设备和材料（剧院、有相关设施的汽车或船，如附近的沙、水和家庭用品）。

4. 大型的组合器械：有足够的空间可以同时容纳许多幼儿，有多个入口、多个出口和多种高度，能够为幼儿提供多种练习的机会和挑战性。

5. 可供幼儿爬和挖的土堆。

6. 绿地：有树木可以遮蔽阳光的、可供幼儿探索和研究自然现象的自然区域。

7. 户外各区域之间应有一定的功能划分。游戏场地不仅有平面的空间，还应当有垂直和立体的空间（如山坡和峡谷等）。

8. 可供幼儿玩水的区域和设备，如喷泉、池塘和喷水车等。

9. 建构区：有轮胎、板条箱、厚板、木板、砖块和钉子等材料；提供工具并允许幼儿进行破坏和重建。

10. 一个废弃的、但还有一定游戏价值的（在玩了一段时间后可以进行变化或重新安排以继续保持幼儿兴趣的）、安全的（组合的）飞机、船或汽车。

11. 可供幼儿进行较剧烈活动的设备：如顶部有大平台的滑梯（可以把滑梯直接放置在山坡上），可以用多种方式来安全地（有可以坐的柔软的东西）玩的秋千，可供幼儿爬的大树（水平放置的成熟的枯树），可供幼儿爬的网状结构物等。

12. 有柔软地面（使用草皮、树皮等覆盖物）的区域，可用于组织集体的游戏活动。

13. 符合幼儿身材的半私密空间：如隧道、凹进物、游戏小屋、可以躲藏的地方。

14. 安全障碍：保护幼儿和可以根据学习或游戏的需要而改变的篱笆、大门、墙和窗户。

15. 园艺区：可以让幼儿学习照料照顾植物的花园并提供园艺方面的工具。

16. 养殖区或宠物区：应有宠物和宠物的用品。

17. 从户外转向户内活动的过渡性空间，有顶的、直接与游戏室相连的走廊。过渡性空间可以使幼儿免受日晒和雨淋，同时还可以把室内的活动扩展到室外。

18. 储藏室：统一存放幼儿活动的材料和工具。储藏室可以是独立的，带轮子的玩具可以存放在车道附近，玩沙设备应放置在玩沙区域，建构工具应当存放在靠近建构区的地方。储藏室应当是方便幼儿取用和收拾各种工具和材料的。

19. 在户外游戏区内应有供成人和幼儿使用的遮阳处和长椅，有便于行走（如去穿衣、上厕所和喝水）的通道。

20. 有用于集体活动的桌子以及可供教师和幼儿一起开展艺术和阅读活动的支持性材料。

第二部分：游戏场地保养得好而且相对安全吗？

根据0~5的等级标准来评价每个项目的状态和安全性（0=没有；1=有，但是非常危险；2=差；3=中等；4=较好；5=保养极好，而且相对地安全且具有挑战性）。

1. 在危险区域（街道、深沟、水池等）附近设有保护性的栅栏（有可以锁上的大门）。

2. 在所有攀爬和移动的设施底下以及幼儿可能坠落的区域，铺设20~25厘米厚的、疏松的沙或木屑（或与此类似的材料），四周应有围堵提供保护。

3. 设备设施的尺寸适合于幼儿的年龄。攀爬的高度应限于182~213厘米。

4. 活动区内无杂物（如碎玻璃和石头）、无带电的危险品、无高压线和无脏物。

5. 可移动部分应没有缺失（如没有可能夹痛人的破损物、支点没有过度的磨损）。

6. 设施没有尖角、突出的部分、破裂的部分、有毒的物质、暴露于阳光下的金属物体。

7. 秋千的座位是由柔韧的或轻柔的材料制成的（如橡胶、帆布）。

8. 所有的安全设施是维护良好的（如保护性的栏杆、标记、护垫区、保护性的覆盖物）。

9. 没有可能会使幼儿的头陷进去的空隙（8. 89~22. 86厘米）。设备和设施之间应有足够的距离。

10. 设备设施结构完好无缺，没有弯曲、扭曲、损坏或凹陷等。大型可固定的设备和可以移动的设施被安全地固定于地面上，而且水泥底座埋于地下。检查地下的支撑物是否腐烂、生锈或长白蚁。

第三部分：游戏场地应当做什么？

1. 鼓励幼儿游戏：

①吸引人的、流动的和令人放松的环境；

②从户内到户外通行无阻；

③有适合不同年龄的设备和设施。

2. 刺激幼儿的感官：

①在比例、亮度、质地和色彩上的变化和对比；

②多功能的设备；
③给幼儿多种经验。
3. 激发幼儿的好奇心：
①可以让幼儿自己加以变化的设备；
②可以让幼儿进行实验和建构的材料；
③植物和动物。
4. 满足幼儿基本的社会和身体方面的需要：
①对幼儿来说是舒适的；
②设备和设施的尺寸适合幼儿的身体；
③具有体能上的挑战性。
5. 促进幼儿和环境之间的互动：
①能为幼儿的行为提供一定规范的、摆放整齐的储藏室；
②可供幼儿阅读、拼拼图或独处的半封闭空间。
6. 支持幼儿与其他幼儿的交往：
①各种不同的空间；
②足够大的空间以避免冲突的发生；
③能促进幼儿社会性交往的设备和设施。
7. 支持幼儿与成人的交往。

幼儿园户外游戏场地评价表①

评价项目	评价标准	得分
1. 场地面积	达标 未达标，但已采取有效变通措施 未达标，尚未有效变通措施 无游戏场地	3 2 1 0
2. 地面质量	沙土、土地并有一定面积的草坪 沙土、土地占60%以上，其余为水泥地 全部为水泥地或煤渣地	2 1 0
3. 设备器械	达标 数量适宜 数量极少或无	1 1 1

① 王坚红. 学前教育评价——理论·方法·实践［M］. 北京：人民教育出版社，1994：341.

续表

评 价 项 目	评 价 标 准	得分
4. 结构安排	有不同区域划分 各区域安排合理 各区域之间有过渡 能满足儿童不同需要	2 1 1 1
5. 安全	地面上无危险物 器械安装牢固 设备功能完善 设备适合幼儿身体和运动能力	1 1 1 1
6. 其他	有绿化带 绿化带安排合理 有防雨棚或其他防雨设施	1 1 1

注：1. 前 3 项只能选择一个分值，后 3 项可多项选择分值。

2. 最高得分为 18 分。

3. “达标” 标准参见国家或地方有关部门制定的标准。

附录二 0~6 岁儿童游戏发展进度量表①

操作/建构性游戏	象征性游戏
1. 玩自己的身体部位 2. 敲打玩物并获得愉快 3. 玩别人的身体部位，例如摸他人的脸或头发 4. 玩水 5. 在游戏中去拿玩物，自己拿或从别人处获得 6. 在玩中放开玩物 7. 双手放到一起，如用双手去敲打玩物或拍手 8. 做影响环境的重复性动作，例如敲打玩具 9. 堆放玩物 10. 自发性的乱涂乱写 11. 拖拉玩具 12. 将容器倒空 13. 可以横向排列玩具并且有组织性 14. 玩沙（过滤、拍、抹平、倒或推） 15. 玩拼图 a. 三件式的形状拼图（三角形、四方形、圆形） b. 四件式个别成形的拼图 c. 四件组成一形状的拼图 d. 七件组成一形状的拼图 e. 十二件组成一形状的拼图 16. 将容器装满 17. 会将盖子盖在有盖的容器上 18. 玩黏土 a. 会用手去压挤、滚、造型 b. 利用工具和黏土做造型 c. 利用黏土或沙做表征的玩物（例如做所熟悉的物品并能说出其名称） 19. 玩积木 a. 没有表征意义的构造游戏 b. 具有表征意义的构造游戏	1. 在游戏中模仿（声音、他人的手势、他人的脸部表情、延迟模仿） 2. 在游戏中可制造声音 3. 在游戏中可在语言交谈后叫喊 4. 使用玩物来假装、虚构某物 5. 功能性地使用表征玩具，如电话、车子等 6. 使用成人衣物进行假装游戏 7. 表现单一的假装情景游戏，如喝茶等 8. 表现虚构情景，事件之间连续或单一角色持续 5 分钟以下 9. 表现虚构情境（单一角色的游戏可以持续 5 分钟以上） 10. 表现虚构情境（有情节、主题且具组织性） 11. 表现有组织、情节的假装游戏 12. 可以与其他儿童做假装游戏 13. 儿童要求与其他儿童一起游戏 14. 能叫出同伴的名字并会夸赞 15. 可以与特定的玩伴一起玩，并将他视为最好的朋友 16. 能遵守规则性游戏的规则并能轮流玩游戏

① ［美］约翰逊. 游戏与儿童早期发展［M］. 华爱华，郭力平，译. 上海：华东师范大学出版社，2006：83-86.

续表

操作/建构性游戏	象征性游戏
20. 用剪刀 a. 用剪刀剪东西 b. 剪成碎片 c. 沿线剪不同的形状 d. 剪成不同的形状 e. 剪图案（除了太细小的部分之外）	
21. 用画图来表征事物（大部分画他所知道的故事，并能说出故事中图画的名字）	
22. 游戏建构的结果成为重要的部分	
23. 制作工艺品拼装物	
24. 使用颜色笔将图案着色	
25. 盖印画或用笔做描绘	

社会性游戏	身体/动作游戏
1. 触摸镜中的形象	1. 可以不用支撑地坐着玩
2. 对镜中的形象微笑	2. 玩时可以独立站得很好
3. 在游戏中嬉笑	3. 爬或匍匐前进
4. 玩社会性游戏（如躲猫猫、拍手游戏）	4. 可以边走边玩
5. 单独地玩（如儿童独自玩不同于其他儿童的玩具，无意与其他儿童一起）	5. 可双手将球从头上丢出
6. 可以独自玩游戏，持续 15~30 分钟	6. 可在大人椅子上爬上爬下
7. 平行游戏（儿童通常在一起玩，但各玩各的，互不影响）	7. 向前踢球
8. 联合游戏（儿童在一起玩，有沟通交流，但彼此有各自的活动目标）	8. 随音乐全身舞动
9. 两人的合作游戏（两人参与共同目的的活动，相互支持）	9. 踩或骑三轮车
10. 团体的合作游戏（两个以上的儿童参与共同的活动，彼此支持，如扮演、比赛或制作等）	10. 用双脚做跳远状的动作（双脚离地）
11. 游戏中有分享行为	11. 可以从 25 厘米高的椅子上跳下来
12. 玩时可以轮流等待	12. 接住对方打来的球
13. 能为他人做事以达成目标的活动	13. 跑得很好（不会跌倒）
	14. 可以爬低矮游戏设施上的梯子
	15. 跳绳（至少连续两次以上）
	16. 会翻筋斗、跳跃、荡秋千、溜冰、走平衡木

附录三　各类游戏观察评价量表

表 1　角色游戏观察评价表①

项　　目	评 价 指 标	评分
1. 游戏活动的目的性、计划性	无目的性，游戏行为随意 有时会更换游戏角色和目的 事先能计划好游戏目的 有计划、有目的地持续玩	
2. 游戏兴趣与参与度	基本不参与游戏 能参加现成的游戏 在他人鼓励、带领下参与游戏 主动参与，能专注投入游戏活动	
3. 对角色的理解、表现程度	不明确角色，不按照角色职责行动 基本明确角色，偶尔不按照角色职责行动 能主动担任角色，基本能按照角色职责行动 能胜任主要角色，完全照角色职责行动	
4. 游戏中与其他角色间的互动情况	不理解角色间的关系，单独玩耍 不明确角色间的关系但与其他角色偶尔互动产生联系 明确角色间的关系在启发、鼓励下与其他角色产生并保持联系 能明确角色间的关系，积极互动，配合联系	
5. 材料使用情况	无目的性，单凭自己兴趣使用材料 基本能按角色需要使用材料 按角色需要创造性使用游戏材料 能根据角色需要设计、改造已有材料，甚至制作新的游戏材料	
6. 生活经验的迁移情况	简单模仿、重复个别动作 各动作间有联系 能根据生活经验产生一系列的游戏行为 能有效迁移生活经验，创造性地游戏	

① 梁周全，尚玉芳. 幼儿游戏与指导［M］. 北京：北京师范大学出版社，2011：41.

表 2　我国幼儿结构（积木）游戏水平评价表①

项　目	评价指标	评分
1. 材料运用	只知道玩，不会搭 对积木形、色有选择，意识不强 有意识地选用材料，反复尝试 迅速选定材料，并能综合运用材料，发挥幼儿特色	
2. 建构形式	简单排列、堆高、铺平 能架空搭门 能围封建构 造型比较复杂，能命名但形象不逼真 按特定形象逼真构建，运用对称并能装饰	
3. 主题目的性	无目的、无主题 目的不明确，易附和他人 能确定建构主题，但会出现变化 主题明确，能坚持并深化挖掘	
4. 情绪专注力	注意水平低，情绪呆滞 一般情绪状态，注意力分散 情绪良好，注意力集中 情绪积极，能专注持续时间长	
5. 社会性水平	独自搭建 平行搭建 联合搭建 合作搭建	
6. 常规	遵守玩积木规则 爱护玩具 能收放整理，动作迅速	
7. 创造表现力	建构主题与造型方式，富于创造性	

① 张文新. 儿童社会性发展［M］. 北京：北京师范大学出版社，1999.

表 3　幼儿园表演游戏评价表①

项　　目	评 价 指 标	评分
1. 表演兴趣与参与度	不感兴趣，基本不参与表演游戏 能参与现成的表演游戏 在他人的鼓励、带领下参与表演游戏 主动参与，能专注持续地游戏	
2. 对作品的理解和把握	不理解故事的内容 基本理解故事大概内容和基本情节 理解故事内容和情节，但对人物对话、故事细节不熟悉 能掌握故事细节，熟悉故事发展中人物的角色职责	
3. 表演与表现能力	胆怯、退缩，不敢大胆进行角色表演 在他人的鼓励、带动下基本能按要求表演 能按故事内容和情节运用语言、动作大胆表现 能根据角色或形象特点进行创意表演或表现	
4. 表演中的合作与交往	被动接受，不主动参与合作 基本能按照故事内容参与角色间的对话和互动 能配合同伴，合作表演并坚持到底 能与同伴积极协商并有效解决表演中的冲突和矛盾	
5. 道具材料的使用情况	无目的性，不使用道具或凭自己兴趣随意使用道具材料 能按角色需求简单使用材料自我装扮 能展现角色形象特点合理地使用材料进行自我装扮，会根据故事情节合理运用道具 能根据角色需要设计、改造已有道具材料，甚至制作新的游戏材料	
6. 表演体验	不参与表演游戏评价和交流 能聆听他人的表演游戏评价和体验讨论 积极参与表演游戏的评价，乐意向他人介绍自己的游戏体验 积极参与表演游戏评价和体验讨论，并会关注、理解同伴的游戏经验	

① 董旭花. 王翠霞，等. 幼儿园创造性游戏区域活动指导［M］. 北京：中国轻工业出版社，2014：128-131.

表 4　幼儿园规则游戏评价表（可根据不同类型的规则游戏适当调整）

项　目	评价指标	评分
1. 游戏兴趣与参与度	不感兴趣，基本不参与规则游戏 能参与现成的规则游戏 在他人的鼓励、带动下参与规则游戏 积极主动参与规则游戏	
2. 游戏规则的遵守情况	不理解不遵守规则 基本理解规则，偶尔无意违反规则 理解规则，但会为达到目的而故意违反规则 能严格遵守规则	
3. 情绪状态及专注程度	注意水平低，情绪呆滞 一般情绪状态，注意力易分散 情绪良好，注意力集中 情绪积极，能专注持续时间长	
4. 社会性水平	被动接受，不主动参与合作交流 一般不主动与人交流，但游戏中出现问题时能积极反应 能积极与人合作、互动，交流游戏体验 能主动与同伴协商，有效解决游戏中出现的冲突和矛盾	

参考文献

[1] 蔡迎旗. 幼儿教育政策法规 [M]. 北京：高等教育出版社，2014.

[2] 曹中平. 儿童游戏论 [M]. 银川：宁夏人民出版社，2000.

[3] 曹中平. 儿童游戏论——文化学、心理学和教育学三维视野 [M]. 银川：宁夏人民出版社，2000.

[4] 陈佑清. 教学论新编 [M]. 北京：人民教育出版社，2011.

[5] 陈永明. 儿童学概论 [M]. 北京：北京大学出版社，2013.

[6] 丁海东. 幼儿园游戏与指导 [M]. 北京：高等教育出版社，2013.

[7] 丁海东. 论幼儿游戏的教育价值及其实现 [J]. 上海师范大学学报，2007 (6).

[8] 董旭花. 目前幼儿园室内游戏环境存在的主要问题与对策 [J]. 山东教育，2009 (7).

[9] 董旭花，王翠霞，等. 幼儿园创造性游戏区域活动指导 [M]. 北京：中国轻工业出版社，2014.

[10] 方建移，张英萍. 学校教育与儿童社会性发展 [M]. 杭州：浙江教育出版社，2005.

[11] [美] 弗罗斯特，等. 游戏与儿童发展 [M]. 唐晓娟，张胤，译. 南京：江苏教育出版社，2011.

[12] [美] 弗罗斯特. 儿童游戏与游戏环境 [M]. 江丽莉等，译. 台北：五南图书出版公司，1997.

[13] [美] 格斯特为奇. 发展适宜性实践：早期教育课程与发展（第 3 版）[M]. 霍力岩等，译. 北京：教育科学出版社，2011.

[14] 葛东军. 幼儿游戏设计与案例 [M]. 保定：河北大学出版社，2012.

[15] 郭善瑗，王红芳. 幼儿园新游戏大全 [M]. 武汉：湖北少年儿童出版社，2011.

[16] 韩绮君. 幼儿园游戏中教师指导的个案研究 [D]. 河南大学，2006 (5).

[17] 华爱华. 介入和不介入都是教育干预的手段 [J]. 幼儿教育（教师版），2004 (9).

［18］［荷兰］胡伊青加. 人：游戏者［M］. 成穷，译. 贵阳：贵州人民出版社，1998.

［19］黄进. 体验为本的游戏——再论“游戏是一种学习”［J］. 学前教育研究，2003（6）.

［20］教育部基础教育司. 幼儿园教育指导纲要（试行）解读［M］. 南京：江苏教育出版社，2002.

［21］金彦红，祖详凯，郑勇. 信息技术在幼儿园教育观察中的应用［J］. 软件导刊. 教育技术，2014（11）.

［22］［美］凯瑟琳·贾维. 游戏（哈佛大学发展译丛）［M］. 王蓓华，译. 成都：四川教育出版社，2006.

［23］雷湘竹. 学前儿童游戏［M］. 上海：华东师范大学出版社，2012.

［24］李红雨. 幼儿园环境创设［M］. 北京：北京师范大学出版社，2013.

［25］梁志燊. 学前教育学［M］. 北京：北京师范大学出版社，2000.

［26］刘晓红. 学前儿童游戏［M］. 郑州：郑州大学出版社，2012.

［27］刘焱. 儿童游戏通论［M］. 北京：北京师范大学出版社，2004.

［28］刘焱. 儿童游戏的当代理论与研究［M］. 成都：四川教育出版社，1988.

［29］刘焱，李霞，朱丽梅. 幼儿园表演游戏现状的调查与研究［J］. 学前教育研究，2003（3）.

［30］刘晓东. 儿童精神哲学［M］. 南京：南京师范大学出版社，1999.

［31］柳卫民. 游戏与课程、教学关系的辨析［J］. 晋中师范高等专科学校学报，2004（9）.

［32］［美］L. E. Berk，A. Winsler. 鹰架儿童的学习：维果茨基与幼儿教育［M］. 谷瑞勉，译. 台北：心理出版社，1999.

［33］吕晓，龙薇. 维果茨基游戏理论述评［J］. 学前教育研究，2006（6）.

［34］毛曙阳. 关于幼儿游戏的本质及其对幼儿的发展价值的思考［J］. 学前教育研究，1999（3）.

［35］［英］尼尔·本内特，利兹·伍德，休·罗格斯. 通过游戏来教——教师观念与课堂实践［M］. 刘焱，刘峰峰，译. 北京：北京师范大学出版社，2010.

［36］［英］彭尼·塔索尼，卡林·哈克. 儿童早期游戏规划（第2版）［M］. 朱运致，译. 南京：南京师范大学出版社，2008.

［37］彭俊英，魏婷，等. 幼儿园游戏活动的组织与指导［M］. 北京：教育科学出版社，2014.

［38］秦金亮. 儿童发展概论［M］. 北京：高等教育出版社，2008.

［39］邱学青. 学前儿童游戏（第4版）［M］. 南京：江苏教育出版社，2008.

［40］邱学青. 给幼儿园教师的101建议·游戏指导［M］. 南京：南京师范大

学出版社，2011.

［41］邱学青. 对幼儿园游戏分类问题的思考［J］. 学前教育研究，2000（3）.

［42］［英］莎曼等. 观察儿童［M］. 单敏月，王晓平，译. 上海：华东师范大学出版社，2008.

［43］佘天宇. 创设幼儿园游戏环境的思考［J］. 学园，2013（12）.

［44］孙晓轲. 幼儿园空间设计与参与理念的演变［J］. 学前教育研究，2011（12）.

［45］万中，刘敏. 幼儿游戏中教师的干预与干涉［J］. 学前教育研究，2013（8）.

［46］王振宇. 儿童心理学［M］. 南京：江苏教育出版社，2001.

［47］王忠民. 幼儿教育辞典［M］. 北京：中国大百科全书出版社，2004.

［48］王后玉. 游戏精神的回归：幼儿园游戏异化现象的批判［D］. 重庆：西南大学，2013.

［49］魏明霞. 幼儿教育概论［M］. 开封：河南大学出版社，2002.

［50］吴云. 对幼儿游戏规则的探讨——兼谈幼儿规则游戏［J］. 学前教育研究，2003（1）.

［51］吴航. 学前儿童游戏研究的新趋向［J］. 学前教育研究，2008（5）.

［52］徐秀玲，刘珊. 元交际能力对幼儿游戏的影响［J］. 教育导刊，2015（1）.

［53］闫守轩. 游戏：本质、意义及其教学论启示［J］. 教育理论与实践，2002（5）.

［54］严文琪，许剑莉. 游戏材料对幼儿自主游戏的影响［J］. 现代特殊教育，2001（12）.

［55］杨宁. 皮亚杰的游戏理论［J］. 学前教育研究，1994（1）.

［56］杨彦. 幼儿园环境创设［M］. 北京：北京师范大学出版社，2014.

［57］杨丽丽. 幼儿园游戏心理环境创设的思考［J］. 天津市教科院学报，2014（8）.

［58］应彩云. 孩子是天 我是云［M］. 上海：上海社会科学院出版社，2011.

［59］虞永平. 学前教育学［M］. 南京：江苏教育出版社，1996.

［60］虞永平. 学前课程与幸福童年［M］. 北京：教育科学出版社，2012.

［61］［美］约翰逊. 游戏与儿童早期发展［M］. 华爱华，郭力平，译. 上海：华东师范大学出版社，2006.

［62］［美］约翰·W·桑特洛克. 儿童发展（第11版）［M］. 桑标等，译. 上海：上海人民出版社，2009.

［63］张文新. 儿童社会性发展［M］. 北京：北京师范大学出版社，1999.

［64］张莉. 儿童发展心理学［M］. 武汉：华中师范大学出版社，2006.

［65］张馨予. 幼儿游戏活动的支持与引导［M］. 北京：中国轻工业出版社，2012.

［66］张永红. 幼儿游戏的本质属性管窥［J］. 学前教育研究，2001（3）.

［67］张娜. 学前教育课程模式设计研究［D］. 武汉：华中师范大学，2013（5）.

［68］赵冬梅. 案例解析幼儿情绪情感培养［J］. 教育导刊. 2009（10）：22-24.

［69］［英］珍妮特·莫伊蕾斯. 游戏的卓越性［M］. 刘峰峰，宋芳，译. 北京：北京师范大学出版社，2010.

［70］［英］珍妮特·莫伊蕾斯. 仅仅是游戏吗——游戏在早期儿童教育中的作用与地位［M］. 刘焱，刘峰峰，雷美琴，译. 北京：北京师范大学出版社，2010.

［71］郑名. 觉醒游戏理论对幼儿园多媒体教学的启示［J］. 电化教育研究，2005（11）.

［72］朱家雄. 幼儿园课程［M］. 上海：华东师范大学出版社，2003.

［73］［英］朱莉娅·曼尼-莫顿，玛吉·托尔普. 游戏的关键期——0～3岁［M］. 刘峰峰，常娟，赵志敏，译. 北京：北京师范大学出版社，2010.